중국어 실용어법 해설

모정열 지음

신아사

저자 서문

어법은 말의 표현 규칙이다. 좀 어렵게 표현한다면 단어 혹은 구를 적절히 결합하여 문장을 만드는 규칙이다. 우리가 무심히 사용하고 있는 우리말에도 매우 복잡하고 체계적인 어법 규칙이 내재되어 있다. 예를 들어, '철수는 영희를 사랑한다'와 같은 문장은 '철수', '는', '영희', '를', '사랑', '한다'의 6개 단어로 구성되어 있다. 이론적으로 이 6개 단어의 조합으로 만들 수 있는 문장 수는 6×5×4×3×2×1 = 720개이다. 하지만 우리는 720개를 모두 사용하지 않고, 그중 말이 되는(우리말 어법에 맞는) 몇 가지 조합만 선택적으로 골라 사용하고 있다. 이유는 우리말의 표현 규칙 즉 어법에 맞지 않는 표현으로는 말의 의미를 정확히 전달할 수 없기 때문이다. 이처럼 우리말 속에 내재된 표현 규칙이 어법이다. 중국어도 마찬가지이다. 중국어로 의사소통을 하거나 중국어로 된 문장의 의미를 정확히 이해하기 위해서는 중국어 어법에 대한 이해가 필수적이다. 중국어 어법의 기능을 이해하고 있지 못하면 회화나 번역, 작문 등 모든 영역에서 오류가 발생할 수밖에 없다. 요즘 컴퓨터 번역 프로그램이나 AI 번역이 활성화되고 있긴 하지만, 컴퓨터나 AI 번역이 인간의 복잡하고 미묘한 표현 의도를 다 표현해낼 수는 없다. 번역 프로그램을 돌려 보아도 표현이 조금만 복잡해지면 항상 내 의도와는 다른 결과를 맞이하게 되는 이유가 거기에 있다. 이와 같은 컴퓨터나 AI 번역의 오류를 찾아내고, 또 그것을 바로잡을 수 있는 능력도 어법에 대한 이해가 있어야 가능한 일이다.

중국어 어법 학습의 핵심은 중국어의 구문 유형을 이해하는 데 있다. 이에 본서에서는 중국어의 구문 유형 중 가장 기본이 되면서도 중요하고 활용도가 높은 '是'구문, '在'구문, '有'구문, 비교구문, '把'구문, '被'구문, 연동문, 겸어문, 존현문 등 중국어의 전형적인 구문 유형들을 Native Speaker의 어감과 함께 상세히 분석 설명하였다. 필자의 중국어 학습 경험과 오랜 기간 학생들을 지도해 본 경험을 바탕으로 좀 더 쉽고 효과적으로 설명해 보려고 최대한 노력하였다. 또한 중국어 학습자라면 누구나 의문을 가질 수 있는 동태조사 '了'와 어기조사 '了'의 차이, 부정부사 '不'와 '没(有)'의 차이, 동작의 진행과 지속의 구분, 자동사와 이합동사의 활용법, 성질형용사와 상태형용사의 어법 차이, 각종 보어의 활용법 등도 하나의 장으로 설정하여 상세히 설명하였다. 특히 본서에서는 각각의 어법 사항과 관련된 실용적 예문들을 풍부하게 예시해 보았는데, 예문 중에는 중국의 각종 뉴스나 드라마, 예능프로 등에서 발췌한 실용적 표현들이 다수 포함되어 있기 때문에, 해당 어법 특성을 이해한 후 예문들만 반복적으로 읽으면서 공부해 보는 것도 중국어 어법 실력은 물론, 중국어 회화나 작문, 독해 실력을 향상시키는데 큰 도움이 될 수 있을 것이다. 아무쪼록 본서가 본격적으로 중국어를 공부해 보고자 하는 많은 분들에게 좋은 참고 자료가 될 수 있기를 기원해 본다.

목차

제1장 '是' 구문 ········· 9

1. '是'구문의 구조 특징 / 9
2. '是'구문의 의미 특징 / 14

제2장 '是 …… 的' 구문 ········· 26

1. 과거에 이미 실현된 일의 '시간', '장소', '방식', '목적', '행위자' 등을 강조하는 경우. / 26
2. '단정적 어감' 혹은 '부드러운 말투의 어감'만을 나타내는 경우 / 34

제3장 '在'구문과 '有'구문 ········· 37

1. '존재'를 나타내는 '在'구문과 '有'구문의 구조와 의미 특징 / 37
2. 장소를 나타내는 방법 / 41
3. '有'의 여러 가지 의미 / 43

제4장 동태조사 '了'와 어기조사 '了' ········· 50

1. 동태조사 '$了_1$' / 50
2. 어기조사 '$了_2$' / 52
3. 동태조사 '了'를 꼭 사용해야 하는 경우와 그렇지 않은 경우 / 73

제5장 부정부사 '不'와 '没(有)'의 차이 ······ 79

1. 부정부사 '不'와 '没(有)'의 시점 구분 / 79
2. 부정부사 '不'와 '没(有)' 사용의 예외적 상황 / 85

제6장 비교구문 ······ 91

1. 술어가 형용사인 경우 / 91
2. 술어가 동사인 경우 / 99
3. 비교구문의 부정 / 104

제7장 '把'구문 ······ 112

1. '把'구문의 구조와 표현의 중심 / 112
2. '把'의 목적어 / 116
3. '把'구문의 술어동사와 기타성분 / 120
4. '把'구문에 사용될 수 없는 동사 / 130
5. '把'구문의 예외적 표현 / 132
6. 부정부사와 시간부사 및 조동사의 위치 / 134

제8장 '被'구문 ······ 136

1. '被'구문의 구조 / 136
2. '被'구문의 의미 특징 / 139
3. '被'구문의 술어동사와 기타성분 / 145
4. '被'구문에 사용될 수 없는 동사 / 153
5. '被(혹은 把) ~ 给 + 동사' 형식 / 154

6. ‘被(혹은 为) ~ 所 + 동사’ 형식 / 155

7. 부정부사와 시간부사 및 조동사의 위치 / 155

제9장 동작의 진행과 지속 ………157

1. 동작의 진행 / 157

2. 동작의 지속 / 164

3. 진행형과 지속형을 사용할 때 주의할 사항 / 170

제10장 연동문 ………181

1. 연동문의 정의와 구조 특징 / 181

2. 연동문의 의미 특징 / 184

3. 부정부사와 조동사 및 동태조사의 위치 / 189

제11장 겸어문 ………192

1. 겸어문의 정의와 구조 특징 / 192

2. 겸어문의 의미 유형 분류 / 193

3. 부정부사와 조동사 및 동태조사의 위치 / 205

제12장 존현문 ………210

1. 존현문의 구조 / 210

2. 존재문 / 212

3. 출현-소실문 / 215

제13장 타동사와 자동사 그리고 이합동사 ··· 219

1. 타동사와 자동사 / 219
2. 이합동사 / 226

제14장 성질형용사와 상태형용사 ··· 238

1. 성질형용사 / 239
2. 상태형용사 / 248
3. 비위형용사 (구별사) / 257

제15장 중국어의 보어 ··· 262

1. 결과보어 / 262
2. 방향보어 / 269
3. 가능보어 / 291
4. 상태보어 / 307
5. 정도보어 / 318
6. 수량보어 / 329
7. 전치사구보어 / 346

제1장 '是' 구문

'是'는 우리가 중국어로 말하거나 글을 쓸 때 가장 흔히 사용하는 동사 중 하나이다. 하지만 정작 '是'의 정확한 활용 방법에 대해서는 잘 알지 못하고 있는 경우가 대부분이다. 이하 내용을 통해 '是'구문의 활용상 특징을 더욱 명확히 이해해 보도록 하자.

1. '是'구문의 구조 특징

'是'구문은 '是'가 술어로 사용된 문장을 가리킨다. '是'는 동작을 구체적으로 나타내지는 않고, 주어와 목적어 성분을 연결해 주는 '계사(系詞:연결동사)'의 기능을 한다. '是' 뒤에는 일반적으로 명사성 성분이 온다.

① 他是一个急性子。
tā shì yí ge jí xìng zi.
그는 성미가 급한 사람이다.

② 语言是工具。
yǔ yán shì gōng jù.
언어는 도구이다.

③ 这些杂志都是过期的。
zhè xiē zá zhì dōu shì guò qī de.
이 잡지들은 기한이 지난 것들이다.

④ 你在大学读的是什么专业?
nǐ zài dà xué dú de shì shén me zhuān yè?
너는 대학에서 무엇을 전공했니?

위의 예 중 '是' 뒤의 성분('是'의 목적어) ① '一个急性子', ② '工具', ④ '什么专业'는 모두 명사성 성분이다. ③ '过期的'는 '동사+的'의 구조이지만 우리말로 '기한이 지난 것(잡지)' 즉 '过期的杂志'의 의미로 볼 수 있기 때문에 역시 명사성 성분이라고 할 수 있다.

그런데 때론 '是' 뒤의 성분이 명사가 아닌 동사 혹은 형용사 성분인 경우도 있다. 예를 들어 보면 다음과 같다.

① 我来中国的目的是学习汉语，了解中国。
wǒ lái zhōng guó de mù dì shì xué xí hàn yǔ、liǎo jiě zhōng guó.
내가 중국에 온 목적은 중국어를 공부하고, 중국을 이해하고자 함이다.

② 他刚说的话是故意为难我。
tā gāng shuō de huà shì gù yì wéi nán wǒ.
그가 방금 한 말은 고의로 나를 난처하게 하고자 한 것이다.

③ 进步的大敌是骄傲自满。

jìn bù de dà dí shì jiāo ào zì mǎn.

진보(발전, 향상)의 큰 적은 자만이다.

④ 你现在的任务是休息。

nǐ xiàn zài de rèn wù shì xiū xi.

너의 현재 임무는 쉬는 것이다.

⑤ 你这是跟我开玩笑吧！

nǐ zhè shì gēn wǒ kāi wán xiào ba.

너 지금 나한테 농담하는 거지!

이상의 예 중 '是' 뒤의 성분 ① '学习汉语', '了解中国', ② '故意为难我', ④ '休息', ⑤ '跟我开玩笑'는 동사(구)이고, ③ '骄傲自满'은 형용사(구)이다. 이처럼 '是' 뒤에는 명사가 아닌 동사(구)나 형용사(구)가 오는 경우도 있다.

'是' 뒤에 동사(구)나 형용사(구)가 올 때는 두 가지 상황을 대비시키면서 표현하는 경우도 많은데 예를 들어 보면 다음과 같다.

我是去接人，不是去送人。

wǒ shì qù jiē rén, bú shì qù sòng rén.

나는 마중하러 간 것이지 배웅하러 간 것이 아니다.

我不是买不起，是不想买。

wǒ bú shì mǎi bu qǐ, shì bù xiǎng mǎi.

내가 (경제적으로 능력이 안 되어) 살 수 없는 것이 아니라, 사고 싶지 않은 것이다.

他是真懂，不是装懂。
tā shì zhēn dǒng, bú shì zhuāng dǒng.
그는 정말로 이해한 것이지, 이해하는 척 하는 것이 아니다.

我不是热，只是觉得空气不好。
wǒ bú shì rè, zhǐ shì jué de kōng qì bù hǎo.
난 더운 게 아니라 단지 공기가 좋지 않다고 느낄(생각할) 뿐이다.

不是太冷，而是太热。
bú shì tài lěng, ér shì tài rè.
너무 추운 것이 아니고, 너무 덥다.

我是有事，不是偷懒。
wǒ shì yǒu shì, bú shì tōu lǎn.
전 일이 있어서 그런 것이지, 게으름피우는 것이 아닙니다.

이 이외에도 '是' 뒤의 성분이 '주어+술어' 혹은 '전치사(중국어로는 介词jiè cí)구'나 '접속사(중국어로는 连词lián cí)구'인 경우도 있다.

① 我来晚的原因是家里来了客人。
wǒ lái wǎn de yuán yīn shì jiā li lái le kè rén.
내가 늦게 온 이유는 집에 손님이 왔기 때문이다.

② 这是我第一次来中国。
zhè shì wǒ dì yī cì lái zhōng guó.
전 중국에 처음 와 보는 겁니다.

③ 可惜的是时间全浪费了。
kě xī de shì shí jiān quán làng fèi le.
아쉬운 점은 시간을 모두 낭비했다는 것이다.

④ 不是我讲错了，是他记错了。
bú shì wǒ jiǎng cuò le, shì tā jì cuò le.
내가 잘못 말한 것이 아니라, 그가 기억을 잘못한 것이다.

⑤ 这件事不是我不管，是管不了。
zhè jiàn shì bú shì wǒ bù guǎn, shì guǎn bu liǎo.
이 일은 내가 관여하지 않는 것이 아니라, 관여할 수 없는 것이다.

⑥ 不是衣服太瘦，是你太胖了。
bú shì yī fu tài shòu, shì nǐ tài pàng le.
옷이 너무 꽉 끼는 것이 아니라, 네가 너무 뚱뚱한 거야.

⑦ 他学习好是由于他有明确的学习目的。
tā xué xí hǎo shì yóu yú tā yǒu míng què de xué xí mù dì.
그가 공부를 잘 하는 것은 명확한 학습 목표가 있기 때문이다.

⑧ 这次我们跟中国公司的合作失败了，不是因为要求高，而是因为没有准备好。
zhè cì wǒ men gēn zhōng guó gōng sī de hé zuò shī bài le, bú shì yīn wèi yāo qiú gāo, ér shì yīn wèi méi yǒu zhǔn bèi hǎo.
이번 중국회사와의 합작이 실패한 것은 요구 사항이 높아서가 아니라, 준비를 잘 하지 못했기 때문이다.

⑨ 我之所以这样做，都是为了你。
wǒ zhī suǒ yǐ zhè yàng zuò, dōu shì wèi le nǐ.
내가 이렇게 하는 이유는 모두 너를 위해서야.

⑩ 我这样做决不是为了我自己方便。
wǒ zhè yàng zuò jué bú shì wèi le wǒ zì jǐ fāng biàn.
내가 이렇게 하는 것은 결코 내 자신의 편의를 위해서가 아니야.

위의 예 중 '是' 뒤의 성분 ① 家里来了客人, ② 我第一次来中国, ③ 时间全浪费了, ④ 我讲错了, 他记错了, ⑤ 我不管, ⑥ 衣服太瘦, 你太胖了 등은 '주어+술어'의 구조로 되어 있고, ⑦ 由于他有明确的学习目的, ⑧ 因为要求高, 因为没有准备好 등은 접속사구로 이루어져 있으며, ⑨ 为了你, ⑩ 为了我自己方便는 전치사구로 구성되어 있다.

요약하면, 구조적인 측면에서 살펴볼 때 '是'구문에서 '是' 뒤에 오는 성분, 즉 '是'의 목적어는 명사성 성분이 오는 경우가 일반적이지만, 동사(구)나 형용사(구)도 올 수 있고, 때론 '주어+술어' 구조나 접속사구, 전치사구도 올 수 있다.

2. '是'구문의 의미 특징

'是'구문의 의미 특징이란 '是' 앞의 주어 성분과 '是' 뒤의 목적어 성분 간의 의미관계 특징을 말한다. '是'구문의 의미 특징은 크게 ① 대등, ② 부류, ③ 존재, ④ 설명(해석) 4가지로 나누어 볼 수 있다. '대등'이란 'A는 B와 같다'는 의미 특성을 갖는 경우이고, '부류'는 'A는 B에 속한다(A는 B의 부류이다)' 정도의 의미를 갖는 경우이다. '존재'는 어느 장소에 무엇이 존재한다는 의미를 나타내는 경우이고, '설명(해석)'은 주어를 대상으로 설명(해석)하는 의미를 갖는 경우이다. 예를 들어 보면 다음과 같다.

(1) 대등

山东省的别称是鲁 。
shān dōng shěng de bié chēng shì lǔ.
산둥성의 별칭은 鲁이다.

一分钟是60秒。
yì fēn zhōng shì liù shí miǎo.
1분은 60초이다.

一年四季是春、夏、秋、冬。
yì nián sì jì shì chūn、xià、qiū、dōng.
1년 4계절은 봄, 여름, 가을, 겨울이다.

这次唱歌比赛的第一名是王中。
zhè cì chàng gē bǐ sài de dì yī míng shì wáng zhōng.
이번 노래대회의 1등은 王中이다.

(2) 부류

菠萝是水果。
bō luó shì shuǐ guǒ.
파인애플은 과일이다.

居里夫人是世界著名科学家。
jū lǐ fū rén shì shì jiè zhù míng kē xué jiā.
퀴리부인은 저명한 세계적 과학자이다.

他是个慢性子，办事急死人。
tā shì ge màn xìng zi, bàn shì jí sǐ rén.
그는 성미가 느린(느긋한) 사람이라 일 처리할 때 정말 답답해 죽겠어.

他是瘦高个儿。
tā shì shòu gāo gèr.
그는 마르고 키가 큰 사람이다.

这座圆形的小塔是铜的。
zhè zuò yuán xíng de xiǎo tǎ shì tóng de.
이 원형의 작은 탑은 동으로 만든 것이다.

我是辽宁师范大学的留学生。
wǒ shì liáo níng shī fàn dà xué de liú xué sheng.
그는 랴오닝사범대학의 유학생이다.

树是植物，狗是动物。
shù shì zhí wù, gǒu shì dòng wù.
나무는 식물이고, 개는 동물이다.

他们夫妻俩都在饭店工作，儿子是厨师，儿媳妇是前台。
tā men fū qī liǎ dōu zài fàn diàn gōng zuò, ér zi shì chú shī, ér xí fù shì qián tái.
그들 부부는 모두 호텔에서 근무하는데, 아들은 요리사이고, 며느리는 프런트 데스크이다.

这棵树是桃树。
zhè kē shù shì táo shù.
이 나무는 복숭아나무다.

(3) 존재

'是'구문이 존재'를 나타낼 때 일반적으로 주어는 장소 혹은 방위를 나타내는 단어이고, '是'의 목적어는 존재하는 사물 혹은 사람이다.

宿舍前是一个网球场。

sù shè qián shì yí gè wǎng qiú chǎng.

기숙사 앞은 테니스장이다. (기숙사 앞에는 테니스장이 있다.)

村前是一条河。

cūn qián shì yì tiáo hé.

마을 앞은 강이다. (마을 앞에는 강이 있다.)

马路南边就是火车站。

mǎ lù nán bian jiù shì huǒ chē zhàn.

큰길 남쪽이 바로 기차역이다. (큰길 남쪽에 바로 기차역이 있다.)

插座上都是灰。

chā zuò shang dōu shì huī.

전기 콘센트에 온통 먼지가 끼어 있다.

你怎么脸上，身上都是泥？

nǐ zěn me liǎn shang、shēn shang dōu shì ní?

넌 어째서 얼굴과 몸에 흙투성이니(온통 흙이 묻어 있니)?

树上、地上、屋顶上都是雪，好看极了。

shù shang、dì shang、wū dǐng shang dōu shì xuě, hǎo kàn jí le.

나무, 땅, 지붕 위에 온통 눈이네요(눈이 쌓여 있네요), 정말 아름답습니다.

前面是新华书店。

qián mian shì xīn huá shū diàn.

맞은편이 신화서점입니다. (맞은편에 신화서점이 있습니다.)

屋子里全是人。

wū zi li quán shì rén.

방 안엔 온통 사람입니다. (방 안은 사람들로 꽉 찼습니다.)

'是'구문이 '존재'를 나타낼 때 주어는 반드시 장소 혹은 방위를 나타내는 단어이어야 한다. 만약 장소나 방위의 개념이 없는 명사 즉 사람이나 사물의 명칭을 나타내는 일반명사가 주어가 되는 경우는 명사 뒤에 방위사(～上, ～里, ～前, ～后, ～前边, ～后边 등)[1] 혹은 这儿(这里), 那儿(那里)과 같은 지시대명사를 붙여 주어야 한다. 예를 들어 보면 다음과 같다.

(O) 桌子上都是灰。책상 위는 온통 먼지투성이다.

(O) 桌子那儿都是灰。책상이 있는 저곳은 온통 먼지투성이다.

(×) *桌子都是灰。

여기서 桌子는 장소의 개념이 없는 일반명사이기 때문에 '是'구문의 주어가 되어 장소를 나타낼 때는 방위사나 这儿(这里), 那儿(那里)과

1 방위사(方位詞)는 방위와 위치를 나타내는 명사이다. 한 글자로 된 上shàng(위), 下xià(아래), 里lǐ(안), 外wài(바깥), 前qián(앞), 后hòu(뒤), 中zhōng(가운데), 间jiān(사이), 内nèi(안), 旁páng(옆), 东dōng(동쪽), 西xī(서쪽), 南nán(남쪽), 北běi(북쪽), 左zuǒ(왼쪽), 右yòu(오른쪽) 등을 단순방위사라 하고, 단순방위사 뒤에 边biān, 面miàn, 头tóu, 方fāng, 部bù를 붙이거나, 앞에 以yǐ, 之zhī를 붙인 것을 복합방위사라고 한다. 복합방위사의 결합 관계는 아래 표와 같다. '+'는 결합 가능함을 나타내고, '-'는 결합될 수 없음을 나타낸다. +, - 표시가 없는 부분은 결합될 수 있지만 뜻이 달라지는 경우이다. 즉, 东头는 '동쪽'이란 뜻이 아니라 보통 '동쪽 끝'이란 뜻으로 쓰인다. 西头, 南头, 北头도 마찬가지이다.

		东	西	南	北	上	下	前	后	左	右	里	外	内	中	间	旁
앞	以	+	+	+	+	+	+	+	+	-	-	-	+	+	-	-	-
	之	+	+	+	+	+	+	+	+	-	-	-	+	+	+	+	-
뒤	边	+	+	+	+	+	+	+	+	+	+	+	+	-	-	-	+
	面	+	+	+	+	+	+	+	+	+	+	+	+	-	-	-	-
	头					+	+	+	+	-	-	+	+	-	-	-	-

같은 지시대명사를 붙여서 장소의 개념으로 만들어 주어야 한다.

한 가지 더 부연할 점은 '존재'를 나타내는 '是'의 경우 '是'를 '有'로 바꿀 수 있다는 것이다. '是'를 '有'로 바꾸어도 의미상 큰 차이는 나지 않는다. 즉 위의 예들 중의 '是'를 모두 '有'로 바꾸어도 문장은 모두 성립된다. 하지만 '是'를 쓸 때와 '有'를 쓸 때 어감상의 차이는 존재한다. 간단한 예를 들어 보면 다음과 같다.

桌子上是书。

桌子上有书。

'桌子上是书'의 의미는 책상 위에 있는 것은 책이고, 다른 물건은 없다는 어감이라고 할 수 있다. 반면 '桌子上有书'의 의미는 책상 위에 책이 있는데 책 이외에 다른 물건도 있을 수 있다는 어감이라고 할 수 있다. 다음 대화를 보면 좀 더 명확해 질 수 있다.

A: 桌子上是什么?
B: 桌子上是书。

A: 桌子上有什么东西吗?
B: 桌子上有书, 还有笔。

첫 번째 대화에서 질문하는 사람은 책상 위에 물건이 한 가지만 있다는 사실을 이미 알고 있는 경우이다. 하지만 그것이 무엇인지는 모르고 있다. 그래서 대답하는 사람도 '是'를 사용하여 표현했는데, '是'

를 사용한 이유는 책상 위에 있는 것은 책이고 다른 것은 없다는 의미이다. 하지만 두 번째 대화에서는 질문하는 사람이 책상 위에 물건이 있는지 없는지 전혀 알지 못하는 상황이다. 따라서 대답은 아무런 물건도 없다고 할 수도 있고, 표현처럼 책과 펜 등 여러 가지 물건이 있다고 대답할 수도 있다.

(4) 설명(해석)

앞 절 '是'구문의 구조적 분류에서 '是' 뒤의 목적어 성분이 동사(구), 형용사(구), 주어+술어, 접속사(전치사)구인 경우는 대부분 '설명(해석)'의 의미관계로 분류할 수 있다. 의미상 대부분 주어에 대한 설명(해석)을 하고 있는 것이기 때문이다. 앞의 예 중 일부를 다시 나열해 보면 아래와 같다.

他刚说的话是故意为难我。
tā gāng shuō de huà shì gù yì wéi nán wǒ.
그가 방금 한 말은 고의로 나를 난처하게 하고자 한 것이다.

进步的大敌是骄傲自满。
jìn bù de dà dí shì jiāo ào zì mǎn.
진보(발전, 향상)의 큰 적은 자만이다.

不是我讲错了，是他记错了。
bú shì wǒ jiǎng cuò le, shì tā jì cuò le.
내가 잘못 말한 것이 아니라, 그가 기억을 잘못한 것이다.

他学习好是由于他有明确的学习目的。
tā xué xí hǎo shì yóu yú tā yǒu míng què de xué xí mù dì.
그가 공부를 잘 하는 것은 명확한 학습 목표가 있기 때문이다.

我之所以这样做，都是为了你。
wǒ zhī suǒ yǐ zhè yàng zuò, dōu shì wèi le nǐ.
내가 이렇게 하는 이유는 모두 너를 위해서야.

그런데 이러한 '설명(해석)'의 의미관계는 앞의 '①대등'의 의미관계와 중복되는 측면이 있다. 예를 들어 앞에서 예시한 '대등'의 의미관계를 나타내는 예들 중, "山东省的别称是鲁shān dōng shěng de bié chēng shì lǔ", "一分钟是60秒yì fēn zhōng shì 60 miǎo" 등은 '대등'의 의미관계를 나타냄과 동시에 설명(해석)의 의미관계도 나타낸다고 볼 수 있기 때문이다. 목적어 위치에 동사(구), 형용사(구)가 오는 경우, 즉 '설명(해석)'의 의미관계를 나타내는 표현 중에서도 "我来中国的目的是学习汉语、了解中国wǒ lái zhōng guó de mù dì shì xué xí hàn yǔ, liǎo jiě zhōng guó", "进步的大敌是骄傲自满jìn bù de dà dí shì jiāo ào zì mǎn" 등의 경우는 '설명(해석)'의 의미관계를 나타냄과 동시에 '대등'의 의미관계도 나타낸다고 볼 수 있다. 이처럼 '설명(해석)'의 의미관계와 '대등'의 의미관계는 중복되는 측면이 있다. 하지만 '是' 뒤의 목적어 성분이 동사(구), 형용사(구), 주어+술어, 접속사(전치사)구인 경우는 일부 예를 제외하면 대부분 '대등'의 의미는 약하거나 없고, 주어에 대한 '설명(해석)'의 의미관계만을 나타내기 때문에 '설명(해석)'의 의미관계는 '是'구문의 중요한 의미 특징이라고 볼 수 있다.

(5) '是'의 기타 용법

'是'가 때로는 술어의 역할을 하지 않고, 문장 내에서 일정한 어감만을 표현하는 경우가 있다. 아래와 같은 예에서 '是'는 없어도 되는 성분이지만, '是'를 쓰면 '是' 뒤의 내용을 긍정(肯定 kěn ding)한다는 어감만을 보태게 된다.

如今机器人是越来越多地出现在了人类生活当中。
rú jīn jī qì rén shì yuè lái yuè duō de chū xiàn zài le rén lèi shēng huó dāng zhōng.
오늘날 로봇은 인간의 생활 속에 점점 더 많이 등장했다.

小林对人是那么热情，谁都会喜欢她 。
xiǎo lín duì rén shì nà me rè qíng, shuí dōu huì xǐ huan tā.
小林은 사람들에게 그리 친절하니 누구라도 그를 좋아할 것이다.

这里的滑雪场是相当(地)专业。
zhè li de huá xuě chǎng shì xiāng dāng (de) zhuān yè.
이곳의 스키장은 상당히(무척) 전문적이다.

孩子们是又唱又跳，高兴得不得了。
hái zi men shì yòu chàng yòu tiào, gāo xìng de bù dé liǎo.
아이들은 노래하고 춤추며 대단히 즐거워했다.

我们是可以接受这样的结果，毕竟呢，是我们违约了。
wǒ men shì kě yǐ jiē shòu zhè yàng de jié guǒ, bì jìng ne, shì wǒ men wéi yuē le.
우리는 이러한 결과를 받아들일 수 있다. 결국(어디까지나) 우리가 약속을 어겼으니까.

하지만 같은 조건에서 '是'에 강세(accent)를 두어 발음하면 상대의 말을 긍정함과 동시에 '是'가 부사화 되어 '정말', '진짜', '확실히', '실로'(=的确dí què, 实在shí zài) 등의 의미를 나타내게 된다. 예를 들어 보면 다음과 같다.

A : 这个电影怎么样？不错吧。
zhè ge diàn yǐng zěn me yàng? bú cuò ba.
이 영화 어때? 괜찮지?

B : 是不错 。
shì bú cuò.
정말 괜찮네(좋은데).

A : 小林这个人很热情吧？
xiǎo lín zhè ge rén hěn rè qíng ba?
小林 이 사람 친절하지?

B : 是很热情。
shì hěn rè qíng.
정말(확실히) 친절해.

A : 他走了没有？
tā zǒu le méi yǒu?
그 사람 떠났나요?

B : 走了。
zǒu le.
떠났어요.

A：你可不要骗我。

nǐ kě bú yào piàn wǒ.

거짓말 하지 말아요(날 속이지 말아요)

B：是走了。

shì zǒu le.

정말 떠났어요.

영어에 익숙한 우리나라 사람들이 중국어를 배울 때 오해할 수 있는 부분이 중국어의 '是'를 영어의 be동사처럼 생각하여 형용사 앞에 습관적으로 '是'를 붙이는 경우가 있다. 예를 들어 '그녀는 아름답다'를 중국어로 표현하면 '她很漂亮'(She is beautiful.)인데 '她是很漂亮'이라고 '是'를 붙여 표현하는 경우가 많다. 중국어의 형용사는 형용사 단독으로 술어가 될 수 있기 때문에 우리말 '그녀는 아름답다' 정도에 해당되는 표현은 '她很漂亮'이다. 이때 '很'은 습관적으로 붙여진 부사이며, '很'이 없으면 다른 대상과 비교하는 어감이 될 수 있다. 즉, 她漂亮，可是她妹妹不漂亮(그녀는 아름답지만 그녀의 여동생은 아름답지 않다)。 따라서 '그녀는 아름답다'를 중국어로 표현할 때 '是'를 붙일 필요가 없다. 하지만 '她是很漂亮'도 가능한 표현인데, 이때는 그녀가 아름답다는 '很漂亮'을 긍정한다는 어감이 보태진 표현이라고 할 수 있다. 만약 '她是很漂亮'에서 '是'에 강세를 두고 '是'를 강하게 발음했다면 (보통 상대방의 말에 반응하여) '(맞아!) 그녀는 정말 아름답지' 정도의 어감이 된다.

'是'의 또 다른 특수 용법은 '是'의 앞뒤에 동일한 형용사(구), 동사

(구), 동사(구), 명사(구)를 위치시켜 '~이긴 하지만 (비록~이지만)'정도의 의미(=虽然suī rán(尽管jǐn guǎn))를 나타낼 수 있다는 것이다. 예를 들어 보면 다음과 같다.

这孩子聪明是聪明，就是不知道用功。
zhè hái zǐ cōng ming shì cōng ming, jiù shì bù zhī dào yòng gōng.
이 아이는 똑똑하긴 똑똑한데((비록) 똑똑하긴 하지만) 공부를 열심히 하지 않는다(공부를 열심히 할 줄 모른다).

他瘦是瘦，可从来不生病。
tā shòu shì shòu, kě cóng lái bù shēng bìng.
그는 말랐지만 이제껏 병이 난 적이 없다.

这个东西不贵是不贵，可是质量不好。
zhè ge dōng xi bú guì shì bú guì, kě shì zhì liàng bù hǎo.
이 물건은 비싸지 않긴 한데((비록) 비싸지 않지만) 품질이 좋지 않다.

听是听清楚了，可是记不住。
tīng shì tīng qīng chu le, kě shì jì bu zhù.
분명히 듣긴 들었는데((비록) 분명히 듣긴 했지만) (확실히) 기억할 수가 없다.

제2장 '是 …… 的' 구문

'是 …… 的' 구문은 구어에서 빈번하게 상용되는 표현이므로 잘 익혀 두어야 한다. '是 …… 的' 구문의 의미는 크게 두 가지로 나누어 볼 수 있다. 첫 번째는 과거에 이미 발생하였거나 실현된 일의 '시간', '장소', '방식', '목적', '행위자' 등을 강조하면서 표현할 때 쓰이는 경우이고, 두 번째는 다른 조건 없이 그저 '단정적 어감' 혹은 '부드러운 말투의 어감'만을 나타내는 경우이다.

1. 과거에 이미 실현된 일의 '시간', '장소', '방식', '목적', '행위자' 등을 강조하는 경우.

이러한 용법으로 쓰인 '是 …… 的' 구문에서 '是'는 부정을 하는 경우(즉, '不是 …… 的')를 제외하면 대부분 생략될 수 있다. 하지만 '的'는 생략될 수 없다. '的'는 보통 문장 끝에 위치하는데, 동사 뒤에 목적어가 있는 경우는 '的'를 목적어 앞에 위치시킬 수도 있다. 구어에서는 '的'가 문장 끝보다는 목적어 앞에 위치하는 경우가 더 많다.

<시간>

A: 他(是)什么时候出去的？
tā (shì) shén me shí hou chū qù de?
그는 언제 나갔나요?

B: 他(是)两点半出去的。
tā (shì) liǎng diǎn bàn chū qù de.
2시 반에 나갔습니다.

你(是)什么时候(几几年 / 哪年)入学的？
nǐ (shì) shén me shí hou(jǐ jǐ nián / nǎ nián)rù xué de?
넌 언제(몇 년도에) 입학했니?

你(是)几点到的公司？
nǐ (shì)jǐ diǎn dào de gōng sī?
넌 몇 시에 회사에 도착했니?

你(是)昨晚几点回的家？
nǐ (shì)zuó wǎn jǐ diǎn huí de jiā?
넌 어제 저녁 몇 시에 집에 들어왔니?

他(是)昨天通知我的。
tā (shì)zuó tiān tōng zhī wǒ de.
그는 어제 나에게 통지해 주었어요.

예문을 통해 알 수 있듯이 '是 …… 的'구문은 과거에 이미 발생하였거나 실현된 사실을 표현하고 있다. 또한 발생했던 동작 자체는 화자와 청자 모두 이미 알고 있는 사실이다. 따라서 위의 예문들에서 두드러지게 강조하며 표현하고자 하는 것은 발생한 동작 자체가 아니라 동작과 관련된 시간이다. 예를 들어 첫 번째 예문에서 그 사람이 나갔다는 사실은 화자와 청자 모두 이미 알고 있다. 여기서 묻는 사람이 알고자 하는 것은 나갔다는 사실이 아니고, 그 사람이 나간 시간이다. 두 번째 예문에서도 상대방이 입학했다는 것은 이미 서로 알고 있는 사실이지만 알고자 하는 것은 입학한 시간(년도)이다. 중요한 것은 '是 …… 的'구문은 과거에 이미 실현된 사실을 표현할 때 쓰인다는 점과 '是 …… 的'구문이 표현하고자 하는 것은 발생한 동작 자체가 아니라 동작과 관련된 다른 측면이라는 점이다.

그리고 세 번째와 네 번째 예문 你(是)几点到的公司?, 你(是)昨晚几点回的家?에서는 '的'가 동사의 목적어 앞에 위치해 있다. '的'를 문장 끝에 놓아도 되지만, 구어에서는 이런 방식으로 표현하는 경우가 많다.

<장소>

他(是)从农村来的。
tā (shì)cóng nóng cūn lái de.
그는 농촌에서 왔습니다.

A: 你(是)在哪儿买的票?
nǐ (shì)zài nǎr mǎi de piào?
너는 표를 어디서 샀니?

B: 我(是)在网上买的票。
wǒ (shì)zài wǎng shàng mǎi de piào.
온라인(인터넷)에서 샀어요.

我(是)在日本学的日语。
wǒ (shì) zài rì běn xué de rì yǔ.
나는 일본에서 일본어를 배웠습니다.

이상의 예문들도 마찬가지로 과거에 이미 발생하였거나 실현된 사실을 표현하고 있다. 또한 발생했던 동작 자체는 화자와 청자가 모두 이미 알고 있는 사실이다. 위의 예문들에서 강조하며 표현하고자 하는 것은 동작이 발생한 장소이다. 두 번째와 세 번째 예문 A: 你(是)在哪儿买的票？ B: 我(是)在网上买的票。我是在日本学的日语。에서 '的'는 문장 끝에 놓아도 되지만, 여기서는 목적어 앞에 위치시켜 표현하고 있다.

<방식>

我(是)坐公交车到的首尔。
wǒ (shì) zuò gōng jiāo chē dào de shǒu ěr.
나는 버스를 타고 서울에 도착했습니다.

我不是骑车去的颐和园，是走着去的。
wǒ bú shì qí chē qù de yí hé yuán, shì zǒu zhe qù de.
나는 자전거를 타고 이화원에 간 것이 아니라 걸어서 갔습니다.

你是坐几路车去学校的？
nǐ shì zuò jǐ lù chē qù xué xiào de?
너는 몇 번 버스를 타고 학교에 갔니?

安娜是跟代表团一起来的。
ān nà shì gēn dài biǎo tuán yì qǐ lái de.
안나는 대표단과 함께 왔습니다.

您的车是花多少钱买的?
nín de chē shì huā duō shao qián mǎi de?
당신의 차는 얼마를 주고 샀습니까?

이상의 예문들도 모두 과거에 이미 발생하였거나 실현된 사실을 표현하고 있으며, 그 중 강조하며 표현하고자 하는 것은 동작 발생의 방식이다. 첫 번째 예문 我(是)坐公交车到的首尔。중의 '的'는 목적어 앞에 위치해 있다.

<행위자>

A: (是)谁告诉你的？
(shì) shuí gào su nǐ de?
누가 너에게 알려주었니?

B: (是)小王告诉我的。
(shì) xiǎo wáng gào su wǒ de.
小王이 나에게 알려 주었어요.

(是)谁给你起的名字？
(shì) shuí gěi nǐ qǐ de míng zi?
누가 너에게 이름을 지어 주었니?

(是)姐姐让我进屋的。
(shì) jiě jie ràng wǒ jìn wū de.
누나가 나를 방으로 들어오게 해 주었어요.

昨天(是)我锁的门。
zuó tiān (shì) wǒ suǒ de mén.
어제는 제가 문을 잠갔어요.

이상 예들은 행위자를 강조하며 표현한 '是 …… 的'구문이다. '是 …… 的'구문이 행위자를 강조할 때는 보통 '是'와 '的' 사이의 성분이 '주어+술어'의 구조가 된다. 두 번째 예문과 네 번째 예문 (是)谁给你起的名字?, 昨天(是)我锁的门。에서는 '的'가 목적어 앞으로 이동해 있다.

<목적, 원인>

他就是为这个目的来的。
tā jiù shì wèi zhè ge mù dì lái de.
그는 바로 이러한 목적을 위해 왔다.

我不是来中国旅游的，我是来学习的。
wǒ bú shì lái zhōng guó lǚ yóu de, wǒ shì lái xué xí de.
나는 중국에 여행하러 온 것이 아니라 공부하러 왔습니다.

她脸红恐怕是海风吹的。
tā liǎn hóng kǒng pà shì hǎi fēng chuī de.
그녀 얼굴이 빨간 것은 아마도 바닷바람을 쐬었기 때문이다.

이상의 예들은 행위의 목적 혹은 원인을 강조하며 표현한 '是 …… 的'구문이다.

정리하면, '是 …… 的'구문은 과거에 이미 발생하였거나 실현된 사실을 표현하는 방식인데, '是 …… 的'구문이 두드러지게 강조하며 표현하고자 하는 것은 발생한 동작 자체가 아닌 동작과 관련된 다른 측면 즉, 시간, 장소, 방식, 행위자, 목적(원인) 등이다.[2] '是 …… 的' 구문에서

2 '是 …… 的'구문이 강조하는 부분은 예시한 시간, 장소, 방식, 행위자, 목적(원인) 이

'是'는 부정을 하는 경우를 제외하면 대부분 생략될 수 있지만 '的'는 생략될 수 없다. '的'는 보통 문장 끝에 위치하지만, 동사 뒤에 목적어가 있는 경우는 '的'를 목적어 앞에 위치시킬 수 있다.

다음 두 가지 예문을 비교해 보면 '是 …… 的'구문의 특성을 좀 더 명확하게 이해해 볼 수 있다.

他昨天来了。
tā zuó tiān lái le.

他是昨天来的。
tā shì zuó tiān lái de.

위의 두 표현은 우리말로 비슷하게 번역될 수 있지만, 쓰이는 상황은 서로 다르다. "他昨天来了"는 그가 왔는지의 여부를 설명하고 있

외에 다른 측면이 될 수도 있다. 시간, 장소, 방식, 행위자, 목적(원인)은 자주 볼 수 있는 대표적 특성일 뿐이다. 예를 들어 他刚才说的话好像是对我说的。tā gāng cái shuō de huà hǎo xiàng shì duì wǒ shuō de. (그가 방금 한 말은 나에게 한 말인 것 같다)와 같은 경우는 '말하는 대상'인 '对我'를 강조하며 표현한 것이고, 这项工程是在他的支持下完成的。zhè xiàng gōng chéng shì zài tā de zhī chí xià wán chéng de.(이 번 공사는 그 사람의 지지 하에서 완성되었다)와 같은 경우는 '행동의 조건'인 '在他的支持下'를 강조한 표현이라고 할 수 있다. '행위를 받는 대상'인 '동사의 목적어'를 강조하는 경우도 있는데, 이때는 보통 '的'가 목적어 앞에 위치한다. 예를 들어 보면 다음과 같은 경우이다. 昨天晚饭我是吃的馒头, 不是吃的米饭。zuó tiān wǎn fàn wǒ shì chī de mán tóu, bú shì chī de mǐ fàn. (어제 저녁 식사로 나는 (소 없는) 찐빵을 먹었지, 쌀밥을 먹지 않았다), 你是投的赞成票, 还是投的反对票? nǐ shì tóu de zàn chéng piào, hái shì tóu de fǎn duì piào? (너는 찬성표를 던졌니, 아니면 반대표를 던졌니?), 我是看的京剧, 他是看的电影。wǒ shì kàn de jīng jù, tā shì kàn de diàn yǐng. (나는 경극을 보았고, 그는 영화를 보았다), 你妈妈过生日你是送的什么? nǐ mā ma guò shēng rì nǐ shì sòng de shén me? (너희 엄마 생일에 넌 무엇을 선물했니?)

다고 할 수 있다. 청자는 그가 왔는지 오지 않았는지 아직 알지 못하고 있을 것이다. 여기서 昨天은 부가적으로 보태진 성분이다. 하지만 "他是昨天来的"는 청자가 이미 그가 왔다는 사실을 알고 있는 경우이며, 청자는 그 사람이 온 시간을 알고 싶어 했기 때문에 화자는 시간을 강조하며 '是 …… 的'구문을 사용하여 표현한 것이다. 그가 왔는지의 여부도 청자가 모르고 있었다면 당연히 "他昨天来了"처럼 조사 '了'를 사용하여 표현했을 것이다. 따라서 '是 …… 的'구문은 보통 동작의 완성, 실현 여부가 명확해진 이후에 쓰는 표현이다. 예를 들어 "妹妹已经到家了，是昨天晚上九点多到的。mèi mei yǐ jīng dào jiā le, shì zuó tiān wǎn shang jiǔ diǎn duō dào de.(여동생은 이미 집에 도착했어요, 어제 저녁 9시가 넘어서 도착했습니다)"처럼 여동생이 집에 도착했는지의 여부를 표현할 때는 '了'를 사용하지만, 도착한 사실을 알게 된 이후 시간을 말하고자 할 때는 '是 …… 的'를 사용하여 표현하였다. 다음 대화도 마찬가지이다.

A: 你姐姐结婚了吗?
nǐ jiě jie jié hūn le ma?
네 언니는 결혼했니?

B: 结了。
jié le.
결혼 했지.

A: (是)什么时候结的(婚)?
(shì) shén me shí hou jié de (hūn)?
언제 결혼했는데?

B: 前年结的，都有小孩儿了。

qián nián jié de, dōu yǒu xiǎo háir le.

제작년에 결혼했어. 이미 아이도 있는걸.

A: (是)什么时候生的小孩儿?

(shì) shén me shí hou shēng (de) xiǎo háir?

아이는 언제 낳았는데?

B: (是)去年生的(小孩儿)。

(shì) qù nián shēng de (xiǎo háir).

작년에 낳았어.

2. '단정적 어감' 혹은 '부드러운 말투의 어감'만을 나타내는 경우

'是 …… 的'의 두 번째 용법은 첫 번째 용법과는 다르게 일종의 어감만을 표현한다. 대표적으로 '단정적 어감(확신이나 자신이 있다는 어감 혹은 이치가 그렇다는 어감)' 혹은 '부드러운 말투의 어감'을 나타낸다. 이때 '是 …… 的'는 없어도 되는 성분이지만 '是 …… 的'를 통해 어감만을 추가시키는 것이다. 이와 같은 용법의 '是 …… 的'에서도 '是'는 생략될 수 있다. 하지만 동사 뒤에 목적어가 있는 경우 '的'를 목적어 앞에 위치시킬 수는 없다.

这个问题，我们也(是)很注意的。

zhè ge wèn tí, wǒ men yě (shì) hěn zhù yì de.

이 문제는 우리도 (무척) 주의하고 있습니다.

猴子(是)很聪明的。

hóu zi (shì) hěn cōng ming de.

원숭이는 (매우) 총명하다.

在现实生活中，这种现象(是)确实存在的。

zài xiàn shí shēng huó zhōng, zhè zhǒng xiàn xiàng (shì) què shí cún zài de.

현실생활에서 이러한 현상은 확실히 존재한다.

我明年一定会考上这所大学的。

wǒ míng nián yí dìng huì kǎo shàng zhè suǒ dà xué de.

나는 내년에 반드시 이 대학에 합격할 거야.

他的要求，我认为(是)合情合理的，你为什么这么反感?

tā de yāo qiú, wǒ rèn wéi (shì)hé qíng hé lǐ de, nǐ wèi shén me zhè me fǎn gǎn?

그의 요구, 나는 이치에 맞다(합리적이다)고 생각하는데, 너는 왜 이토록 반감(거부감)을 갖고 있는 거니?

原来你(是)有计划的呀 。

yuán lái nǐ shì yǒu jì huà de ya.

알고 보니 너는 계획이 다 있었구나.

人生(是)绝对不会按照计划走的。

rén shēng shì jué duì bú huì àn zhào jì huà zǒu de.

인생은 절대로 계획한 대로 흘러가지 않아.

我挺赞成的。

wǒ tǐng zàn chéng de.

저는 (매우) 찬성합니다.

在昨天的会上，他(是)同意这种意见的，不知道为什么今天又不同意了。

zài zuó tiān de huì shang, tā (shì) tóng yì zhè zhǒng yì jiàn de, bù zhī dào wèi shén me jīn tiān yòu bù tóng yì le.

어제 회의에서 그는 이 의견에 동의했습니다. 그런데 오늘 왜 동의를 하지 않는 것인지 잘 모르겠네요.

이상 예들 중의 '(是) …… 的'는 모두 '단정적 어감(확신이나 자신이 있다는 어감 혹은 이치가 그렇다는 어감)' 혹은 '부드러운 말투의 어감'만을 나타내고 있다. 이때 '(是) …… 的'는 없어도 되는 성분이지만 어감을 살리기 위해 추가된 것이다. 그리고 마지막 예문에서 "他(是)同意这种意见的" 중의 '的'는 목적어 앞으로 이동시킬 수 없다. 왜냐하면 '的'를 목적어 앞으로 이동시켜 "他(是)同意的这种意见"이라고 하면, 이 표현은 '是 …… 的'의 첫 번째 용법이 되어, 전체 문장은 '这种意见'을 강조하는 표현이 될 수 있기 때문이다.(각주(2) 참조) 즉, '的'를 목적어 앞으로 이동시켜 在昨天的会上，他(是)同意的这种意见,과 같이 표현하면, '어제 회의에서 그는 이 의견에 동의한 것이지 다른 의견에 동의한 것이 아니다' 정도의 어감이 되기 때문에, '단정적 어감'만을 표현하는 '是 …… 的'의 두 번째 용법이 되지 못한다.

제3장 '在'구문과 '有'구문

1. '존재'를 나타내는 '在'구문과 '有'구문의 구조와 의미 특징

'在'는 '존재'를 나타낼 때 쓰이는 동사이다. 한 가지 예를 들어 보면 아래와 같다.

词典在书架上。
cí diǎn zài shū jià shang.
사전이 책꽂이에 있다.

'在'구문이 표시하는 이러한 존재의 의미를 우리는 동사 '有'로도 표현할 수 있다. 즉, 위 예의 의미를 '有'를 사용하여 '书架上有词典'과 같이 표현할 수 있다. 하지만 '在'를 사용해 존재를 나타낼 때와 '有'를 사용해 존재를 나타낼 때 주어와 목적어의 위치는 서로 반대이다. '在'구문의 주어는 '有'구문의 목적어가 되고, '在'구문의 목적어는 '有'구문의 주어가 된다. '在'구문에서는 장소를 나타내는 성분이 동사 '在' 뒤에 오지만, '有'구문에서는 주어 위치에 온다.

词典在书架上。

书架上有词典。

위의 두 문장은 모두 존재를 표현하고 있다. 의미 역시 유사하다. 하지만 이 두 문장이 나타내는 어감과 표현 의도에는 일정한 차이가 있다. 일반적으로 중국어의 주어는 '(확실히) 정해진 대상'이다. 다른 말로 표현하자면 중국어의 주어는 보통 '화자와 청자와 이미 알고 있는 대상' 혹은 '대화 중 이미 언급되었던 대상' 혹은 '화제가 된 대상'을 주어로 삼는다. 예를 들어 客人来了。/ 来了客人。(손님이 왔다) 두 개의 문장 중 첫 번째 문장의 주어 客人은 (확실히) 정해진 대상으로 '화자와 청자가 이미 알고 있는 그 손님' 혹은 '오기로 한 그 손님' 정도의 어감을 갖고 있다고 할 수 있다. 반면 두 번째 문장 목적어 위치의 客人은 정해진 대상이 아니고 막연한 느낌의 대상이다. 마찬가지로 书买来了(책 사왔다)。/ 买书去(책 사러 간다)。 두 개의 문장 중 첫 번째 문장의 주어 '书'는 '화자와 청자가 이미 알고 있는 어떤 특정한 책'이다. 반면 두 번째 문장 목적어 위치의 '书'는 정해진 대상이 아니고 상대적으로 막연한 느낌의 대상이다. 중국어 주어의 이러한 특성은 거의 모든 중국어 문장에 적용될 수 있다. 따라서 앞에서 언급한 두 개의 문장 중 '词典在书架上'의 주어 '词典'과 '书架上有词典'의 주어 '书架上'은 막연한 대상이 아니고, 화자와 청자가 이미 알고 있는 어떤 특정한 대상이다. 따라서 이 두 문장은 설명의 대상으로 삼은 주어가 다르기 때문에 문장 전체의 어감 또한 다를 수밖에 없다. 또한 주어는 화자와 청자가 이미 알고 있는 대상이기 때문에 이 두 문장에서 화자가 청자에게 전달하고자 하는 정보는 주어가 아니라 동사 뒤에 있는 목적어이다. 즉, '词典在书架上'에서 화자가 청자에게 전달하고자 하는 부분은 '书架上'이고, '书架上有词典'에서 화자가 청자에게 전달하고자 하는 부분은 '词典'이다. 따라서 '词典在书架上'과 '书架上有词典' 두 문장은 우리말로 번역했을 때 비슷한 의미로 받아들여질 수 있지만, 두 문장에 내포된 어감과 실제 표현 의도는 다르다고 할 수 있다. 이해를 돕기 위해 한 가지 예를 더 들어 보면, 我是李明。/ 李明是我。이 두 문장에서 첫 번째 문장이 전달하고자 하는 정보는 '李明'이고, 두 번째 문장이 전달하고자 하는 정보는 '我'이다. 유사한 예를 좀 더 들어 보면 아래와 같다.

① 钱在口袋里。qián zài kǒu dài li. 돈이 주머니 안에 있다.
② 口袋里有钱。kǒu dài li yǒu qián. 주머니 안에 돈이 있다.
③ 自行车在门外。zì xíng chē zài mén wài. 자전거가 문 밖에 있다.
④ 门外有自行车。mén wài yǒu zì xíng chē. 문 밖에 자전거가 있다.

①의 주어 '钱'은 (확실히) 정해진 대상이다. 화자와 청자는 그 돈에 대한 일정한 정보를 가지고 있을 것이다. 하지만 ②의 목적어 '钱'은 상대적으로 막연한 대상이다. 화자와 청자는 아마도 그 돈에 대한 구체적인 정보를 가지고 있지 않을 것이다. 그리고 ①에서 화자가 전달

하고자 하는 내용은 '口袋里'이고, ②에서 화자가 전달하고자 하는 내용은 '钱'이다. 마찬가지로 ③의 주어 '自行车'는 (확실히) 정해진 대상이다. 화자와 청자는 그 자전거에 대한 일정한 정보를 가지고 있을 것이다. 하지만 ④의 목적어 '自行车'는 상대적으로 막연한 대상이다. 화자와 청자는 그 자전거에 대한 구체적인 정보를 가지고 있지 않을 것이다. 그리고 ③에서 화자가 전달하고자 하는 내용은 '门外'이고, ④에서 화자가 전달하고자 하는 내용은 '自行车'이다. 이처럼 '존재'를 나타내는 '在'구문과 '有'구문은 문장 구조가 다르고, 어감과 표현 의도에도 일정한 차이가 있다.

한 가지 더 부연하자면, '在'구문에서 '在' 뒤의 목적어 성분, 즉 장소는 화자와 청자가 알고 있는 어떤 특정한 장소가 될 수도 있고 그렇지 않을 수도 있다. 따라서 '在' 뒤에는 늘 알고 있는 특정한(정해진) 대상이 온다고 말할 수 없다. 그렇지만 '有'구문의 목적어 위치에는 일반적으로 특정한 대상이 올 수 없고, 상대적으로 막연한 대상만이 올 수 있다. 그래서 예를 들어 '*屋子里有老王wū zi li yǒu lǎo wáng(방 안에 왕씨가 있다)'(×)과 같은 표현은 잘못된 표현이 된다. 왜냐하면 '有' 뒤의 성분 '老王'은 그 자체가 특정한 인물이기 때문에 존재를 나타내는 '有'구문의 목적어로 사용되면 어색하다는 것이다. '老王이 방 안에 있다'는 표현을 하려면, 보통 '老王在屋子里'라고 표현하는 것이 더욱 자연스럽다. 하지만 어떤 사람이 '屋子里有谁? wū zi li yǒu shéi?'(방안에 누가 있나요?)라고 물었다면, '屋子里有老王'(방안에는 왕씨가 있어요)과 같이 대답할 수는 있다. 이러한 경우를 제외하면 존재를 나타내는 '有'구문의 목적어 위치에는 일반적으로 정해진 특정 대상이 오지 못한다. 그래서 '有'구문의 목적어 앞에는 '屋子里有一位客人. wū zi li yǒu yí wèi kè rén.'(방 안에 손님이 한 분 계십니다)처럼 막연한 느낌을 주는 수량사(표현 중의 一位)가 오는 경우가 많다.

2. 장소를 나타내는 방법

'在'구문에서 장소는 동사 '在' 뒤에 오고, '有'구문에서는 장소가 주어 위치에 온다.[3] 그런데 장소를 나타내는 성분이 만일 장소나 방위의 개념이 없는 명사, 즉 사람이나 사물의 명칭을 나타내는 일반명사가 장소를 나타내는 경우는 명사 뒤에 ~上, ~里, ~前边 등 방위사를 붙이거나 这儿(这里), 那儿(那里)과 같은 지시대명사를 붙여 장소의 개념을 갖게 해 주어야 한다. 이 점은 '是'구문이 '존재'를 나타낼 때 장소를 표시하는 방법과 동일하다(1장 2절 참조). 하지만 장소로 쓰인 명사 자체가 확실한 장소의 개념을 가지고 있는 경우는 방위사나 这儿(这里), 那儿(那里)과 같은 지시대명사를 붙일 수도 있고, 붙이지 않을 수도 있다. 예를 들어 보면 다음과 같다.

3 '有'가 존재를 나타낼 때 장소는 보통 주어 위치에 오지만, 때로는 장소가 생략되고 시간을 나타내는 단어가 주어 위치에 오는 경우도 있다. 예를 들어 보면 다음과 같다. 唐代有很多著名的诗人。táng dài yǒu hěn duō zhù míng de shī rén. (唐나라 때는 (중국에) 많은 저명한 시인들이 있었다.) / 刚才有位日本粉丝。gāng cái yǒu wèi rì běn fěn sī. (방금 전 (여기) 일본 팬이 계셨는데요.) 이러한 경우 주어는 장소가 아닌 시간을 나타내는 단어이지만, 주어 위치에 장소가 생략되어 있는 표현이라고 볼 수 있다.

① 他的书在抽屉里。(O)
tā de shū zài chōu ti li. 그의 책은 서랍 안에 있다.

② *他的书在抽屉。(×)

③ 书柜上有几本词典。(O)
shū guì shang yǒu jǐ běn cí diǎn. 책장에 몇 권의 사전이 있다.

④ *书柜有几本词典。(×)

⑤ 信在小王那儿。(O)
xìn zài xiǎo wáng nàr. 편지는 小王이 있는 그곳에 있다.

⑥ *信在小王。(×)

⑦ 小王在阅览室呢。(O)
xiǎo wáng zài yuè lǎn shì ne. 小王은 열람실에 있다.

⑧ 明天你在家吗? (O)
míng tiān nǐ zài jiā ma? 내일 너는 집에 있니?

⑨ 蓝蓝的天空没有一点云彩。(O)
lán lán de tiān kōng méi yǒu yì diǎn yún cǎi.
파란 하늘에 한 점의 구름도 없다.

抽屉(서랍), 书柜(책장), 信(편지) 등은 장소의 개념이 없는 일반명사이다. 따라서 장소를 나타낼 때는 적절한 방위사나 这儿(这里), 那儿(那里)과 같은 지시대명사를 붙여주어야 한다. 따라서 ②, ④, ⑥은 잘못된 표현이다. 반면 阅览室(열람실), 家(집), 天空(하늘) 등은 장소의 개념이 명확한 명사들이다. 이러한 단어들이 장소를 나타낼 때는 특정한 방위나 위치를 나타낼 필요가 없는 경우 방위사나 这儿(这里),

那儿(那里)과 같은 지시대명사 없이 직접 장소의 개념으로 사용될 수 있다. 예를 들어, 工厂gōng chǎng(공장), 银行yín háng(은행), 饭店fàn diàn(호텔, 식당), 教室jiào shì(교실), 体育馆tǐ yù guǎn(체육관), 公园gōng yuán(공원), 门口mén kǒu(문어귀, 문 입구), 楼下lóu xià(아래층, 일층), 车站chē zhàn(정거장) 등의 단어들은 일반적으로 장소의 개념이 명확한 단어들로서 방위사나 这儿(这里), 那儿(那里) 등 지시대명사의 도움 없이도 직접 장소의 개념으로 사용될 수 있다. 따라서 ⑦, ⑧, ⑨는 모두 가능한 표현들이다. 물론 ⑦, ⑧, ⑨ 중의 阅览室, 家, 天空에도 방위사나 장소를 나타내는 지시대명사를 붙여 阅览室里, 家里, 天空上, 阅览室那儿처럼 표현할 수 있다.

3. '有'의 여러 가지 의미

동사 '有'는 앞서 예시한 바와 같이 '존재'를 나타낼 때 사용되기도 하지만 그 이외에도 다양한 의미의 용법을 가지고 있다. 대체로 ① '소유', ② '존재', ③ '발생, 출현', ④ '(~수량(정도)에) 도달함', ⑤ '포함' 등의 의미가 대표적이다.

(1) '소유'의 의미

'소유' 의미의 '有'는 주어가 ~을 가지고 있다, 소유(보유)하고 있다는 의미를 나타내는 경우이다.

人人都有两只手。
rén rén dōu yǒu liǎng zhī shǒu.
사람들은 누구나 두 개의 손을 가지고 있다.

我有一辆摩托车。
wǒ yǒu yí liàng mó tuō chē.
나는 오토바이 한 대를 가지고 있다.

他曾经有过一个幸福的家庭。
tā céng jīng yǒu guo yí ge xìng fú de jiā tíng.
그는 일찍이 행복한 가정을 가졌던 적이 있다.

她又有男朋友了。
tā yòu yǒu nán péng you le.
그녀는 또 남자친구가 생겼다.

한 가지 중요하게 부연할 점은 '소유'의 의미를 가진 '有'가 추상명사와 결합될 때, '有+추상명사'가 대부분 '소유'의 의미가 아닌 주어의 속성을 나타내는 경우가 많다는 것이다. 예를 들어, 有经验yǒu jīng yàn은 '경험이 많다'는 뜻이 되며, 有钱yǒu qián은 '돈이 많다', 有道理yǒu dào li는 '이치에 맞다', 有眼光yǒu yǎn guāng은 '안목이 넓다'는 의미가 된다. 이러한 의미의 '有+추상명사'는 형용사의 성격을 띠기 때문에 '很, 非常, 更, 太, 最' 등 정도부사의 수식을 받을 수도 있다. 대표적으로 '很'을 사용한 예를 들어 보면 다음과 같다.

很有前景 hěn yǒu qián jǐng 전망이 매우 밝다

很有帮助 hěn yǒu bāng zhù 많은(큰) 도움이 되었다

很有个性 hěn yǒu gè xìng 개성이 매우 강하다

很有毅力 hěn yǒu yì lì 굳센 의지(끈기)가 있다

很有女人味儿 hěn yǒu nǚ rén wèir 아주 여성스럽다

很有价值 hěn yǒu jià zhí 가치가 (매우) 높다

很有意义 hěn yǒu yì yì 의의가 (매우) 크다

很有耐性 hěn yǒu nài xìng 인내심이 (매우) 강하다

很有感染力 hěn yǒu gǎn rǎn lì 감화력(호소력)이 있다

很有朝气 hěn yǒu zhāo qì 진취적 기상이 있다(패기가 넘친다)

很有挑战 hěn yǒu tiǎo zhàn 도전해 볼만하다(도전할 가치가 있다)

很有创意 hěn yǒu chuàng yì 매우 창의적이다

很有生意头脑 hěn yǒu shēng yì tóu nǎo 장사 머리가 있다(장사 수완이 좋다)

这个人很有前途。
zhè ge rén hěn yǒu qián tú.
이 사람은 전도유망하다(미래가 매우 밝다).

这个青年特别有头脑。
zhè ge qīng nián tè bié yǒu tóu nǎo.
이 청년은 정말 머리가 좋다.

小王很有领导才能。
xiǎo wáng hěn yǒu lǐng dǎo cái néng.
小王은 리더십이 매우 뛰어나다.

这次社会实践很有意义。
zhè cì shè huì shí jiàn hěn yǒu yì yì.
이번 사회적 실천은 매우 의의가 크다.

(2) '존재'의 의미

'존재'의 의미는 앞 절에서 설명한 바와 같다.

这座楼房前边有一条小溪。
zhè zuò lóu fáng qián bian yǒu yì tiáo xiǎo xī.
이 건물(혹은 다층 집) 앞에는 작은 개울이 하나 있다.

李老师家有三口人。
lǐ lǎo shī jiā yǒu sān kǒu rén.
李 선생님 댁은 세 식구이다.

博物馆里有不少参观的学生。
bó wù guǎn li yǒu bù shǎo cān guān de xué shēng.
박물관에는 견학하러 온 학생들이 적지 않다(많다).

这世界上没有好挣的钱。
zhè shì jiè shang méi yǒu hǎo zhèng de qián.
이 세상에 쉽게 벌 수 있는 돈은 없다.

(3) '발생, 출현'의 의미

'발생, 출현'의 의미를 나타내는 '有'는 보통 뒤에 '변화, 발전, 진보, 퇴보' 등의 의미를 가진 동사(혹은 명사화된 동사)를 목적어로 갖는다. 예를 들어 '有变化yǒu biàn huà'는 '변화가 발생했다(생겼다)' 혹은 '변화가 나타났다' 정도의 의미가 된다.

近年来, 中学教育也有了很大发展。
jìn nián lái, zhōng xué jiào yù yě yǒu le hěn dà fā zhǎn.
최근 몇 년간 중고등학교 교육에도 큰 발전이 있었다(생겼다, 나타났다).

房地产行情有了变化。
fáng dì chǎn háng qíng yǒu le biàn huà.
부동산 시세에 변화가 발생했다.

去年国民收入又有了增长。
qù nián guó mín shōu rù yòu yǒu le zēng zhǎng.
작년 국민소득도 증가하였다.

近几年, 人们的物质生活有了很大的改善。
jìn jǐ nián, rén men de wù zhì shēng huó yǒu le hěn dà de gǎi shàn.
요 몇 년 사람들의 물질생활이 크게 개선되었다.

他的汉语有了明显的进步。
tā de hàn yǔ yǒu le míng xiǎn de jìn bù.
그의 중국어는 분명 진보하였다(향상되었다).

(4) '(~수량(정도)에) 도달함'의 의미

'(~수량(정도)에) 도달함'의 의미를 나타내는 '有' 뒤에는 보통 수량을 나타내는 어구가 오며, 예측 혹은 추정의 어감을 갖는 경우가 많다. '有'의 의미 중 매우 독특한 특성을 나타내는 부분인데, 예문을 보면서 익히면 쉽게 이해할 수 있다. 수량어구 뒤에는 수량의 성질과 관련된 형용사가 함께 추가되는 경우도 있다.

从这里到天安门大概有五公里。
cóng zhè li dào tiān ān mén dà gài yǒu wǔ gōng li.
여기서 천안문까지는 대략 5km입니다.

这条鱼足足有四斤(重)。
zhè tiáo yú zú zú yǒu sì jīn (zhòng).
이 물고기는 족히 2kg은 되겠네요.

这条河有五百米(宽)。
zhè tiáo hé yǒu wǔ bǎi mǐ (kuān).
이 강은 폭이 500m 정도 됩니다.

他学习汉语有六个月了。
tā xué xí hàn yǔ yǒu liù ge yuè le.
그는 중국어를 공부한 지 6개월이 되었습니다.

这块布没有两米(长), 最多不过1.7米。
zhè kuài bù méi yǒu liǎng mǐ (cháng), zuì duō bú guò yì diǎn qī mǐ.
이 천은 길이가 2m는 안 되고, 기껏해야 1.7m 정도에 불과합니다.

他走了(有)三天了。
tā zǒu le (yǒu) sān tiān le.
그가 간 지(떠난 지) 3일이 되었습니다.

我看他大概(有)三十多岁。
wǒ kàn tā dà gài (yǒu) sān shí duō suì.
내가 보기에 그는 대략 30세 정도 됩니다.

(5) '포함'의 의미

'포함'의 의미를 나타내는 '有'구문의 경우, '有'의 목적어 위치에는 보통 여러 가지 사물이나 상황이 나열되는데, 이들은 모두 주어가 가리키는 사물이나 상황에 속한 것들이다. 때로는 목적어 위치에 사물이나 상황이 나열되지 않고 주어가 가리키는 대상의 총 수량만을 표현하는 경우도 있다.

云的种类很多，有卷云、积云、层云等。
yún de zhǒng lèi hěn duō, yǒu juàn yún、jī yún、céng yún děng.
구름의 종류는 매우 많은데, 새털구름, 뭉게구름, 층운 등이 있다.

今天参加座谈会的有工人、学生、干部、教师等各方面的代表二十多人。
jīn tiān cān jiā zuò tán huì de yǒu gōng rén、xué sheng、gàn bù、jiào shī děng gè fāng miàn de dài biǎo èr shí duō rén.
오늘 좌담회에 참석한 사람들은 노동자, 학생, 간부, 교사 등 각 방면의 대표 20여명이다.

每天早上，操场上锻炼的人多极了，有跑的，(有)跳的，(有)打球的，还有练太极拳的。
měi tiān zǎo shang, cāo chǎng shang duàn liàn de rén duō jí le, yǒu pǎo de, (yǒu)tiào de, (yǒu)dǎ qiú de, hái yǒu liàn tài jí quán de.
매일 아침 운동장에는 달리기를 하는 사람, 춤을 추는 사람, 공을 치는 사람, 태극권을 하는 사람 등 운동(신체 단련)을 하는 사람들이 정말 많다.

一年有十二个月。
yì nián yǒu shí èr ge yuè. 일 년은 12개월이다.

这本书有三百多页。
zhè běn shū yǒu sān bǎi duō yè. 이 책은 300여 쪽이 된다.

제4장 동태조사 '了'와 어기조사 '了'

중국어 표현에서 흔히 사용되는 '了'는 그 기능과 의미에 따라 동태조사 '了'와 어기조사 '了' 두 가지로 나누어 볼 수 있다. 이 두 가지 '了'는 문장 내에서의 위치도 다르고, 의미와 용법도 다르기 때문에 잘 구분하여 사용하여야 한다. 설명 과정에서의 혼란을 피하기 위해 편의상 동태조사 '了'는 '$了_1$', 어기조사 '了'는 '$了_2$'로 표기하도록 하겠다.

1. 동태조사 '$了_1$'

동태조사 '$了_1$'은 늘 '동사 뒤'에 위치하며, 동작의 '완료 실현'을 나타낸다.

我买了一本词典。
wǒ mǎi le yì běn cí diǎn.
나는 한 권의 사전을 샀다.

위의 표현에서 '买词典'이라는 상황은 분명히 이미 실현된(완성된)

사실이다. 이유는 동사 뒤에 동태조사 '$了_1$'이 있기 때문이다. 만약 '了'가 없다면, 우리는 '买词典'이라는 상황이 실현되었는지 실현되지 않았는지 알 수 없다. 실현되었을 수도 있고, 실현되지 않았을 수도 있다. 정확히 알려면 앞뒤의 문맥을 보아야만 한다. 이처럼 동태조사 '$了_1$'은 문장 내에서 중요한 작용을 하고 있으며 동작의 '완료 실현'이라는 어법적 의미를 나타낸다.

주의할 점은 동작의 '완료 실현'이라고 해서 꼭 과거 시점을 얘기하는 것은 아니라는 점이다. 동작의 '완료 실현'은 미래 시점에도 일어날 수 있다. 따라서 동작의 '완료 실현'이라고 표현한 것은 미래 시점까지 포함하는 개념이다. 예를 들어 보면 다음과 같다.

明天下了课，我去找你。
míng tiān xià le kè, wǒ qù zhǎo nǐ.
내일 수업이 끝나면 내가 널 찾아갈게.

吃了饭再走吧。
chī le fàn zài zǒu ba.
밥 먹고 (그런 다음에) 갑시다.

你到了那儿，就给我打电话。
nǐ dào le nàr, jiù gěi wǒ dǎ diàn huà.
그 곳에 도착하면, 나에게 전화해 주세요.

等(到)新冠肺炎过去了，我们就结婚。
děng (dào) xīn guān fèi yán guò qù le, wǒ men jiù jié hūn.
코로나19가 지나가면 우리는 결혼할 겁니다.

最好在网上预约，不然到了现场，可能买不着票。
zuì hǎo zài wǎng shang yù yuē, bù rán dào le xiàn chǎng, kě néng mǎi bu zháo piào.
가장 좋기는(가능하면) 온라인에서 예약하시는 것이 좋습니다. 아니면 현장에 도착했을 때 아마도 표를 살 수 없을 겁니다.

只有到了发工资的日子，才能出去吃饭。
zhǐ yǒu dào le fā gōng zī de rì zi, cái néng chū qù chī fàn.
월급날이 되어야만 외식을 할 수 있습니다.

2. 어기조사 ‘了$_2$’

어기조사 ‘了$_2$’는 문장 끝에 위치한다. 이 점은 동사 뒤에 위치하는 동태조사 ‘了$_1$’과 구분되는 중요한 특징 중 하나이다. 또한 어기조사 ‘了$_2$’는 문장 끝에 위치하여 여러 가지 다양한 어감을 표시하기 때문에 동작의 ‘완료 실현’을 표시하는 동태조사 ‘了$_1$’과는 확연히 다르다.

	위치	의미
동태조사 了$_1$	동사 뒤	동작의 완료, 실현
어기조사 了$_2$	문장 끝	여러 가지 다양한 어감

어기조사 ‘了$_2$’가 나타내는 어감은 대표적으로 (1) 변화, (2) 확정적 어투, (3) 시간의 지속, (4) 어떤 수량에 도달함, (5) 감탄, (6) 문장 완결, (7) 기타 등 7가지로 요약해 볼 수 있다. 각 항목의 예문을 보면서 비교해 보면 어렵지 않게 이해할 수 있다.

(1) 변화

아래 예문 중 파란색으로 표시한 '了'는 모두 '변화'의 어감을 나타내는 어기조사 '了$_2$'이다. 우리말 해석으로는 변화의 의미를 반영할 수 없는 경우도 있지만, 내포된 의미는 모두 이전 상황과는 다른 어떤 변화가 있었다는 어감을 나타낸다.

我已经五十多岁了。头发白了，皱纹也多了。
wǒ yǐ jīng wǔ shí duō suì le. tóu fa bái le, zhòu wén yě duō le.
나는 이미 50살이 넘었다. 머리카락도 하얘졌고, 주름도 많아졌다.

公司答应我也参加了。
gōng sī dā ying wǒ yě cān jiā le.
회사에서는 나도 참가하도록 허락했다.

两年没见你，你跟从前不一样了。
liǎng nián méi jiàn nǐ, nǐ gēn cóng qián bù yí yàng le.
2년 동안 보지 못했더니, 넌 이전과 달라졌구나.

你不爱我了吗？
nǐ bú ài wǒ le ma?
당신은 나를 사랑하지 않게 된 것인가요?

我们没有库存了，只能再等两天了。
wǒ men méi yǒu kù cún le, zhǐ néng zài děng liǎng tiān le.
재고가 다 떨어졌습니다. 이틀을 더 기다릴 수밖에 없겠습니다.

我明天不去故宫了。
wǒ míng tiān bú qù gù gōng le.
나는 내일 고궁에 안 가게 되었습니다.

USB被弄丢了，没有备份，只能再重新写一份文件了。

USB bèi nòng diū le, méi yǒu bèi fèn, zhǐ néng zài chóng xīn xiě yí fèn wén jiàn le.

USB를 잃어버렸습니다. 백업해 놓은 것도 없어서 새로 다시 문서를 작성할 수밖에 없겠습니다.

上大学了。/ 我会说汉语了。

shàng dà xué le. / wǒ huì shuō hàn yǔ le.

대학에 다니게 되었습니다. / 내가 중국어를 할 수 있게 되었습니다.

年末了，聚会很多，但我一般会拒绝。

nián mò le, jù huì hěn duō, dàn wǒ yì bān huì jù jué.

연말이 되어 모임이 많지만 나는 보통 거절합니다.

他前几天报个网球班，去了两天就不去了。

tā qián jǐ tiān bào ge wǎng qiú bān, qù le liǎng tiān jiù bú qù le.

그는 며칠 전 테니스 반에 등록을 했는데 이틀 만에 안 나가네요.

今天晚上好像回不来了。

jīn tiān wǎn shang hǎo xiàng huí bu lái le.

오는 저녁에는 돌아올 수 없을 것 같습니다.

很抱歉，这次不能帮你了。

hěn bào qiàn, zhè cì bù néng bāng nǐ le.

죄송합니다. 이번에는 도와드릴 수 없겠네요.

要是换成彩色的，就没有现在这种感觉了。

yào shì huàn chéng cǎi sè de, jiù méi yǒu xiàn zài zhè zhǒng gǎn jué le.

만약 컬러로 바꾼다면 현재의 이러한 느낌은 없어질 것입니다.

不好意思，我手机弄成静音了，没听见。
bù hǎo yì si, wǒ shǒu jī nòng chéng jìng yīn le, méi tīng jiàn.
미안합니다. 내가 핸드폰을 무음으로 해 놓아서 듣지 못했네요.

她瘦得都认不出来了。
tā shòu de dōu rèn bu chū lái le.
그녀는 알아볼 수 없을 정도로 말랐습니다.

水不热了，可以喝了。
shuǐ bú rè le, kě yǐ hē le.
물이 이제 뜨겁지 않습니다. 마실 수 있을 정도가 되었습니다.

예문 중 "USB被弄丢了(USB를 잃어버렸다)"와 같은 경우의 '了'는 동태조사 '$了_1$'과 어기조사 '$了_2$'의 기능을 모두 가지고 있다고 할 수 있다. 즉 'USB를 잃어버렸다'는 동작의 실현(완료)의 의미와 '잃어버리지 않았던 상태에서 잃어버린 상태로 변화했다'는 변화의 어감을 동시에 나타내고 있다고 볼 수 있다. 이런 경우는 '了'의 위치도 동사 뒤이면서 문장 끝이다. 따라서 이러한 '了'는 동태조사와 어기조사의 기능을 모두 포함하고 있다고 할 수 있기 때문에 '$了_{1+2}$'와 같이 표기할 수 있다. 예를 들어 他来$了_{1+2}$。/ 我吃$了_{1+2}$。 등과 같은 경우이다.

그리고 형용사 뒤에 쓰인 '了'는 보통 '변화'의 어감을 나타낸다. 예를 들어 你身体好了吗?(너 건강이 좋아졌니?) 好多了。(많이 좋아졌어요)와 같은 경우이다. 예문 중 头发白了，皱纹也多了。/ 你跟从前不一样了。/ 水不热了。와 같은 경우의 '了'도 모두 형용사 뒤에서 '변화'의 어감을 나타내고 있다.

(2) 확정적 어투

'확정적 어투'의 어감을 나타내는 어기조사 '了$_2$'는 문장 끝에 쓰여 말에 대한 확신이 있다는 어감을 표시한다.

我想他不会来了。
wǒ xiǎng tā bú huì lái le.
나는 그 사람이 오지 않을 것이라고 생각해.

那是失眠了!
nà shì shī mián le.
그건 불면증이지!

把钱存到银行里拿利息可能是最笨的理财方式了!
bǎ qián cún dào yín háng li ná lì xī kě néng shì zuì bèn de lǐ cái fāng shì le.
돈을 은행에 저금해 놓고 이자를 받는 것은 아마도 가장 멍청한 재테크 방식일 거야!

我最讨厌口是心非的男人了。
wǒ zuì tǎo yàn kǒu shì xīn fēi de nán rén le.
나는 겉과 속이 다른 남자를 가장 싫어해.

那是大材小用了。
nà shì dà cái xiǎo yòng le.
그건 큰 인재를 썩히는 경우지.

我向你发誓，再也不通宵喝酒了。
wǒ xiàng nǐ fā shì, zài yě bù tōng xiāo hē jiǔ le.
너에게 맹세할게, 다시는(더 이상은) 밤을 새워가며 술 마시지 않을게.

性格跟岗位有很大关系吗？当然有关系啦(啦 =了+阿)。
xìng gé gēn gǎng wèi yǒu hěn dà guān xi ma?
dāng rán yǒu guān xi la.
성격이 직책과 관련성이 큰가요? 당연히 관련성이 있지요.

이상 예문에서 문장 끝 어기조사 '$了_2$'는 없을 수도 있는 성분이지만, '了'를 통해 말에 대한 자신만의 확신이 있다는 어감을 표현해 주고 있다.

(3) 시간의 지속

아래의 예문 중 문장 끝에 쓰인 '$了_2$'는 어떤 동작이나 상황이 과거 어느 시점부터 현재까지 계속되어 왔다는 어감을 표시하는 어기조사이다. 관례적으로 '시간의 지속'을 나타내는 어기조사 '$了_2$'라 칭한다. 예문 중 '了'가 문장 끝이 아닌 동사 뒤에 붙어 있는 경우도 있는데, 이러한 경우 동사 뒤의 '了'는 어기조사가 아니고 동작의 '완료, 실현'을 나타내는 동태조사 '$了_1$'이다. 구분을 위해 예문 중에 나온 동태조사도 함께 숫자로 표시하였다.

他汉语学$了_1$三年$了_2$。
tā hàn yǔ xué le sān nián le.
나는 중국어를 3년째 배우고 있다.

他在北京住$了_1$一年$了_2$。
tā zài běi jīng zhù le yì nián le.
그는 북경에 1년째 살고 있다.

我等了$_1$半个小时了$_2$。

wǒ děng le bàn ge xiǎo shí le.

나는 30분째 기다리고 있다.

老师病了$_1$三天了$_2$。

lǎo shī bìng le sān tiān le.

선생님은 병이 나신지 3일째 되셨다.

好久不见了$_2$。

hǎo jiǔ bú jiàn le.

오랜만입니다.

你挂号以后，等了$_1$多长时间了$_2$？两个多小时了$_2$。

nǐ guà hào yǐ hòu, děng le duō cháng shí jiān le? liǎng ge duō xiǎo shí le.

넌 접수하고 얼마나 기다렸니? 두 시간 넘게 기다리고 있어.

邻居家的老狗死了$_1$两天了$_2$。

lín jū jiā de lǎo gǒu sǐ le liǎng tiān le.

이웃집의 늙은 강아지는 죽은 지 이틀 되었다.

打点滴打了$_1$20分钟了$_2$。

dǎ diǎn dī dǎ le èr shí fēn zhōng le.

링거를 20분 째 맞고 있다.

三天没下雨了$_2$。

sān tiān méi xià yǔ le.

3일동안 비가 내리지 않았다.

八年没见面了$_2$。
bā nián méi jiàn miàn le.
8년간 만나지 못했다.

我好长时间没跟他联系了$_2$。
wǒ hǎo cháng shí jiān méi gēn tā lián xì le.
나는 오랜 시간동안 그와 연락하지 못했다.

好几年没涨工资了$_2$。
hǎo jǐ nián méi zhǎng gōng zī le
여러 해 동안 임금이 오르지 않았다.

好几个月没抽烟了$_2$。
hǎo jǐ ge yuè méi chōu yān le.
여러 달 동안 담배를 피지 않았다.

他汉语学了$_1$三年了$_2$。에는 두 개의 '了'가 있다. 앞의 동사 뒤 '了'는 동작의 '완료, 실현'을 나타내는 동태조사 '了$_1$'이고, 문장 끝의 '了'는 '시간의 지속'을 나타내는 어기조사 '了$_2$'이다. 이 문장은 '学汉语(중국어를 배운다)'라는 동작이 3년 전부터 지금까지 계속되었고, 현재도 중국어를 배우고 있으며(3년째 배우고 있으며), 이후에도 중국어를 배울 것이라는 가능성의 의미까지 내포하고 있는 표현이다. 그런데 만약 문장 끝에 어기조사 '了$_2$'가 없다면, 즉 他汉语学了$_1$三年。과 같이 표현했다면, 어기조사 '了$_2$'가 있을 때와는 의미가 달라진다. 이 문장이 나타내는 뜻은 '学汉语'라는 동작이 3년간 계속되었지만 과거에 이미 끝났다는 의미가 된다. 왜냐하면 문장 내에 완료(실현)의 의미를 나타내는 동태조사 '了$_1$'만 있기 때문이다. '学汉语'는 이미 완료된 동작이기 때문에 현재는 배우고 있지 않은 상황일 것이고, 단지 과거에 3년을 배웠다는 사실만을 설명한 표현이 된다. 따라서 이 문장 끝의 어기조사 '了$_2$'는 '동작이 과거 어느 시점부터 현재까지 계속됨'의 어감을 나타내 주고 있는 것이라고 할 수 있다.

他在北京住了$_1$一年了$_2$。도 마찬가지이다. 이 문장은 '在北京住(북경에 살다)'라는 동작이 1년 전부터 지금까지 쭉 계속되었고, 현재에도 북경에 살고 있으며(1년째 살고 있으며), 이후에도 북경에 살 것이라는 가능성까지 내포하고 있는 표현이다. 하지만 문장 끝에 어기조사 '了$_2$'가 없다면, '在北京住'라는 동작은 1년간 계속되었지만 현재는 이미 끝나서 더 이상 북경에 살지 않는다는 의미가 될 것이다. 我等了$_1$半个小时了$_2$。도 '等(기다리다)'이라는 동작이 30분 전부터 지금까지 계속되었고, 현재도 기다리고 있으며(30분째 기다리고 있으며), 이후에도 기다릴 것이라는 가능성의 의미까지 내포하고 있는 표현이다. 하지만 만일 문장 끝에 어기조사 '了$_2$'가 없다면, '等'이라는 동작은 과거 어느 시점에 30분간 계속되고 끝났다는 의미가 될 것이다. 好久不见了$_2$(오랜만입니다)。중의 '了$_2$'도 만나지 못한 상황이 '오래 전부터 지금까지 계속됨'의 어감을 나타내 주고 있다. 이처럼 어기조사 '了$_2$'는 '동작이(혹은 어떤 상황이) 과거 어느 시점부터 현재까지 계속됨'의 어감을 나타내는 경우가 있다.

나머지 예문들 중에 표기된 '了$_2$'도 같은 어감을 나타내는 어기조사인데, 관련하여 한 가지 더 부연 설명해야 할 부분이 있다. 부정부사

'沒(有)'와 '了'의 관계 문제인데, 일반적으로 부정부사 '沒(有)'와 '了$_1$' 혹은 '了$_2$'는 함께 쓰일 수 없다. 예를 들어 다음과 같이 동태조사 '了$_1$' 혹은 어기조사 '了$_2$'가 사용된 긍정형 표현을 '沒(有)'로 부정할 때 '了$_1$' 혹은 '了$_2$'는 모두 사라진다. 함께 쓰이면 비문이 된다.

我看了$_1$今天的新闻。 wǒ kàn le jīn tiān de xīn wén. 나는 오늘 뉴스를 보았다.	→	我没看今天的新闻 。 wǒ méi kàn jīn tiān de xīn wén. 나는 오늘 뉴스를 보지 못했다.
打碎了$_1$盘子 dǎ suì le pán zi 접시를 깨뜨렸다.	→	没打碎盘子 méi dǎ suì pán zi 접시를 깨뜨리지 않았다.
我喝酒了$_2$ wǒ hē le jiǔ le. 나는 술을 마셨다.	→	我没喝酒 wǒ méi hē jiǔ. 나는 술을 마시지 않았다.
他来了$_{1+2}$ tā lái le. 그가 왔다.	→	他没来 tā méi lái. 그는 오지 않았다.

이처럼 일반적으로 '了$_1$'과 '了$_2$'는 부정부사 '沒(有)'와 함께 쓰일 수 없다. 하지만 예외적으로 앞서 설명한 '시간의 지속'을 나타내는 어기조사 '了$_2$'는 부정부사 '沒(有)'와 함께 쓰일 수 있다. 위의 예문 중 三天没下雨了$_2$。/ 八年没见面了$_2$。/ 我好长时间没跟他联系了$_2$。/ 好几年没涨工资了$_2$。/ 好几个月没抽烟了$_2$。중의 '了$_2$'는 모두 '시간의 지속'을 나타내는 어기조사이며 '沒(有)'와 함께 쓰이고 있다. 이 중 '了$_2$'는

각각 '3일 전부터 지금까지 계속됨', '8년 전부터 지금까지 계속됨', '오래 전부터 지금까지 계속됨', '여러 해 전부터 지금까지 계속됨', '여러 달 전부터 지금까지 계속됨' 등의 어감을 나타낸다. 이는 '了'와 부정부사 '沒(有)'의 사용법에서 예외적인 경우에 해당된다.[4]

(4) 어떤 수량에 도달함

어기조사 '了$_2$'는 '어떤 수량에 도달함'의 어감을 나타내는 경우도 있는데 다음과 같은 경우이다.

我们喝了$_1$两瓶啤酒了$_2$。
wǒ men hē le liǎng píng pí jiǔ le.
우리는 2병의 맥주를 마셨다. (아마도 이후 더 마실 것임)

你学到第几课了$_2$？学到第二课了$_2$。
nǐ xué dào dì jǐ kè le? xué dào dì èr kè le.
너는 몇 과까지 배웠니? 2과까지 배웠어요.

我吃了$_1$一个面包了$_2$。
wǒ chī le yí ge miàn bāo le.
나는 빵 한 개 먹었어요. (아마도 이후 더 먹을 것임)

我买了三十本词典了$_2$。

4 '不'와 '了$_2$'는 함께 쓰일 수 있다. 이때 '了$_2$'는 보통 '변화(혹은 확정적 어투)'의 어감을 나타내는 경우가 많다. 예를 들어, 我不去图书馆了。wǒ bú qù tú shū guǎn le. (난 도서관 안 갑니다.(난 도서관 안 가게 되었습니다.)) 我以后不养小狗了。wǒ yǐ hòu bù yǎng xiǎo gǒu le. (난 앞으로 강아지 키우지 않을 거야) 등과 같은 경우이다.

wǒ mǎi le sān shí běn cí diǎn le.

나는 30권의 사전을 샀다. (사전을 아직 더 사야하는 상황)

为了买到这本书，我已经去了$_1$三次书店了$_2$。

wèi le mǎi dào zhè běn shū, wǒ yǐ jīng qù le sān cì shū diàn le.

이 책을 사기 위해, 나는 이미 서점을 3번 갔다. (책을 아직 사지 못했고 서점에 다시 가 보아야 하는 상황)

我已经逛了$_1$三个地方了$_2$，我逛不动了。[5]

wǒ yǐ jīng guàng le sān ge dì fang le, wǒ guàng bu dòng le.

나는 이미 세 곳을 돌아다녀서, (이제) 움직일 수가 없네요.

你不是来过好几次了$_2$吗？

nǐ bú shì lái guo hǎo jǐ cì le ma?

여러 번 와본 적이 있잖아요? (여러 번 와본 적이 있는 것 아닌가요?)

我已经念了$_1$好几遍了$_2$。

wǒ yǐ jīng niàn le hǎo jǐ biàn le.

나는 이미 여러 번을 읽었다. (아직 더 읽어야 하는 상황)

现在这个点击量好像已经四十几亿了$_2$。

xiàn zài zhè ge diǎn jī liàng hǎo xiàng yǐ jīng sì shí jǐ yì le.

현재 클릭 수가 이미 사십 몇 억이 된 것 같다.

我已经贷了$_1$两千万了$_2$，还得再贷一千万。

wǒ yǐ jīng dài le liǎng qiān wàn le, hái děi zài dài yì qiān wàn.

나는 이미 2천만 원을 대출했는데 아직 천만 원을 더 대출받아야 해.

---

5 我已经逛了$_1$三个地方了$_2$，我逛不动了。에서 문장 끝에 있는 '了'는 '변화'의 어감을 나타내는 어기조사 '了$_2$'이다.

이상 예문 중의 문장 끝 어기조사 '了$_2$'는 모두 '어떤 수량에 도달함'의 어감을 나타내고 있다. 예를 들어 我们喝了$_1$两瓶啤酒了$_2$。(우리는 2병의 맥주를 마셨다)는 맥주를 이제까지 2병 마셨는데 아직 더 마실 것이라는 가능성의 어감을 문장 끝 어기조사 '了$_2$'를 통해 표현해 내고 있다. 만일 문장 끝에 어기조사 '了$_2$'가 없다면(즉, 我们喝了$_1$两瓶啤酒와 같이 표현했다면), 이 문장은 맥주 2병을 마시고 끝났다는 완료의 의미만을 나타내게 될 것이다. 为了买到这本书，我已经去了$_1$三次书店了$_2$。(이 책을 사기 위해, 나는 이미 서점을 3번 갔다)는 이 책을 아직 사지 못했고, 책을 사기 위해서는 서점에 다시 가 보아야 한다는 어감을 문장 끝 어기조사 '了$_2$'를 통해 나타내 주고 있다. 만일 문장 끝에 어기조사 '了$_2$'가 없다면(즉, 为了买到这本书，我去了$_1$三次书店과 같이 표현했다면), 이 문장은 서점을 3번 가서 책을 샀다는 의미가 될 것이다. 现在这个点击量好像已经四十几亿了$_2$。(현재 클릭 수가 이미 사십 몇 억이 된 것 같다)의 경우도 이제까지의 클릭 수가 사십 몇 억이 되었고, 앞으로도 클릭 수는 계속 늘어날 것이라는 어감을 문장 끝 어기조사 '了$_2$'를 통해 나타내 주고 있다.

'어떤 수량에 도달함'의 어감을 나타내는 어기조사 '了$_2$'는 (3)에서 설명한 '시간의 지속'을 나타내는 '了$_2$'와 유사하지만, 나타내는 대상이 시간이 아니고 수량이라는 데 차이가 있다. 즉 '어떤 수량에 도달함'은 시간이 아닌 어떤 수량을 채우는 동작이 아직 끝나지 않았고, 앞으로 수량을 더 보태게 될 것이라는 어감을 나타낸다.

그리고 한 가지 부연할 사항은 하나의 문장 안에 동태조사 '了$_1$'과 어기조사 '了$_2$'('시간의 지속' 혹은 '어떤 수량에 도달함' 혹은 '변화'의 어감[6]을 나타내는 어기조사)가 함께 쓰인 경우 동작의 완료(실현)를 나타내는 '了$_1$'은 자주 생략된다. 하지만 말하는 시점까지 동작의 완료(실현)을 특별히 강조할 의도가 있다면 동태조사 '了$_1$'은 생략되지 않는다.

(5) 감탄 (강한 긍정)

어기조사 '了$_2$'가 '감탄' 혹은 '강한 긍정'의 어감을 나타내는 경우가 있다. 주로 '太~了', '可~了', '最~了' 등의 형태로 표현된다.

这太有创意了。
zhè tài yǒu chuàng yì le.
이건 정말 창의적이네요.

他的女朋友可美了。
tā de nǚ péng you kě měi le.
그의 여자 친구는 정말 예뻐요.

这个可好吃了。
zhè ge kě hǎo chī le.
이거 진짜 맛있다.

---

6 '了$_1$'과 '了$_2$'가 하나의 문장에서 함께 쓰일 때 '了$_2$'가 '변화'의 어감을 나타내는 경우의 예를 들어 보면 다음과 같다. 昨天我已经买了$_1$钢笔了$_2$, 不去商店了$_2$。zuó tiān wǒ yǐ jīng mǎi le gāng bǐ le, bú qù shāng diàn le. 나는 어제 이미 만년필을 샀습니다. 상점에 가지 않겠습니다(상점에 가지 않아도 되는 상황이 되었습니다). 이와 같은 표현에서 두 개의 '了$_2$'는 모두 '변화'의 어감을 나타내는 어기조사이다.

这家伙可坏了。
zhè jiā huo kě huài le.
이 녀석은 정말 못됐네요.

演出太棒了。
yǎn chū tài bàng le.
공연이 너무 좋았어요.

这双鞋太小了。
zhè shuāng xié tài xiǎo le.
이 신발은 너무 작아요.

这个办法最好了。
zhè ge bàn fǎ zuì hǎo le.
이 방법이 가장 좋습니다.

这里没有wifi, 太费流量了。
zhè li méi yǒu wifi, tài fèi liú liàng le.
이곳은 wifi가 없어서, 데이터를 너무 많이 쓰게 되네요.

(6) 문장 완결

어기조사 '了$_2$'가 '하나의 문장이 끝났다'는 '문장 완결'의 어감을 나타내는 경우가 있다. 예를 들어, 중국어로 '나는 밥 먹었어'라는 표현을 할 때 보통은 '我吃了饭'이라고 하지 않고 '我吃饭了'라고 한다.[7] 이유는 '我吃了饭'이라고 하면 문장이 아직 끝나지 않은 느낌을 주기 때문이다. 즉 '了'를 동사 '吃' 뒤에 써서 '我吃了饭'이라고 할 때는 我吃了

7 물론 구어에서 더 자연스러운 표현은 我吃过了。/ 我已经吃了。등일 것이다.

饭，就回家了。wǒ chī le fàn, jiù huí jiā le. (나는 밥을 먹고 집으로 돌아갔다.) / 我吃了饭，就去看朋友了。wǒ chī le fàn, jiù qù kàn péng you le. (나는 밥을 먹고 친구를 만나러 갔다.) 등과 같이 뒤에 말이 더 이어져야 자연스러운 표현이 된다. 뒤에 이어지는 표현 없이 '나는 밥 먹었어'라는 표현만 하고 문장을 끝낼 때는 보통 '了'를 문장 끝으로 보내서 我吃饭了。라고 표현해야 자연스럽다. 이때의 '了'를 보통 '문장 완결'의 어감을 가진 어기조사 '了'라고 한다. 그렇다면 이때의 '了'는 동사 뒤에서 문장 끝으로 이동한 동태조사라고도 할 수 있기 때문에 '동작의 완료(실현)'를 나타내는 동태조사의 기능과 '문장 완결'의 어감을 가진 어기조사의 기능을 모두 가지고 있다고도 볼 수 있다. 하지만 일반적인 어법 서적에서는 보통 '문장 완결'의 어감을 갖고 있는 어기조사 '了'라고만 분류한다. 왜냐하면 동작의 완료(실현)를 특별히 강조하는 경우는 我吃了$_1$饭了$_2$。와 같이 표현할 수도 있기 때문이다. 그럼 어떠한 경우에 이와 같은 어기조사를 사용하는 것일까? 일반적으로 '我吃饭了。', '我敲门了。wǒ qiāo mén. (나는 문을 두드렸다.)', '他去上海了。tā qù shàng hǎi le. (그는 상해로 갔다.) ', '我参观工厂了。cān guān gōng chǎng le. (나는 공장을 참관했다.)' 등과 같이 동사의 목적어 앞에 다른 수식성분이 없는 경우 동작의 완료와 함께 문장이 끝난다면, 동태조사 '了'는 보통 동사 뒤가 아닌 문장 끝에 위치하여 문장이 끝났다는 어감을 표현한다. 하지만 목적어 앞에 다른 수식성분이 있는 경우 예를 들어, 我吃了三顿饭。wǒ chī le sān dùn fàn. (나는 세끼를 먹었다.)과 같이 '饭' 앞에 '三顿'과 같은 수식성분이 있는 경우는 동태조사 '了'를 문장 끝으로 이동시킬 필요 없이 동사 뒤에 놓고 문장을 마쳐도 자연스러운 표현이 된다. 또한 동사의 앞뒤에 다른 성분(부사어나 동사의 보어)이 있는 경우도 동태조사 '了'를 문장 끝으로 이동시키지 않고 동사 뒤에 놓은 상태로 문장을 마칠 수 있다. 예를 들어, 我已经吃了饭。wǒ yǐ jīng chī le fàn. (나는 이미 밥 먹었어.) 五点就吃了饭。wǔ diǎn jiù chī le fàn. (5시에 밥 먹었어.) 我吃完了饭。wǒ chī wán le fàn. (나는 밥을 다 먹었어.)처럼 동사 앞에 '已经', '五点'과 같은 수식성분이 있거나, 동사 뒤에 '完'과 같은 보어가 있는 경우도 동사 뒤의 동태조사를 문장 끝으로 이동시키지 않아도 된다.

구어에서 흔히 쓰는 표현 중에 你吃饭了吗? nǐ chī fàn le ma? (너 밥 먹었니?)/ 你去哪儿了? nǐ qù nǎr le? (너 어디 갔었니?) / 昨天你做什么了? zuó tiān nǐ zuò shén me le? (어제 넌 뭐 했니?) / 你买什么了? nǐ mǎi shén me le? (넌 무었을 샀니?) 등을 你吃了饭吗? / 你去了哪儿? / 昨天你做了什么? / 你买了什么? 등과 같이 표현하지 않는 이유도 같은 이치이다. 你去了哪儿? 등과 같이 표현하면 문장이 아직 완결되지 않는 느낌을 주기 때문이다.

(7) 기타

어기조사 '了$_2$'의 주요 용법에 대해서는 이미 대부분 설명을 했지만 앞서 설명한 내용 이외에도 몇 가지 추가해야 할 사항들이 있다. 세 가지로 정리하여 제시해 보았는데 이 역시 구어에서 빈번하게 사용되는 표현들이므로 주의해서 익혀 두어야 한다.

① 어기조사 '了$_2$'가 가까운 미래에 나타날 상황을 표현하는 경우가 있다. 흔히 '要 …… 了', '快要 …… 了', '就要 …… 了', '快 …… 了', '就 …… 了' 등과 같은 구조에서 나타나는데 예를 들어 보면 다음과 같다.

要下雨了。
yào xià yǔ le. 비가 곧 오겠습니다.

她要哭了。
tā yào kū le. 그녀가 울려고 합니다.

我们快要回国了。
wǒ men kuài yào huí guó le. 우리는 곧 귀국할 겁니다.

冬天快到了。
dōng tiān kuài dào le. 곧 겨울이 됩니다.

火车八点就要开了。
huǒ chē bā diǎn jiù yào kāi le. 기차가 8시에 출발할 겁니다.

我们下星期一就要考试了。
wǒ men xià xīng qī yī jiù yào kǎo shì le.
우리는 다음 주 월요일에 시험을 봅니다.

明天就走了。
míng tiān jiù zǒu le. 내일 갑니다.

比赛明天就开始。
bǐ sài míng tiān jiù kāi shǐ. 시합은 내일 시작합니다.

이상 예문에서 문장 끝 어기조사 '了'는 앞서 설명한 '변화'의 어감을 나타내는 어기조사에 해당된다고 할 수 있다. '변화' 중에서도 '미래의 변화'이다. 즉, 가까운 미래 어느 시점에 어떠한 변화가 있을 것이라는 '변화'의 어감을 나타낸다. '了' 앞의 '要', '快(要)', '就(要)' 등은 '머지않아', '가까운 시간 내에' 정도의 의미를 나타내는데 '要' 앞에 '快' 혹은 '就'를 붙여 '快要', '就要'와 같이 표현하면 시간이 좀 더 긴박하게 다가오는 느낌을 줄 수 있다고 한다. 그리고 이와 같은 표현들 중 문장 끝 어기조사 '了'는 생략할 수 없는데(생략하면 비문이 된다), 예외적으로 '就 …… 了'의 경우는 구어에서 '了'가 생략된 채 사용되는 경우가 많다. 예를 들어 你等一会儿，他马上就回来。nǐ děng yí huìr, tā mǎ shàng jiù huí lái. (잠시 기다리세요, 그는 곧 돌아올 겁니다.) 등과 같은 경우이다. 예문 중의 마지막 문장 比赛明天就开始。도 마찬가지로 문장 끝 어기조사 '了'가 생략되어 있다. 하지만 '要 …… 了', '快要 …… 了', '就要 …… 了', '快 …… 了' 등의 표현에서는 '了'를 생략할 수 없다. 또 한 가지 주의할 점은 가까운 미래를 나타내는 표현 중 '快'가 함께한 표현 즉, '快 …… 了' '快要 …… 了'는 '明天', '下星期一' 등 구체적 시간을 나타내는 어구와 함께 쓰일 수 없다는 것이다. 예를 들어 快要放寒假了。kuài yào fàng hán jià le. (곧 겨울방학을 합니다.)는 가능한 표현이지만, 문장 앞에 구체적 시간을 추가하여 下星期一快要放寒假了。와 같이 표현하면 상당히 어색한 표현이 된다. 문장 안에 구체적 시간을 나타내는 어구가 있다면 '快'를 사용하지 않고 下星期一就(要)放寒假了。/ 下星期一要放寒假了。 등과 같이 표현해야 자연스러운 표현이 된다. 예문 중 火车八点就要开了。/ 我们下星期一就要考试了。/ 明天就走了。 등에서도 마찬가지 이유로 '快'를 쓰지 않고 '就'를 써서 표현하고 있다.

이 이외에도 구어에서 흔히 쓰이는 표현들 중 문장 끝의 어기조사 '了'가 미래 시점의 상황을 설명하는 경우가 있다. 예를 들어 보면 다음과 같다.

小李, 吃饭了。
xiǎo lǐ, chī fàn le.
이씨, 밥 먹자.

那我们下课了。
nà wǒ men xià kè le.
그럼 우리 수업 끝냅시다.

已经12点了, 睡觉了。
yǐ jīng shí èr diǎn le, shuì jiào le.
벌써 12시야, 자!

下车了, 请大家拿好行李。
xià chē le, qǐng dà jiā ná hǎo xíng li.
차 내려요. 여러분 짐 잘 챙기세요.

我先走了。
wǒ xiān zǒu le.
전 먼저 가보겠습니다.

② 어기조사 '了$_2$'가 문장 표현의 어감을 완화시키고 어투를 부드럽게 만드는 작용을 하기도 한다. 주로 '别 ~ 了 (不要 ~了)'와 같이 금지를 나타내는 표현에서 사용되는데, 이때의 문장 끝 어기조사 '了'는 없어도 되지만 '了'를 추가함으로써 어투가 다소 부드러워지는 효과를 줄 수 있다.

别着急了。
bié zháo jí le.
너무 초조해 하지 마세요.

晚上不要吃太多东西了。
wǎn shsng bú yào chī tài duō dōng xi le.
저녁에 너무 많은 음식을 먹지 마세요.

我已经吃了，别给我做饭了。
wǒ yǐ jīng chī le, bié gěi wǒ zuò fàn le.
난 이미 먹었어요. 나를 위해 밥 하지 마세요.

③ 어기조사 '了$_2$'가 '该 … 了'의 형태로 쓰여 '마땅히(응당) ~ 해야 함' 혹은 '~할 차례임' 등의 어감을 나타내기도 한다.

时间不早了，我该走了。
shí jiān bù zǎo le, wǒ gāi zǒu le.
시간이 늦었습니다. 저는 가 보아야만 하겠습니다.

多亏您帮忙，我都不知道该怎么谢你了。
duō kuī nín bāng máng, wǒ dōu bù zhī dào gāi zěn me xiè nǐ le.
다행히 도움을 주셔서 제가 어찌 감사를 드려야 할 지 모르겠네요.

下面该你发言了。
xià mian gāi nǐ fā yán le.
다음은 네가 발표할 차례야.

今天值班该我了。
jīn tiān zhí bān gāi wǒ le.
오늘은 내가 당직을 설 차례이다.

3. 동태조사 '了'를 꼭 사용해야 하는 경우와 그렇지 않은 경우

앞서 설명한 바와 같이 동태조사 '$了_1$'은 과거든 현재든 미래든 어느 시점에 동작이 완료(실현)되었음을 나타내는 조사이다. 그런데 동태조사 '$了_1$'을 꼭 사용해야 하는 경우와 그렇지 않은 경우가 있다. 중요한 몇 가지 사항이 있는데 다음 5가지로 요약을 해 보았다.

(1) 과거든 미래든 하나의 동작이 완료(실현)된 후 그것과 관련된 다른 동작(혹은 상황)이 바로 이어서 나타나는 경우, 첫 번째 동사 뒤에는 일반적으로 동태조사 '$了_1$'이 사용된다. 이때 첫 번째 동작의 완료(실현)는 두 번째 동작의 (시간적) 조건이 되는 셈이다.

听了老人的话，他心情非常激动。
tīng le lǎo rén de huà, tā xīn qíng fēi cháng jī dòng.
노인의 말을 듣고, 그는 매우 감동했다.

明天你吃了早饭就来找我。
míng tiān nǐ chī le zǎo fàn jiù lái zhǎo wǒ.
내일 아침밥 먹고 날 찾아 와.

晚上我看了电影就去找你。
wǎn shang wǒ kàn le diàn yǐng jiù qù zhǎo nǐ.
저녁에 영화 보고 널 찾아 갈게.

我昨天下了课就去看他了。
wǒ zuó tiān xià le kè jiù qù kàn tā le.
나는 어제 수업이 끝나고 그를 보러 갔다.

(2) 동사 뒤에 결과보어나 방향보어가 있을 때, 문장 중 동작의 완료(실현)를 유추할 수 있는 다른 성분이 있다면 혹은 앞뒤 문맥상 동작의 완료(실현)가 확실하다면, 동태조사 '了$_1$'은 생략될 수 있다.

我哥哥上个星期去上海，买回来很多东西。
wǒ gē ge shàng ge xīng qī qù shàng hǎi, mǎi huí lái hěn duō dōng xi.
우리 형은 지난주 상해에 갔었는데 많은 물건을 사 왔다.

明天我做完作业就去看你。
míng tiān wǒ zuò wán zuò yè jiù qù kàn nǐ.
내일 나 숙제 다 하고 널 보러 갈게.

书已经找到，你就别着急了。
shū yǐ jīng zhǎo dào, nǐ jiù bié zháo jí le.
책은 이미 찾았으니 초조해 하지 마세요.

她擦干眼泪，重新整理起他的遗物来。
tā cā gān yǎn lèi, chóng xīn zhěng lǐ qǐ tā de yí wù lái.
그녀는 눈물을 닦아 내고 다시 그의 유품을 정리하기 시작했다.

첫 번째 예문에서 上个星期(지난주)는 과거를 표시한다. 과거에 발생한 동작이라면 이미 완료(실현)되었음이 분명하다. 이런 경우 동사 뒤에 방향보어가 있는 买回来(사 오다, 사서 돌아오다) 뒤에는 동태조사 '了$_1$'를 붙이지 않아도 완료(실현)의 의미가 충분히 전달될 수 있다. 즉 이 문장에서는 동사 뒤 방향보어 回来가 동작의 완료(실현) 의미를 대신해 주고 있다. 따라서 买回来 뒤에 동태조사 '了$_1$'를 굳이 추가할 필요가 없다. 하지만 완료(실현)의 의미를 좀 더 분명히 (강조) 하고자 한다면 买回来 뒤에 동태조사 '了$_1$'를 붙일 수도 있다. 두 번째 예문은 明天(내일) 완료될 상황을 표현하고 있는데, 이러한 경우도 做完作业(숙제를 다 하다)라는 동작이 완료되어야 去看你(너를 보러 가다)라는 동작이 발생할 수 있기 때문에 做完은 분명 미래에 완료될 동작을 표현하고 있다고 할 수 있다. 따라서 做完 뒤에 동태조사 '了$_1$'를 붙일 수도 있지만 미래 완료의 상황이 명확하므로 동태조사 '了$_1$'를 붙이지 않아도 된다. 즉 이 문장에서는 동사 做의 결과보어 完이 동작의 완료(실현) 의미를 대신해 주고 있다. 나머지 2개 예문의 경우는 명확한 시점이 명시되어 있지 않지만, 앞뒤 문맥상 혹은 대화 내용상 동작의 완료가 확실한 경우이다. 물론 위의 예문에는 앞뒤 상황을 써 놓지 않았다. 세 번째 예문 중 书已经找到(책은 이미 찾았어요)에서는 동사 找의 결과보어 到가 완료(실현)의 의미를 대신하고 있으며, 네 번째 예문 중 她擦干眼泪(그녀는 눈물을 닦아 내었다)에서는 동사 擦의 결과보어 干이, 重新整理起他的遗物来(다시 그의 유품을 정리하기 시작했다)에서는 동사 整理의 방향보어 起来가 동작의 완료(실현) 의미를 대신해 주고 있다. 물론 동작의 완료(실현)의미를 좀 더 분명히 (강조) 하고자 한다면 다음과 같이 동태조사 '了$_1$'을 붙일 수 있다.

书已经找到了，你就别着急了。

她擦干了眼泪，重新整理起了他的遗物来。

(혹은 她擦干了眼泪，重新整理起他的遗物来了。)

(3) 동사 뒤에 직접인용문이나 간접인용문이 있는 경우 동사 뒤에는 동태조사 '了$_1$'을 사용하지 않는다.

老师说: "明天不考试!"
lǎo shī shuō : "míng tiān bù kǎo shì !"
선생님이 말씀하셨습니다. "내일 시험 안 봅니다."

他坚决地回答: "我死也不投降!"
tā jiān jué de huí dá : "wǒ sǐ yě bù tóu xiáng !"
그는 단호하게 대답하였습니다. "나는 죽어도 투항하지 않겠습니다!"

天气预报说明天有雨，我们改天去好吗?
tiān qì yù bào shuō míng tiān yǒu yǔ, wǒ men gǎi tiān qù hǎo ma?
일기예보에서 내일 비가 온다고 했습니다. 우리 다른 날 가는 게 어떨까요?

이처럼 동사 뒤에 직접인용문이나 간접인용문이 있는 경우는 완료(실현)된 동작이라도 동사 뒤에 동태조사 '了$_1$'을 붙이지 않는다. 붙이면 비문이 된다. 즉, *老师说了: "明天不考试!" (×) *天气预报说了明天有雨，我们改天去好吗? (×)

(4) 동사의 목적어가 동사(구) 혹은 주술구(주어+술어)인 경우 동사 뒤에는 동태조사 '了$_1$'을 사용하지 않는다.

他已经决定去中国旅游。
tā yǐ jīng jué dìng qù zhōng guó lǚ yóu.
그는 이미 중국 여행을 가기로 결정했다.

我们知道电的应用很广泛。
wǒ men zhī dào diàn de yìng yòng hěn guǎng fàn.
우리는 전기의 응용이 매우 광범위하다는 것을 알았다.

我亲眼看见下雪了。
wǒ qīn yǎn kàn jiàn xià xuě le.
나는 (내 눈으로) 직접 눈 내리는 것을 보았다.

위의 세 개 예문 중 동사의 목적어 성분은 각각 去中国旅游(중국으로 여행을 가다), 电的应用很广泛(전기의 응용이 매우 광범위하다), 下雪(눈이 내리다)이며 모두 동사구 혹은 주술구이다. 이러한 경우 동사(예문 중의 决定, 知道, 看见)는 완료된 동작이라 할지라도 동태조사 '了$_1$'을 붙이지 않는다. 마지막 예문 문장 끝의 '了'는 '변화'의 어감을 나타내는 어기조사이다.

(5) 연동문이나 겸어문의 첫 번째 동사 뒤에는 일반적으로 동태조사 '了$_1$'를 사용하지 않는다. (연동문과 겸어문에 관한 내용은 제10장과 제11장 참조)

我昨天去友利银行取了点儿钱。
wǒ zuó tiān qù yǒu lì yín háng qǔ le diǎnr qián.
나는 어제 우리은행에 가서 돈을 좀 찾았다.

公司派他去了中国参加会议。
gōng sī pài tā qù le zhōng guó cān jiā huì yì.
회사에서 그를 중국으로 파견해 회의에 참석하도록 했습니다.

今天的座谈会帮助我们了解了很多情况。
jīn tiān de zuò tán huì bāng zhù wǒ men liǎo jiě le hěn duō qíng kuàng.
오늘 좌담회는 우리가 많은 상황을 이해하는 데 도움을 주었습니다.

제5장 부정부사 '不'와 '没(有)'의 차이

부정부사 '不'와 '没(有)'는 동사나 형용사 앞에서 동사와 형용사를 부정하는 역할을 한다. 그런데 외국인의 입장에서 이 두 개 부정부사의 사용법은 혼란스럽게 느껴지는 경우가 많다. 아래 내용을 숙지하게 된다면 부정부사 '不'와 '没(有)'를 보다 정확하게 사용하는 데 도움이 될 수 있을 것이다.

1. 부정부사 '不'와 '没(有)'의 시점 구분

부정부사 '不'와 '没(有)'의 차이는 우선 시점에 따라 구분해 볼 수 있다. 형용사를 부정하는 경우는 좀 다르지만(아래 내용 참조), 동사를 부정하는 경우, '不'는 보통 현재와 미래 시제에 사용되고, '没(有)'는 과거 시제에 사용된다. 예를 들어 보면 아래와 같다.

① 星期六他通常不回家。
xīng qī liù tā tōng cháng bù huí jiā.
토요일에 그는 통상 집에 가지 않는다.

② 那个地方一年四季不下雪。

nà ge dì fang yì nián sì jì bú xià xuě.

그 지역은 일 년 사계절동안 눈이 내리지 않는다.

③ 我现在不去，过一会儿去。

wǒ xiàn zài bú qù, guò yí huìr qù.

난 지금 안 가고, 잠시 후에 가겠습니다.

④ 我暂时不提这一问题。

wǒ zàn shí bù tí zhè yí wèn tí.

난 잠깐(일단) 이 문제를 제기하지 않겠습니다.

⑤ 明天我不来。

míng tiān wǒ bù lái.

내일 나는 오지 않습니다.

⑥ 下午我们不上课。

xià wǔ wǒ men bú shàng kè.

오후에 우리는 수업하지 않습니다.

⑦ 昨天我没上课。

zuó tiān wǒ méi shàng kè.

어제 나는 수업하지 않았습니다.

⑧ 上午我没有收到回信。

shàng wǔ wǒ méi yǒu shōu dào huí xìn.

오전에 나는 회신을 받지 못했습니다.

⑨ 上次, 这次他都没参加, 听说下次还不能参加。
shàng cì、zhè cì tā dōu méi cān jiā, tīng shuō xià cì hái bù néng cān jiā.
그는 지난번과 이번 모두 참가하지 않았습니다. 듣자하니, 다음번에도 참가할 수 없다고 합니다.

⑩ 不好意思, 没帮上你什么忙。
bù hǎo yì si, méi bāng shang nǐ shén me máng.
죄송합니다. 당신께 별 도움이 되지 못했네요.

시점으로 보았을 때 예문 ①, ②, ③, ④는 현재의 동작에 대한 부정이고, ⑤와 ⑥은 미래의 동작에 대한 부정이다. 현재와 미래 시점은 모두 '不'를 사용하여 부정하고 있다. 반면 예문 ⑦, ⑧, ⑨, ⑩은 모두 과거의 동작에 대한 부정이며, '没(有)'를 사용해 부정하고 있다. 이처럼 '不'는 주로 현재와 미래의 동작을 부정하는 데 사용되고, '没(有)'는 보통 과거의 동작을 부정하는 데 사용된다. 이와 같은 '不'와 '没(有)'의 사용 시점상 차이는 '不'와 '没(有)'를 구분할 수 있는 가장 중요한 특징이라고 할 수 있다.

또 한 가지 중요하게 기억해야 할 점은 현재 시점의 동작을 부정하는 '不'는 크게 두 가지 의미 특징을 갖는다는 점이다. 첫 번째는 예문 ①, ②처럼 현재의 '일상적(혹은 습관적) 동작의 부정 혹은 객관적 사실에 대한 부정'을 표현하는 경우이고, 두 번째는 예문 ③, ④처럼 '주어의 의지(의도)'를 표현하는 경우이다. 두 가지 모두 현재 시점의 '不'가 나타내는 주요한 특징이다. 다음 예문을 비교해 보면 좀 더 잘 이해될 수 있다.

我不喝酒。wǒ bù hē jiǔ.

我没喝酒。wǒ méi hē jiǔ.

'我不喝酒'는 상황에 따라 두 가지 의미를 나타낼 수 있다. 첫 번째는 '나는 술을 마시지 않는다.', '나는 술 마시는 습관이 없다.' 정도의 뜻으로 '현재의 일상적(혹은 습관적) 동작의 부정 혹은 객관적 사실에 대한 부정'의 의미인 경우가 있을 수 있고, 두 번째는 '나 술 마시지 않을래.' '나 술 마지고 싶지 않아.' 정도의 뜻으로 '주어의 의지(의도)'를 표현하는 의미일 수 있다. 이때의 '不'는 '不想 bù xiǎng (~하고 싶지 않다)', '不打算 bù dǎ suàn (~할 생각이 없다)' 정도의 의미라고 할 수 있다. 하지만 '我没喝酒'의 경우는 과거 어느 시점에 '나는 술을 마시지 않았다'는 과거 사실만을 부정하는 의미를 나타낸다.

그런데 성질이나 상태를 나타내는 형용사의 부정은 이러한 시점상의 구분 없이 모두 '不'를 사용해 부정한다.

你摘的苹果都不红、不甜。
nǐ zhāi de píng guǒ dōu bù hóng, bù tián.
네가 딴 사과는 모두 빨갛지도 않고, 달지도 않다.

今天不冷，昨天也不冷。
jīn tiān bù lěng, zuó tiān yě bù lěng.
오늘은 춥지 않은데, 어제도 춥지 않았다.

她小时候不胖。
tā xiǎo shí hou bú pàng.
그녀는 어렸을 때 뚱뚱하지 않았다.

첫 번째 예문 중의 不红, 不甜은 현재의 사과 상태(성질)를 표현한 것인데, 형용사 红(빨갛다)과 甜(달다)을 ‘不’를 사용해 부정한 것이다. 모두 현재 시점의 부정이다. 그런데 두 번째 예문 중의 昨天也不冷(어제도 춥지 않았다)과 세 번째 예문 她小时候不胖(그녀는 어렸을 때 뚱뚱하지 않았다)은 과거 시점의 상태 부정임에도 불구하고 ‘没(有)’를 사용하지 않고, ‘不’를 사용해 부정하였다. 이처럼 성질이나 상태를 나타내는 형용사의 부정은 현재와 과거의 시점 구분 없이 모두 ‘不’를 사용해 부정한다. 하지만 다음과 같은 경우는 형용사도 ‘不’가 아닌 ‘没(有)’를 사용해 부정한다. 예를 들어 보면 다음과 같다.

那个西红柿还没红呢。
nà ge xī hóng shì hái méi hóng ne.
그 토마토는 아직 빨개지지 않았다.

老张的病还没完全好。
lǎo zhāng de bìng hái méi wán quán hǎo.
장선생의 병은 아직 완전히 좋아지지 않았다.

我从来没漂亮过。
wǒ cóng lái méi piào liang guo.
나는 이제까지 예뻐 본 적이 없다.

위의 세 예문에서 술어로 쓰인 형용사 红(빨갛다), 好(좋다), 漂亮(예쁘다)의 의미는 단순히 사물의 성질(상태)만을 나타내고 있는 것이 아니라 변화의 의미까지 포함하고 있다고 볼 수 있다. 즉 红, 好, 漂亮은 각각 '빨개지다', '좋아지다', '예뻐지다' 정도의 의미가 된다. 이런 경우는 형용사라고 하더라도 '不'가 아닌 '没(有)'를 사용해 부정한다. 이때의 '没(有) + 형용사'는 '형용사 + 변화의 어감을 나타내는 어기조사 $了_2$'의 부정으로 볼 수 있다.

红了 (빨개졌다)	→	没红 (빨개지지 않았다)
好了 (좋아졌다)	→	没好 (좋아지지 않았다)
漂亮了 (예뻐졌다)	→	没漂亮 (예뻐지지 않았다)

즉 형용사를 '没(有)'로 부정하는 경우는 문장 내 형용사의 의미가 변화의 의미를 포함하고 있는 경우이다. 형용사의 의미가 변화의 의미를 포함하고 있는 경우는 부정할 때 '没(有)'를 사용하고, 문장 전체의 의미는 보통 '(아직) ~하지 않았다', '~한 적이 없다'는 의미를 나타내는 경우가 많다. 비슷한 예를 좀 더 들어 보면 아래와 같다.[8]

刚刚回暖，草还没有绿呢。
gāng gāng huí nuǎn, cǎo hái méi yǒu lǜ ne.
이제 막 따뜻해져서 풀은 아직 푸르지(푸르러지지) 않았습니다.

---

8 동사의 경우도 '(아직) ~하지 않았다', '~한 적이 없다'는 의미를 나타내는 경우는 '没(有)'를 사용해 부정한다. 예를 들어 보면 다음과 같다. 都10点了，他还没有回来。dōu shí diǎn le, tā hái méi yǒu huí lai.(이미 10시인데 그는 아직 돌아오지 않았다.) 上海，我没去过。shàng hǎi, wǒ méi qù guo.(上海에 난 가본 적이 없어.)

树上的果子还没熟，吃不了，还得过一个多月。
shù shang de guǒ zi hái méi shú, chī bu liǎo, hái děi guò yí ge duō yuè.
나무 위의 과일이 아직 익지 않아서 먹을 수가 없습니다. 아직 한 달 넘게 더 지나야 하겠네요.

那天，天没亮，他们就出发了。
nà tiān, tiān méi liàng, tā men jiù chū fā le.
그날 날이 (아직) 밝지도 않았는데 그들은 출발했습니다.

这件衣服没干，换另外一件穿吧。
zhè jiàn yī fu méi gān, huàn lìng wài yí jiàn chuān ba.
이 옷은 (아직) 마르지 않았네요. 다른 옷으로 바꾸어 입으세요.

예문 중 绿(푸르다), 熟(익다, 익숙하다), 亮(밝다), 干(마르다)은 모두 형용사이지만 변화의 의미를 포함하고 있기 때문에 모두 '没(有)'를 사용해 부정하고 있다.

2. 부정부사 '不'와 '没(有)' 사용의 예외적 상황

앞서 설명한 부정부사 '不'와 '没(有)'의 일반적 사용법과는 다른 예외적 상황들도 있는데 다음 세 가지로 정리해 보았다.

(1) 과거 시점의 동작일지라도 부정의 의미가 '주어의 의지'를 표현하는 것이라면 '不'를 사용할 수 있다..

아래 예문들은 모두 과거 시점에서 '不'(파란색으로 표시된 '不')가 '주어의 의지'를 표현하는 경우이다. '주어의 의지'를 표현하는 경우는 과거 시점이라 하더라도 보통 '不'를 사용해 부정한다.

① 那个营业员见我们来了也不站起来。
nà ge yíng yè yuán jiàn wǒ men lái le yě bú zhàn qǐ lái.
그 판매원은 우리가 온 것을 보고도 일어서지 않았다.

② 他以前不抽烟，现在也不抽烟。
tā yǐ qián bù chōu yān, xiàn zài yě bù chōu yān.
그는 이전에도 담배를 피지 않았고, 지금도 피지 않는다.

③ A：他昨天好像在家。
tā zuó tiān hǎo xiàng zài jiā.
그는 어제 집에 있던 것 같던데.

B：对，他昨天不上班。
duì, tā zuó tiān bú shàng bān.
맞아, 그는 어제 출근하지 않았어.

④ 前天请他，他不来，现在不请他，他更不来了。
qián tiān qǐng tā, tā bù lái, xiàn zài bù qǐng tā, tā gèng bù lái le.
그저께 그를 초청했었는데 그는 오지 않았어. 지금은 초청하지도 않았으니 더더욱(말할 것도 없이) 오지 않을 거야.

⑤ 昨天是他自己不去，不是我们不让他去。
zuó tiān shì tā zì jǐ bú qù, bú shì wǒ men bú ràng tā qù.
어제는 그 사람 스스로 가지 않은 것이지 우리가 못 가게 한 것이 아닙니다.

⑥ 当时，看到小张的脸色，他就不开口了。
dāng shí, kàn dào xiǎo zhāng de liǎn sè, tā jiù bù kāi kǒu le.
당시 張씨의 안색을 보고 그는 입을 열지 않았다.

예문 ①은 과거에 발생한 사건이지만, 그 판매원(那个营业员)이 고의로 일어서지 않았다는 '주어의 의지' 어감을 표현하기 위해 '不'를 사용해 표현한 것이다. 이때의 '不'는 대략 '不想bù xiǎng (~하고 싶지 않다)', '不打算bù dǎ suàn (~할 생각이 없다)' 혹은 '不肯bù kěn (기꺼이 ~하지 않다)' 정도의 의미라고 볼 수 있다. 만약 '没(有)'를 사용해 동사를 부정한다면 단순히 과거 사실에 대한 부정이 되기 때문에 예문 ①과 같은 어감의 표현과는 어울리지 않게 될 것이다. 하지만 다음과 같은 표현에서는 '没(有)'를 사용해 부정하는 것이 자연스럽다.

她根本没有看见我们，所以没站起来。
tā gēn běn méi yǒu kàn jiàn wǒ men, suǒ yǐ méi zhàn qǐ lái.
그녀는 우리를 (전혀, 아예) 보지 못했기 때문에 일어서지 않았다.

나머지 예문들도 마찬가지이다. 예문 ②는 그가 이전에도 의지를 갖고 담배를 피우지 않았다는 어감을 표현한 것이고, 예문 ③, ④, ⑤, ⑥도 모두 과거 시점에 발생한 사건이지만 '주어의 의지' 어감을 표현하기 위해 '不'를 사용해 부정한 것이다.

(2) 가정을 하는 경우는 과거 시점이라고 하더라도 보통 '不'를 사용해 부정한다.

아래의 예문들 중 앞 절은 모두 과거 사실에 대한 가정인데 모두 '不'를 사용해 부정하고 있다.

如果妈妈不叫我，我会睡到天亮。
rú guǒ mā ma bú jiào wǒ, wǒ huì shuì dào tiān liàng.
만약 엄마가 나를 부르지 않았다면 나는 날이 밝을 때까지 잤을 것이다.

你不去梨泰院的夜店，可能就不会被感染了。
nǐ bú qù lí tài yuàn de yè diàn, kě néng jiù bú huì bèi gǎn rǎn le.
네가 이태원의 클럽에 가지 않았다면, 아마도 감염되지 않았을 것이다.

不做周密的计划，工作就做不好。
bú zuò zhōu mì de jì huà, gōng zuò jiù zuò bu hǎo.
주도면밀한 계획을 세우지 않았다면 일은 잘 처리될 수 없었을 것이다.

세 번째 예문은 상황에 따라 현재 시점이 될 수도 있고, 과거 시점이 될 수도 있다. 여기서는 과거 시점으로 보고 예시하였다. 세 번째 예문에서 '做不好(잘 (처리)할 수 없다)'는 가능보어 형식의 표현으로 시점과 상관없이 '不'를 사용하여야 한다.

(3) 일부 동사는 시점과 상관없이 언제나 '不'를 사용해 부정한다.

주로 '认识rèn shi ((사람, 길, 글자 등을) 알다), 喜欢xǐ huan (좋아하다), 像xiàng (닮다), 是shì (~이다), 知道zhī dào (알다), 等于děng yú (~와 같다(~와 마찬가지다)), 相信xiāng xìn (믿다)' 등의 일부 비동작동사와 '会, 应该, 可以' 등의 조동사는 시점과 상관없이 '不'를 사용해 부정한다. 아래 예문들은 모두 이러한 (조)동사 앞에서 과거 사실의 부정으로 사용된 '不'를 예시해 본 것이다.

我过去不喜欢你，现在不喜欢你，将来也不会喜欢你 。
wǒ guò qù bù xǐ huan nǐ, xiàn zài bù xǐ huan nǐ, jiāng lái yě bú huì xǐ huan nǐ.
나는 과거에도 너를 좋아하지 않았고, 현재도 좋아하지 않고, 미래에도 좋아하지 않을 거야.

他以前不认识我。
tā yǐ qián bú rèn shi wǒ.
그는 이전에 나를 알지 못했어.

我当时不相信他。
wǒ dāng shí bù xiāng xìn tā.
나는 그때 그를 믿지 못했어.

一年前他不会写汉字。
yì nián qián tā bú huì xiě hàn zì.
1년 전에 그는 한자를 쓸 줄 몰랐어.

昨天我不(应)该吃这种药。
zuó tiān wǒ bù (yīng)gāi chī zhè zhǒng yào.
어제 나는 이런 약을 먹지 말았어야 했어.

한 가지 더 부연할 점은 일부 조동사에 대한 예외적 상황이다. 조동사는 보통 시점과 상관없이 '不'를 사용해 부정하지만, '能néng (~할 수 있다)', '肯kěn (기꺼이(자발적으로, 기쁜 마음으로) ~하다)', '敢gǎn (감히(용기 있게) ~하다)'의 경우는 예외적으로 과거 시점에서 '没(有)'를 사용해 부정할 수 있다. '能, 肯, 敢'의 부정이 현재와 과거 시점에서 다르게 사용된 예를 예시해 보면 아래와 같다.

我不能来。
wǒ bù néng lái.
나는 올 수 없습니다.

我没能来。
wǒ méi néng lái.
나는 올 수 없었습니다.

我不敢去旅行。
wǒ bù gǎn qù lǚ xíng.
나는 여행 갈 용기가 나지 않습니다.

我没敢去旅行。
wǒ méi gǎn qù lǚ xíng.
나는 여행 갈 용기가 나지 않았습니다.

这几天下雪，路太滑，我没敢让他开车。
zhè jǐ tiān xià xuě, lù tài huá, wǒ méi gǎn ràng tā kāi chē.
요 며칠 눈이 내리고, 길이 너무 미끄러워서, 난 (감히) 그에게 운전을 시키지 못했네요.

他怎么也不肯来。
tā zěn me yě bù kěn lái.
그는 도무지(어떻게 해도) 오려 하지 않네요.

她没肯跟他去。
tā méi kěn gēn tā qù.
그녀는 그와 가려고 하질 않았어요.

제6장 비교구문

비교구문은 정도나 수준을 비교하는 구문을 가리키는데, 중국어에서는 보통 '比(~보다, ~에 비하여)'를 사용하여 정도나 수준이 다른 두 가지를 서로 비교하기 때문에 흔히 '比'字 구문이라고 부른다.

비교구문의 기본 문형은 A 比 B + 형용사(구) / 동사(구)이다. '比'字 구문에서 비교의 결과를 나타내는 술어는 형용사(구)일 수도 있고 동사(구)일 수도 있는데, 먼저 술어가 형용사인 경우를 살펴보자.

1. 술어가 형용사인 경우

这座山比那座山高。
zhè zuò shān bǐ nà zuò shān gāo.
이 산은 저 산보다 높다.

姐姐比妹妹漂亮。
jiě jie bǐ mèi mei piào liang.
언니는 동생보다 예쁘다.

今天比昨天冷。
jīn tiān bǐ zuó tiān lěng.
오늘은 어제보다 춥다.

我们班的学生比你们班的学生多。
wǒ men bān de xué sheng bǐ nǐ men bān de xué sheng duō.
우리 반 학생이 너희 반 학생보다 많다.

这个比那个便宜。
zhè ge bǐ nà ge pián yi.
이것이 저것보다 싸다.

我父亲比我母亲身体好。
wǒ fù qīn bǐ wǒ mǔ qīn shēn tǐ hǎo.
우리 아빠는 엄마보다 건강이 좋으시다.

今年比去年就业率低。
jīn nián bǐ qù nián jiù yè lǜ dī.
올해는 작년보다 취업률이 낮다.

위의 예문 중 마지막 두 예문의 술어는 '주어+술어'의 구조로 되어 있다. 즉 '身体好', '就业率低'가 그러하다. 이처럼 '比'字 구문의 술어는 '주어+술어'의 형태가 될 수도 있다. 그런데 형용사 앞에 부사를 추가하여 'A는 B보다 더욱(한층 더) ~하다' 정도의 의미를 표현하는 경우가 있는데, 이러한 때는 보통 형용사 앞에 '更gèng' 혹은 '还hái'와 같은 부사를 붙여 표현한다. 예를 들어 보면 다음과 같다.

姐姐比妹妹更(还)漂亮。
jiě jie bǐ mèi mèi (gèng/hái) piào liang.
언니는 동생보다 더 예쁘다.

爸爸一米八, 但儿子比爸爸更(还)高。
bà ba yì mǐ bā, dàn ér zi bǐ bà ba gèng (hái) gāo.
아버지가 180센티미터이지만, 아들은 아버지보다 더 큽니다.

이 때 주의할 점은 '比'字 구문의 술어 형용사 앞에 붙이는 부사는 '更'과 '还'에 제한된다는 점이다. 그 외의 정도부사 '很, 非常, 最, 挺, 太, 十分…' 등은 비교구문에서 사용될 수 없다. 즉, 다음과 같은 표현은 비문이 된다.

* 姐姐比妹妹很漂亮。(×)
* 儿子比爸爸非常高。(×)

그리고 '更'과 '还'는 우리말로 번역할 때 모두 '더욱(한층 더)' 정도의 의미라서 비교구문에서 사용될 때 의미상 별다른 차이가 없다고 생각될 수 있으나 실제로는 '更'과 '还' 두 부사가 쓰이는 상황은 조금 다르다고 할 수 있다. '更'을 쓸 때와 '还'를 쓸 때의 차이는 주로 비교의 대상이 된 B에 대한 인식 차이 때문에 나타난다. 'A比B更…'(A는 B보다 더욱~)처럼 '更'을 사용한 경우는 화자가 특별한 감정 없이 A와 B를 객관적으로 비교하는 경우 사용되는 표현이다. 다만 '更(더욱)'이란 표현을 썼기 때문에 비교의 기준이 된 B도 일정 정도의 수준을 가지고 있는 상황일 것이다. 그런데 'A比B还…'처럼 '还'를 쓰는 경우는 비교의 기준이 된 B가 '更'을 썼을 때보다도 더욱 높은 정도의 수준을 갖고 있는 경우이다. 즉 '还'를 쓰는 경우는 B도 이미 매우(아주, 상당히) 높은 수준인데 A는 그보다도 더 정도가 높다는 의미이다. 예를 들어 他比我更高。(그는 나보다 키가 더 크다)와 같은 표현이 있다면 기준이 된 '我'도 작은 키는 아닐 것이다. 아마도 남자라면 175cm나 180cm 정도는 되는 상황일 수 있다. 화자는 그와 같은 상황을 염두에 두고 '他'와 '我'를 객관적으로 비교했을 것이다. 하지만 他比我还高。처럼 '还'를 써서 표현했다면 기준이 된 '我'의 키는 이미 매우 큰 상황일 것이다. 가령 '我'의 키가 185cm인 경우 '나도 이미 아주 큰 편인데 그는 그런 나보다도 더 크다'는 어감을 나타내기 위해 화자는 '还'를 사용해 표현했다고 볼 수 있다. 위의 예문 爸爸一米八，但儿子比爸爸更(还)高。에서 형용사 '高' 앞에 '更'이 아닌 '还'를 썼다면 화자는 180cm인 아버지의 키를 아주 크다고 인식하고 있기 때문일 것이다.

'比'字 구문의 술어 형용사 앞에 쓰일 수 있는 부사는 '更'과 '还' 이외에 '再'도 있다. 이 때 '再'의 의미는 '更'과 유사하지만, '再'가 쓰이는 상황은 좀 더 제한적이라고 할 수 있다. '再'는 주로 의문문이나 부정문 혹은 가정문에 쓰인다고 알려져 있다. 예를 들어 보면 다음과 같다.

还有比这种帽子再好的吗？ 의문
hái yǒu bǐ zhè zhǒng mào zi zài hǎo de ma?
이 모자보다 더 좋은 것 있습니까?

没有比这种帽子再好的了。 부정
méi yǒu bǐ zhè zhǒng mào zi zài hǎo de le.
이 모자보다 더 좋은 것은 없습니다.

难道没有比这个再合适一点儿的吗？ 의문
nán dào méi yǒu bǐ zhè ge zài hé shì yì diǎnr de ma?
설마 이것보다 좀 더 적절한 것이 없겠어?

世界末日也不会比这再坏。 부정
shì jiè mò rì yě bú huì bǐ zhè zài huài.
세상의 종말일이라도 이보다 더 나쁘진 않을 겁니다.

那种帽子比这种帽子再好，我也不买。 가정
nà zhǒng mào zi bǐ zhè zhǒng mào zi zài hǎo, wǒ yě bù mǎi.
저 모자가 이 모자보다 제아무리 좋다 하더라도 나는 사지 않을 겁니다.

예문 중 마지막 예문에 쓰인 '再'는 '더욱'이란 뜻 이외에도 뒷 절에 있는 '也'와 호응하여 '제아무리(어떻게) ~하더라도'라는 관용적 의미를 담고 있기 때문에 전체 문장은 일종의 가정문이 된다.

'比'字 구문에서 술어 형용사 앞에 쓰이는 '再'가 주로 의문문이나 부정문 혹은 가정문에 쓰인다는 제한은 일종의 경향일 뿐이다. 때로는 我想买一件比这件衣服颜色再深一点儿的。 wǒ xiǎng mǎi yí jiàn bǐ zhè jiàn yī fu yán sè zài shēn yì diǎnr de. (나는 이 옷보다 색깔이 좀 더 진한 것을 사고 싶다)처럼 일반적인 진술문에서도 '再'가 사용되는 경우가 있다.

다음으로 비교의 차이가 아주 큰 경우 즉, 'A는 B보다 훨씬(많이) ~하다' 정도의 의미를 나타내는 경우는 술어 형용사 뒤에 '多了duō le' 혹은 '得多de duō' 혹은 '很多(许多)hěn duō(xǔ duō)' 등의 보어를 붙여 표현한다.

他比我高多了(得多/很多/许多)。
tā bǐ wǒ gāo duō le (de duō/hěn duō/xǔ duō).
그는 나보다 훨씬 크다.

姐姐比妹妹漂亮多了(得多/很多/许多)。
jiě jie bǐ mèi mei piào liang duō le (de duō/hěn duō/xǔ duō).
언니는 동생보다 훨씬 예쁘다.

他的房间比我的大多了(得多/很多/许多)。
tā de fáng jiān bǐ wǒ de dà duō le (de duō/hěn duō/xǔ duō).
그의 방은 내 방보다 훨씬 크다.

她比以前瘦多了(得多/很多/许多)。
tā bǐ yǐ qián shòu duō le (de duō/hěn duō/xǔ duō).
그녀는 이전보다 많이 말랐다.

他的汉语比我熟练多了(得多/很多/许多)。
tā de hàn yǔ bǐ wǒ shú liàn duō le (de duō/hěn duō/xǔ duō).
그는 중국어를 나보다 훨씬 능숙하게 구사한다.

비교의 차이가 큰 경우 술어 형용사 뒤에 붙이는 보어는 '多了', '得多', '很多(许多)' 이외에 '远了'와 '得远'도 있다. 하지만 '远了yuǎn le'

와 '得远de yuǎn'은 보통 형용사 '差 chà (차이가 나다, 좋지 않다, 표준에 못 미치다)' 뒤에서만 사용된다. 예를 들어, A: 您汉语说得真流利！nín hàn yǔ shuō de zhēn liú lì！(중국어 정말 유창하시네요) B: 还差得远呢。hái chà de yuǎn ne. (아직 멀었어요(아직 차이가 많이 납니다)) 등과 같은 경우이다.

이 이외에 비교의 차이가 크지 않은 경우 즉, 'A는 B보다 조금 더 ~하다' 정도의 의미를 나타내는 경우는 술어 형용사 뒤에 '一点儿yì diǎnr' 혹은 '一些yì xiē'를 붙여 표현한다. 어감을 좀 더 강화하기 위해 형용사 앞에 '稍微shāo wēi(조금, 약간, 다소)' 혹은 '略lüè(약간, 좀, 대략)' 등의 부사를 추가할 수도 있다. 또한 '一点儿', '一些'는 앞서 설명한 '更'과 '还'와 같은 부사와 함께 쓰일 수도 있다.

他比我高一点儿。
tā bǐ wǒ gāo yì diǎnr.
그는 (키가) 나보다 조금(약간) 더 크다.

他比我稍微高一些。
tā bǐ wǒ shāo wēi gāo yì xiē.
그는 (키가) 나보다 조금(약간) 더 크다.

汉语的发音比英语难一点儿。
hàn yǔ de fā yīn bǐ yīng yǔ nán yì diǎnr.
중국어의 발음은 영어보다 조금(약간) 더 어렵다.

汉语的发音比英语更难一些。
hàn yǔ de fā yīn bǐ yīng yǔ gèng nán yì xiē.
중국어의 발음은 영어보다 좀 더 어렵다.

这棵树比那棵树还粗一点儿。
zhè kē shù bǐ nà kē shù hái cū yì diǎnr.
이 나무는 저 나무보다도 더 좀 굵다.

이때 주의할 점은 '一点儿' 혹은 '一些'는 반드시 형용사 뒤에 붙여야 한다는 것이다. *他比我一点儿高。(×) *汉语的发音比英语一些难。(×) 등과 같이 '一点儿' 혹은 '一些'를 형용사 앞에 붙이면 비문이 된다.

구체적인 수량을 제시하여 비교 결과를 나타내는 경우도 술어 형용사 뒤에 수량 어구를 놓아 표현한다.

他比我大两岁。
tā bǐ wǒ dà liǎng suì.
그는 나보다 두 살 많다.

这个比那个便宜两块钱。
zhè ge bǐ nà ge pián yi liǎng kuài qián.
이것은 저것보다 2元 싸다.

这个比那个重一斤。
zhè ge bǐ nà ge zhòng yì jīn.
이것은 저것보다 500그램 무겁다.

我们班的学生比你们班的学生少五个。
wǒ men bān de xué sheng bǐ nǐ men bān de xué sheng shǎo wǔ ge.
우리 반 학생은 너희 반 학생들보다 5명 적다.

我的成绩比她的高五分。
wǒ de chéng jì bǐ tā de gāo wǔ fēn.
내 성적은 그녀의 성적보다 5점 높다.

这块布比那块布长10厘米。
zhè kuài bù bǐ nà kuài bù cháng shí lí mǐ.
이 천은 저 천보다 10센티미터 길다.

구체적 수량을 나타내는 수량 어구도 '一点儿'이나 '一些'와 마찬가지로 형용사 뒤에 놓아야 한다. 형용사 앞에 놓으면 비문이 된다. *他比我两岁大。(×) *这个比那个两块钱便宜。(×)

2. 술어가 동사인 경우

비교의 결과를 나타내는 술어가 동사(구)인 비교구문은 술어가 형용사인 경우보다 표현이 단순한 편이다. 왜냐하면 많은 표현들이 구체적 수량의 증가 혹은 감소만을 나타내기 때문이다.

我们学校的学生比去年增加了三百多人。
wǒ men xué xiào de xué sheng bǐ qù nián zēng jiā le sān bǎi duō rén.
우리 학교의 학생은 작년에 비해 300여 명이 증가했다.

今年的考试比去年推迟了一个星期。
jīn nián de kǎo shì bǐ qù nián tuī chí le yí ge xīng qī.
올해 시험은 작년보다 일주일 늦추어졌다.

我的体重比上个月减轻了一公斤。
wǒ de tǐ zhòng bǐ shàng ge yuè jiǎn qīng le yì gōng jīn.
내 체중이 지난달에 비해 500그램 감소했다.

하지만 동사 중 소위 심리(활동) 동사(몸의 움직임이 아닌 마음의 움직임을 나타내는 동사)의 경우는 형용사가 술어인 경우와 마찬가지로 동사 앞에 '更', '还' 등의 부사를 추가할 수 있고, 동사 뒤에 '多了', '得多', '很多(许多)', '一点儿', '一些' 등의 보어를 놓아 표현할 수도 있다. 일반적인 동사가 술어인 경우는 이와 같은 표현이 불가능하다. 심리활동 동사에는 喜欢xǐ huan(좋아하다), 爱ài(사랑하다, 좋아하다), 同意tóng yì(동의하다), 羡慕xiàn mù(부러워하다), 想xiǎng(그리워하다), 讨厌tǎo yàn(싫어하다, 미워하다), 怕pà(무서워하다, 걱정하다), 担心dān xīn(염려하다, 걱정하다), 了解liǎo jiě(이해하다) 등이 있다. 또한 '有+추상명사'(제3장 3절 (1)'소유'의 의미 참조)와 일부 '조동사+동사'(会说(话)huì shuō (huà) '말을 잘 하다', 能吃苦néng chī kǔ '고생을 잘 참고 견디다' 등)도 비교구문에서 형용사처럼 취급되어 앞에 '更', '还' 등의 부사를 추가하거나, 뒤에 '多了', '得多', '很多(许多)' 등의 보어를 붙여 표현하는 경우가 있다. 예를 들어 보면 다음과 같다.

他比我更喜欢踢足球。
tā bǐ wǒ gèng xǐ huān tī zú qiú.

그는 나보다 더 축구하는 것을 좋아한다.

他比我还爱看球赛。

tā bǐ wǒ hái ài kàn qiú sài.

그는 나보다 더 구기시합 보는 것을 좋아한다.

我比你还讨厌他。

wǒ bǐ nǐ hái tǎo yàn tā.

나는 너보다 더 그 사람을 싫어해.

妈妈比我更了解爸爸。

mā ma bǐ wǒ gèng liǎo jiě bà ba.

엄마는 나보다 아빠를 더욱 잘 이해한다.

我比你们更想家。

wǒ bǐ nǐ men gèng xiǎng jiā.

나는 너희들보다 더 집 생각이 나(집이 그리워).

他对这儿的情况比我了解得多。

tā duì zhèr de qíng kuàng bǐ wǒ liǎo jiě de duō.

그는 이곳 상황에 대해 나보다 훨씬 잘 이해하고 있다.

他对这儿的情况比我更了解一些。

tā duì zhèr de qíng kuàng bǐ wǒ gèng liǎo jiě yì xiē.

그는 이곳 상황에 대해 나보다 좀 더 잘 이해하고 있다.

他比我有经验得多。

tā bǐ wǒ yǒu jīng yàn de duō.

그는 나보다 훨씬 경험이 많아.

他的话比我的更有说服力。
tā de huà bǐ wǒ de gèng yǒu shuō fú lì.
그의 말이 내 말보다 더욱 설득력이 있다.

妹妹比姐姐更能吃苦。
mèi mei bǐ jiě jie gèng néng chī kǔ.
동생은 언니보다 (힘든 일을) 더 잘 견뎌낸다.

她比我会说多了。
tā bǐ wǒ huì shuō duō le.
그녀는 나보다 훨씬 말을 잘한다.

그 외 관용적 용법으로 익혀 두어야 하는 표현들이 있는데, 예를 들어 '그는 나보다 10분 일찍 왔다.'라는 의미를 중국어로 표현한다면 다음과 같이 해야 한다.

他比我早来了十分钟。
tā bǐ wǒ zǎo lái le shí fēn zhōng.

즉, '早'(이르다)라는 형용사를 동사 '来'를 꾸며주는 부사어(상황어)로 삼아 '比'字 구를 구성해야 정확한 표현이 된다. *他比我来早了十分钟。(×) 처럼 표현해도 어색한 문장이 되고, *他比我来得早十分钟。(×) 처럼 표현해도 비문이 된다. 마찬가지로 '그는 나보다 한 시간 늦게 잤다.'를 중국어로 표현한다면, 他比我晚睡了一个小时。tā bǐ wǒ wǎn shuì le yí ge xiǎo shí. 라고 해야지, *他比我睡晚了一个小时。(×) 나 *他比我睡得晚一个小时。(×) 와 같이 표현하면 비문이 된다.

이와 같은 유형의 구문에서 동사 앞에 부사어로 쓰이는 형용사로는 '早', '晚', '先', '后', '多', '少' 등이 있다. 몇 가지 예를 들어 보면 다음과 같다.

他比我多学了半年汉语。
tā bǐ wǒ duō xué le bàn nián hàn yǔ.
그는 나보다 중국어를 반 년 더 배웠다.

他比我少做了一道题。
tā bǐ wǒ shǎo zuò le yí dào tí.
그는 나보다 한 문제를 덜 풀었다.

他比我多付了一百块。
tā bǐ wǒ duō fù le yì bǎi kuài.
그는 나보다 100元을 더 지불했다.

他比我多喝了一杯。
tā bǐ wǒ duō hē le yì bēi.
그는 나보다 한 잔을 더 마셨다.

他比我少跑了一圈。
tā bǐ wǒ shǎo pǎo le yì quān.
그는 나보다 한 바퀴를 덜 뛰었다.

他比我早起了半小时。
tā bǐ wǒ zǎo qǐ le bàn xiǎo shí.
그는 나보다 30분 일찍 일어났다.

他比我晚到了一刻钟。
tā bǐ wǒ wǎn dào le yí kè zhōng.
그는 나보다 15분 늦게 도착했다.

他比我先认出了对方。
tā bǐ wǒ xiān rèn chū le duì fāng.
그는 나보다 먼저 상대방을 알아보았다.

3. 비교구문의 부정

만약 '他比我高'를 '不'를 사용해 부정한다면, 마땅히 '他不比我高'와 같은 형식이 될 것이다. 하지만 표준 중국어에서 '他比我高'의 의미 부정을 '他不比我高'라고 하지는 않는다. 왜냐하면 '不比~'는 사용되는 상황이 조금 특수하고, 의미도 '比'字 구문의 단순부정이 아닌 경우가 있기 때문이다. '不比'는 일반적으로 '상대방의(혹은 사람들의 일반적) 인식을 부정(반박)할 때' 사용된다. 즉, 상대방 혹은 어떤 사람이 가지고 있는 모종의 인식 또는 일반 사람들이 보편적으로 가지고 있는 어떤 인식을 부정할 때 주로 사용된다. 한 가지 예를 들어 보면 다음과 같다.

A: 小李比你高吧?
xiǎo lǐ bǐ nǐ gāo ba?
小李가 너보다 크지?

B: 他不比我高。我一米七，他也一米七。
tā bù bǐ wǒ gāo. wǒ yì mǐ qī, tā yě yì mǐ qī.
나보다 크지 않아. 나도 1m 70cm이고, 그도 1m 70cm야.

이와 같은 대화에서 B가 말한 '他不比我高'는 문자 그대로 '그는 나보다 크지 않다' 즉, '그는 나보다 작다'는 의미가 아니다. 여기서 B가 말한 '他不比我高'의 의미는 '나보다 작다'는 뜻이 아니라 '차이가 나지 않는다', '비슷하다', '단지 커 보일 뿐이다' 정도의 어감이다. 또한 여기서 '他不比我高'는 A의 생각에 대한 부정(반박)의 어감을 담고 있다. 다음 예시와 비교해 보자.

A: 小李比你高吧?
xiǎo lǐ bǐ nǐ gāo ba?
小李가 너보다 크지?

B: 他不比我高。可能比我矮一点儿。
tā bù bǐ wǒ gāo. kě néng bǐ wǒ ǎi yì diǎnr.
나보다 크지 않아. 아마 나보다 좀 작을걸.

이와 같은 대화에서 '他不比我高'는 앞선 예시에서처럼 '키 차이가 나지 않는다'는 의미가 아니다. 여기서 '他不比我高'의 의미는 문자 그대로 '그는 나보다 크지 않다' 즉, '그는 나보다 작다'는 의미이다. 하지만 이때도 '不比'는 상대방의 생각에 대한 부정(반박)의 어감을 담고 있다.

정리하면, 비교구문에서 '不比'로 부정되는 표현은 두 가지 의미가 있을 수 있는데, 첫 번째는 A와 B는 '차이가 나지 않는다', '비슷하다'는 의미를 나타내는 경우이고, 두 번째는 문자 그대로 'A는 B보다 ~하지 않다'는 의미를 나타내는 경우이다. 하지만 두 가지 의미 모두 '상대방의 기존 인식을 부정(반박)할 때' 사용된다는 특징이 있다. 비슷한 몇 가지 예를 더 들어 보면 다음과 같다.

> 他汉语说得不比别人差呀!
> tā hàn yǔ shuō de bù bǐ bié rén chà ya !
> 그 사람 중국어가 (중국어 실력이) 다른 사람들보다 못하지 않아!

여기서 '不比~差'는 그 사람 중국어 실력이 다른 사람들보다 더 낫다는 의미가 아니라 다른 사람들만큼 잘 한다는 의미이다. 즉, 다른 사람들과 '차이가 나지 않는다', '비슷하다'는 의미라고 볼 수 있다. 또한 이 표현은 그 사람 중국어 실력이 다른 사람들보다 못하다고 생각하는 어떤 사람의 인식에 대해 부정(반박)하는 어감도 갖고 있다.

> 你看, 专卖店的东西不比商场的便宜呀。
> nǐ kàn, zhuān mài diàn de dōng xi bù bǐ shāng chǎng de pián yi ya.
> 봐, 전문매장의 물건이 백화점보다 싸지 않잖아.

여기서 '不比~便宜'는 전문매장의 물건이 상점보다 비싸다는 의미가 아니라 전문매장이라도 백화점과 가격 차이가 나지 않는다는 의미이다. 즉, 전문매장도 백화점과 가격이 '비슷하다', '차이가 나지 않는다'는 의미이다. 또한 이 표현은 전문매장의 물건은 싸고, 백화점의 물건은 비싸다는 사람들의 일반적인 인식을 부정(반박)하는 어감도 가지고 있다.

> 都说外边的世界好。可是我在外面这么多年，跑了好多地方。觉得哪儿也不比家乡好。
> dōu shuō wài bian de shì jiè hǎo. kě shì wǒ zài wài mian zhè me duō nián, pǎo le hǎo duō dì fang. jué de nǎr yě bù bǐ jiā xiāng hǎo.
> 모두들 바깥세상이 좋다고 말하지만, 내가 이렇게 오랫동안 외지에 살면서, 많은 곳을 돌아다녀 보니, 그 어느 곳도 고향보다 좋은 곳은 없다는 생각이 든다.

여기서 '不比~好'는 외부세상과 고향이 '비슷하다', '차이가 나지 않는다'는 의미가 아니라 문자 그대로 '외부세상은 고향보다 좋지 않다'는 의미이다. '不比'의 의미가 위의 두 예문과 다르다. 하지만 이 표현 역시 외부세상이 고향보다 좋다는 사람들의 일반적 인식을 부정(반박)하는 어감을 담고 있다.

이처럼 '不比'는 의미도 앞 뒤 문맥에 따라 두 가지로 나누어 질 수 있고, 사용되는 조건도 '상대방의 기존 인식을 부정(반박)할 때' 사용된다는 특징이 있기 때문에 '比'字 구문의 단순 부정이라고 보기 어려운 측면이 있다.[9]

---

9 한 가지 더 부연할 점은 '不比'가 '비슷하다', '차이가 나지 않는다'는 의미를 나타내는 경우 관용적으로 술어 형용사 뒤에 '多少' 혹은 '哪儿去'를 붙여 표현하는 경우가 있다. 예를 들어 보면 다음과 같다. 他虽然是工程师的助手，技术却不比工程师低多少。tā suī rán shì gōng chéng shī de zhù shǒu, jì shù què bù bǐ gōng chéng shī dī duō shso. (그는 비록 기사의 조수이지만, 기술은 기사보다 못하지(낮지) 않다. (비슷하다. / 차이가 나지 않는다.)) 他的英语水平不比我低哪儿去。tā de yīng yǔ shuǐ píng bù bǐ wǒ dī nǎr qù. (그의 영어 수준은 나보다 못하지(낮지) 않다. (비슷하다. / 차이가 나지 않는다.))

그렇다면 상대의 인식에 대한 부정(반박)의 어감이 없고, 의미도 '차이가 나지 않는다', '비슷하다'는 의미를 나타내지 않는 '比'字 구문의 순수 부정은 어떻게 표현하는 것이 좋은가? '比'字 구문의 순수 부정은 보통 '沒有'를 사용하여 표현한다. 이때 '有'는 '가지고 있다, 구비하고 있다'는 의미가 아니라, '~ 정도에 달하다'는 뜻을 가진 동사이다. 우리말로 자연스럽게 표현한다면 '~만큼~하다' 정도로 번역해 볼 수 있다. 즉, 비교구문에서 'A沒有B~'는 'A는 B만큼 ~하지 않다'는 의미이다. 예를 들어 他没有我(这么)高。는 '그는 나만큼 (이렇게) 크지 않다'는 의미이다. 예를 들어 보면 다음과 같다.

这件衣服比那件衣服漂亮。
zhè jiàn yī fu bǐ nà jiàn yī fu piào liang.
이 옷은 저 옷보다 예쁘다.

부정 → 这件衣服没有那件衣服(那么)漂亮。
zhè jiàn yī fu méi yǒu nà jiàn yī fu (nà me) piào liang.
이 옷은 저 옷만큼 (그렇게) 예쁘지 않다.

我比我男朋友爱看电影。
wǒ bǐ wǒ nán péng you ài kàn diàn yǐng.
나는 내 남자친구보다 영화 보는 걸 좋아한다.

부정 → 我没有我男朋友(那么)爱看电影。
wǒ méi yǒu wǒ nán péng you (nà me) ài kàn diàn yǐng.
나는 내 남자친구만큼 (그렇게) 영화 보는 걸 좋아하지 않는다.

我最近状态比以前好。
wǒ zuì jìn zhuàng tài bǐ yǐ qián hǎo.
나는 최근 컨디션이 이전보다 좋다.

부정 → 我最近状态没有以前(那么)好。
wǒ zuì jìn zhuàng tài méi yǒu yǐ qián (nà me) hǎo.
나는 최근 컨디션이 이전만큼 (그렇게) 좋지 못하다.

小李比老张跑得快。
xiǎo lǐ bǐ lǎo zhāng pǎo de kuài.
小李는 老张보다 빨리 뛴다.

부정 → 小李没有老张跑得快。
xiǎo lǐ méi yǒu lǎo zhāng pǎo de kuài.
小李는 老张만큼 빨리 뛰지 못한다.

혹은

小李跑得没有老张快。
xiǎo lǐ pǎo de méi yǒu lǎo zhāng kuài.
小李는 老张만큼 빨리 뛰지 못한다.

笔记本电脑比台式电脑贵2000元。
bǐ jì běn diàn nǎo bǐ tái shì diàn nǎo guì liǎng qiān yuán.
노트북 컴퓨터는 데스크탑 컴퓨터보다 2000元 비싸다.

부정 → 笔记本电脑没有台式电脑(那么)贵。
bǐ jì běn diàn nǎo méi yǒu tái shì diàn nǎo (nà me) guì.
노트북 컴퓨터는 데스크탑 컴퓨터만큼 (그렇게) 비싸지 않다.

老张晚上比小李睡得晚。
lǎo zhāng wǎn shang bǐ xiǎo lǐ shuì de wǎn.
老张은 저녁에 小李보다 늦게 잔다.

부정 → 老张晚上没有小李睡得(那么)晚。
lǎo zhāng wǎn shang méi yǒu xiǎo lǐ shuì de (nà me) wǎn.
老张는 저녁에 小李만큼 (그렇게) 늦게 자지 않는다.

혹은

老张晚上睡得没有小李(那么)晚。
lǎo zhāng wǎn shang shuì dé méi yǒu xiǎo lǐ (nà me)wǎn.
老张는 저녁에 小李만큼 (그렇게) 늦게 자지 않는다.

비교구문에서의 '沒有'는 '不如 bù rú'로 바꾸어 표현할 수도 있다. '不如'는 '沒有'와 마찬가지로 '~만큼(처럼)~하다' 정도의 뜻이다. 예를 들어 他没有我高。와 他不如我高。는 같은 뜻이다. 위의 예문들 중의 '沒有'는 모두 '不如'로 바꾸어도 의미상의 변화는 없다. 다만, '沒有'는 뒤에 비교의 결과를 설명해 주는 형용사(구)나 동사(구)가 반드시 있어야 하지만, '不如'는 비교의 조건이나 대상이 명확하다면 뒤의 형용사(구)나 동사(구) 없이도 표현이 가능하다는 차이점이 있다. 예를 들어, 사람들의 인품에 대해서 얘기하고 있을 때, 인품이라는 전제를 굳이 얘기할 필요가 없다면, 老张不如老李。(老张은 老李만 못하다. 老李가 낫다.)처럼 '不如'만으로 표현할 수도 있다. 물론 비교의 대상을 명확히 하면서 为人上，老张不如老李。wéi rén shang, lǎo zhāng bú rú lǎo lǐ. (인품(됨됨이)으로 보자면, 老张은 老李만 못하다.)라고 할 수도 있고, 뒤에 형용사를 추가하여 老张不如老李好。혹은 为人上，老张不如老李好。와 같이 표현할 수도 있다. '不如'는 뒤에 비교의 결과를 설명해 주는 형용사(구)나 동사(구)가 있건 없건 'A不如B'의미는 늘 B가 더 낫다는 의미이다. 우리말에서도 자주 쓰는 '百闻不如一见 bǎi wén bù rú yí jiàn'(백 번 듣는 것은 한 번 보는 것만 못하다)을 생각해 보면 바로 이해할 수 있다. '不如'를 사용한 비교문의 예를 몇 개 더 들어보면 다음과 같다.

这张照片不如那张照片好。
zhè zhāng zhào piàn bù rú nà zhāng zhào piàn hǎo.
이 사진은 저 사진만큼 좋지 않다.

儿子开车不如爸爸稳当。
ér zi kāi chē bù rú bà bà wěn dāng.
아들은 운전이 아빠만큼 안정적이지 못하다.

他跑一百米不如我跑得快。
tā pǎo yì bǎi mǐ bù rú wǒ pǎo de kuài.
그는 100m 달리기 할 때 나만큼 빨리 달리지 못한다.

论身材，她不如你苗条。
lùn shēn cái, tā bù rú nǐ miáo tiao.
몸매로(몸매를 기준으로) 보자면, 그녀는 너만큼 날씬하지 못하다.

제7장 '把'구문

'把'구문은 우리말에 없는 구조의 표현이기 때문에, 중국어를 처음 접하는 사람들은 무척 어렵다고 생각하기도 한다. 하지만 '把'구문의 몇 가지 핵심적인 포인트만 정확히 이해할 수 있다면 '把'구문도 그리 어렵게만 느껴지지 않을 것이다. 우선 '把'구문의 기본 구조와 표현의 중심에 대해 알아보자.

1. '把'구문의 구조와 표현의 중심

'把'구문의 기본 구조는 다음과 같다.

주어 + (把(将) + 목적어) + 술어동사 + 기타성분

↓ ↓

행위자 수동자

여기서 문장 앞에 위치한 주어는 의미상 동작을 행하는 '행위자'이다. 주어 다음에는 전치사 '把bǎ (혹은 将 jiāng)'가 있고, 그 다음에는 전치사 '把(将)'의 목적어가 위치해 있다. '把'구문에서 전치사 '把'의 목적어는 의미상 동작(행위)을 받는 대상(수동자)이면서 동시에 뒤에 오는 동사의 목적어이다. 예를 들어, 你把窗户打开吧。nǐ bǎ chuāng hù dǎ kāi ba. (네가 창문을 열어라)와 같은 표현에서 '把'의 목적어 '窗户'는 동작(행위)을 받는 대상이면서, 의미상 뒤에 있는 동사 '打开'의 목적어이다. 따라서 '把'구문은 전치사 '把(将)'를 사용해서 동사의 목적어를 동사 앞으로 전치시킨 구조의 문장이라고 얘기할 수 있다.

그렇다면 우리는 어떤 경우에 '把'구문을 사용하게 되는 것일까? '把'구문은 하고자 하는 말이나 새로운 정보를 가급적 문장의 뒤에 놓는 중국인들의 인지구조를 반영하는 전형적인 구문이다. '把'구문은 '处置 chù zhì (처치, 처리)'를 강조하는 구문이라고 얘기하기도 하는데, 이 말의 뜻은 주어(행위자)가 '把'의 목적어에 어떤 동작을 가하여 (즉, '把'의 목적어를 어떻게 처리하여 혹은 '把'의 목적어에 어떤 영향을 주어) 가져온 결과(혹은 변화)를 강조하는 구문이라는 뜻이다. 다시 말해, '把'구문이 강조하는 것은 뒤에 놓인 동사의 행위(처리)와 그 행위의 결과라는 것이다. 목적어를 전치시켰다고 해서 목적어를 강조하는 구문이 아니다. 다음 예문을 보면서 이해해 보자.

① 我打死了一只蚊子。
wǒ dǎ sǐ le yì zhī wén zi.
나는 모기 한 마리를 잡아 죽였다.

② 我把蚊子打死了。
wǒ bǎ wén zi dǎ sǐ le.
나는 모기를 잡아 죽였다.

예문 ①은 일반적 서술로서 특별히 강조하는 부분은 없지만, 그래도 그중 상대에게 주요하게 전달하고자 하는 부분은 '一只蚊子(모기 한 마리)'라고 할 수 있다. 즉, 모기 쪽에 마음을 두고 '모기 한 마리 잡았다'라고 표현한 것이다. 하지만 예문 ②는 '모기'가 주요 전달 사항이 아니고, '모기'를 대상으로 놓은 후 (즉, 모기를 '把'의 목적어로 삼고), 그것을 어떻게 처리했다고 강조하는 표현이다. 즉 예문 ②에서 상대에게 주요하게 전달하고자 하는 부분은 모기가 아니라 모기를 쳐서('打') 죽였다('死')는 행위(처리)와 그 행위의 결과라는 것이다. 다음 예문도 마찬가지이다.

③ 他擦了擦窗户。
tā cā le cā chuāng hu.
그는 창문을 한 번 (좀) 닦았다.

④ 他把窗户擦了擦。
tā bǎ chuāng hu cā le cā.
그는 창문을 한 번 (좀) 닦았다.

여기서 동사의 중첩 '擦了擦'는 동량사와 함께 쓰인 '擦了一下'와 같은 뜻으로 '한 번 (좀) 닦았다'는 결과성의 어감을 가진 표현이다. 예문 ③은 일반적 서술로서 특별히 강조하는 부분은 없다고 할 수 있다.

강조하는 부분은 없지만 그래도 화자는 '窗户(창문)' 쪽에 마음을 두고 표현했을 것이다. 하지만 예문 ④는 행위의 결과인 '擦了擦'를 강조하면서 표현한 것이다. '窗户'를 대상으로 놓고 그것을 '擦了擦' 했다는 처리의 결과를 강조하고 있는 표현이다. 만약 예문 ③, ④가 질문에 대한 대답이라면, 예문 ③은 他上午做什么了? 혹은 他上午做了什么事情?(그 사람 오전에 무슨 일을 했습니까?)과 같은 물음에 대한 대답일 수 있다. 그 사람이 오전에 한 일에 대해 상대에게 설명을 했다면 예문 ③과 같이 표현했을 수 있다. 하지만 예문 ④는 窗户怎么了? (창문을 어떻게 했다고?) 혹은 他把窗户怎么了? (그 사람 창문 어떻게 했대?)처럼 '窗户'를 대상으로 삼고 물어본 질문에 대한 대답이라고 할 수 있다. 그래서 대답도 '窗户'를 대상으로 놓고 그것에 대한 처리 결과를 설명한 것이다. 다른 쉬운 예로 어떤 사람이 我把那本小说看完了。wǒ bǎ nà běn xiǎo shuō kàn wán le, (나는 그 소설을 다 보았다)라고 얘기했다면, 이 표현에서 화자가 강조하고자 하는 부분은 '那本小说(그 소설)'가 아니고 대상이 된 '那本小说'에 대한 처리 결과 즉, '看完了(다 보았다)'이다.

이처럼 '把'구문은 '把'의 목적어에 어떤 행위 동작을 가해서 어떠한 결과 혹은 어떠한 변화를 가져왔다는 점을 강조하는 구문이다. 그래서 '把'구문은 항상 '把'의 목적어를 대상으로 놓고 그것을 어떻게 했다, 어떻게 처리해서 어떤 결과(변화)가 생겼다라고 얘기하는 경우가 대부분이다.

2. '把'의 목적어

'把'구문에서 술어 동사는 늘 '把'의 목적어를 대상으로 한다. '把'의 목적어에 어떤 행위를 가하거나 영향을 주어서 '把'의 목적어에 어떠한 결과 혹은 변화를 가져오게 했다고 표현하는 것이 '把'구문의 주요 의미 특징이다. 그래서 '把'의 목적어 위치에는 일반적으로 막연한 대상이 오지 않고, 화자와 청자가 이미 알고 있는 어떤 특정한(정해진) 대상이 오게 된다. 다음 예문을 보자.

把书拿来!
bǎ shū ná lái !
책 가져와라!

我把书放在桌子上了。
wǒ bǎ shū fàng zài zhuō zi shang le.
나는 책을 책상 위에 놓았습니다.

위의 두 예문에서 '把'의 목적어인 '书'(책) 앞에는 아무런 수식 성분이 없지만, 화자와 청자는 이 '书'가 어떤 책인지 분명히 알고 있을 것이다. 방금 얘기하고 있던 책일 수도 있고 어제 사온 책일 수도 있다. 따로 설명하지 않아도 대화 상황에서는 어떤 책인지 분명히 알 수 있기 때문에 다른 부가 설명이나 수식 성분 없이 '书'를 '把'의 목적어로 삼고 표현한 것이다. 이처럼 '把'의 목적어 위치에는 화자와 청자가 이미 알고 있고 구체적으로 인지할 수 있는 어떤 특정한 대상을 놓게 된다.

그래서 '那本书'(그 책), '那些书'(그 책들), '他的书(그의 책)'와 같은 특정 대상은 '把'의 목적어로 사용되어도 자연스럽지만, '一本书'(한 권의 책), '很多书'(많은 책)와 같은 막연한 대상은 '把'의 목적어로 사용되면 이상한 표현이 된다. 예를 들어, *把一本书拿来! (×), *把很多书拿来! (×) 등과 같은 표현은 비문이 된다.

만일 '把'의 목적어가 대화 중에 혹은 앞뒤 문맥에서 출현한 적이 없어서 청자가 인지할 수 없는 경우에는 '把'의 목적어 앞에 수식어를 붙여 특정한 대상으로 만들어 표현할 수 있다. 즉, 다음과 같은 표현은 가능한 표현이다.

请你把我房间桌子左边抽屉里的书给我送来好吗?
qǐng nǐ bǎ wǒ fáng jiān zhuō zi zuǒ bian chōu ti li de shū gěi wǒ sòng lái hǎo ma?
내 방 탁자 왼쪽 서랍 안에 있는 책 좀 나에게 가져다 주시겠어요?

이처럼 '把'의 목적어 위치에는 일반적으로 막연한 대상이 올 수 없고, 화자와 청자가 이미 알고 있는 어떤 특정한 대상이 오게 된다. 다음 예문을 비교해 보면 좀 더 확실히 이해될 수 있다.

他把猪养得很好。
tā bǎ zhū yǎng de hěn hǎo.
그는 돼지를 잘 키웠다.

他养猪养得很好。
tā yǎng zhū yǎng de hěn hǎo.
그는 돼지 잘 키운다.

위의 첫 번째 예문에서는 '猪'(돼지)를 '把'의 목적어로 삼아 표현했기 때문에 여기서의 '猪'는 어떤 특정한 돼지를 염두에 두고 표현한 것이다. 즉, 여기서의 '猪'는 막연한 일반적 돼지를 지칭하는 것이 아니라 '某头猪 mǒu tóu zhū'(어떤 (특정) 돼지) 혹은 '某些猪 mǒu xiē zhū'(어떤 (특정) 돼지들) 정도의 의미로서 화자가 보았던 어떤 특정 돼지(들)를 가리키는 것이다. 그래서 전체적인 뜻은 '그 사람 (그) 돼지(들) 잘 키웠더라.' 정도의 의미라고 할 수 있다. 하지만 두 번째 예문에서의 '猪'는 동사 뒤의 목적어 성분으로서 '把'의 목적어와 같은 특정성은 갖고 있지 않다. 따라서 전체적인 뜻은 '그는 돼지 잘 키운다(돼지 키우는 기술이 좋다).' 정도의 뜻이 된다.

그런데 때로는 막연해 보이는 대상이 '把'의 목적어가 되는 경우도 있다. 예를 들어 다음과 같은 경우이다.

> 刚才我把一个孩子碰倒了。
> gāng cái wǒ bǎ yí ge hái zi pèng dǎo le.
> 방금 난 한 아이를 부딪쳐 넘어뜨렸다.

위 예문에서 '把'의 목적어인 '孩子'는 수량 어구 '一个'의 수식을 받고 있기 때문에 특정성이 없는 막연한 대상처럼 보인다. 하지만 이 문장에서의 '孩子'는 문맥상 아주 막연한 대상은 아니다. 이 표현에서 '一个孩子'가 전달하고자 하는 바는 내가 부딪쳐 넘어뜨린 사람이 어른이나 노인이 아니고 한 아이라는 사실이다. 아이가 구체적으로 누구인지는 중요하지 않다. 따라서 '把'의 목적어인 '孩子'는 '一个'라는 수량 어구의 수식을 받고 있지만, 어느 정도의 특정성을 가지고 있다. 즉 어떤 특정한 부류를 가리키고 있는 것이라고 볼 수 있다. 이런 경우는 일반적이지는 않지만 가능한 표현이 된다. 이처럼 '把'의 목적어가 수량 어구의 수식을 받고 있더라도 의미상 어느 정도의 범위를 한정시키는 특정성이 있다면 '把'의 목적어로 사용될 수 있다. 하지만 이러한 특정성이 없는 일반적인 표현에서 수량 어구의 수식을 받는 막연한 대상은 '把'의 목적어로 사용될 수 없다. * 他今天把一件衣服买回来了。tā jīn tiān bǎ yí jiàn yī fu mǎi huí lái le. (×)

'把'의 목적어과 관련하여 한 가지 더 부연할 점은 '把'구문의 술어가 나타내는 상태(동작의 결과 혹은 동작을 통해 초래된 변화)는 '把'의 목적어 상태이어야 한다는 점이다. 술어가 나타내는 상태가 '把'의 목적어가 아닌 주어의 상태라면 비문이 된다. 예를 들어 다음과 같은 경우는 비문이 된다.

* 我把饭吃饱了。(×)
* 我把酒喝醉了。(×)
* 我把汉语学得很差。(×)

위의 세 예문에서 '把'구문의 술어로 쓰인 '吃饱 chī bǎo'(배불리 먹다), '喝醉 hē zuì'((술을) 마셔 취하다), '学得很差 xué de hěn chà'(잘 못한다, 배움이 부족하다)는 모두 주어 '我'의 상태이지, '把'의 목적어인 '饭 fàn'(밥, 식사), '酒 jiǔ'(술), '汉语 hàn yǔ'(중국어)의 상태가 아니다. 따라서 이러한 표현들은 비문이 된다. '把'구문의 일반적 의미 구조는 '把'의 목적어에 어떤 행위를 가하거나 영향을 주어서 '把'의 목적어에 어떠한 결과 혹은 변화를 가져오게 했다고 표현하는 것이다. 따라서 '把'구문에서 동작 행위의 주체는 주어이지만, 그 행위로 인해 초래된 결과나 변화는 언제나 '把'의 목적어 상태이어야 한다.

3. '把'구문의 술어동사와 기타성분

앞서 설명했듯 '把'구문은 '把'의 목적어에 어떤 행위를 가하거나 영향을 주어서 '把'의 목적어에 어떠한 결과 혹은 변화를 가져오게 했다는 행위의 결과 혹은 변화를 강조하는 구문이다. 따라서 '把'구문의 술어 동사에는 일반적으로 행위의 결과 혹은 변화의 의미를 나타낼 수 있는 부가성분이 자연스럽게 따라오게 된다. '把'구문의 술어 동사가 부가성분 없이 하나의 단일 동사로만 이루어지는 경우는 거의 없다고 할 수 있다. '把'구문의 술어 동사에 부가되는 부가성분 중 가장 흔히 볼 수 있는 것은 각종 보어이다. 결과보어, 방향보어, 상태보어, 정도보어, 수량보어, 전치사구 보어 등. 그 외에도 동사의 중첩형식, 간접목적어 등도 '把'구문 술어 동사의 부가성분으로 사용될 수 있다. 예를 들어 보면 다음과 같다.

<결과보어>

你今天一定要把毕业论文写完。
nǐ jīn tiān yí dìng yào bǎ bì yè lùn wén xiě wán.
넌 오늘 반드시 졸업논문을 다 써야만 해.

他把钢笔用坏了。
tā bǎ gāng bǐ yòng huài le.
그가 만년필을 (쓰다가) 망가뜨렸다.

我把资料都准备好了。
wǒ bǎ zī liào dū zhǔn bèi hǎo le.
나는 자료를 모두 다 준비했다.

那个孩子不小心把玻璃碰碎了。
nà ge hái zi bù xiǎo xīn bǎ bō li pèng suì le.
그 아이가 부주의하여 유리를 부딪쳐 깨트렸다.

<방향보어>

我把书拿起来，放到书架上。
wǒ bǎ shū ná qǐ lái, fàng dào shū jià shang.
나는 책을 들어 책꽂이에 꽂았다.

她把孩子抱回去。
tā bǎ hái zi bào huí qù.
그녀는 아이를 안고 돌아갔다.

只好把他关进了监狱。
zhǐ hǎo bǎ tā guān jìn le jiān yù.
어쩔 수 없이 그를 감옥에 가두었다(가두어 넣었다).

他把几年存下的钱都取了出来。
tā bǎ jǐ nián cún xià de qián dū qǔ le chū lái.
그는 몇 년 동안 모아둔(저축한) 돈을 모두 인출하였다.

别忘了把门锁上。
bié wàng le bǎ mén suǒ shang.
문 잠그는 거 잊지 마.

마지막 예문에서 동사 '锁(잠그다)' 뒤의 보어 '上'은 방향보어의 확대(파생) 용법으로 '한데 합쳐짐 혹은 동작을 따라 어떤 결과를 가져옴' 정도의 의미를 나타낸다.

<상태보어>

她把房间布置得漂漂亮亮的。
tā bǎ fáng jiān bù zhì de piào piào liàng liàng de.
그녀는 방을 아주 예쁘게 꾸몄다.

老师把作业看得很仔细。
lǎo shī bǎ zuò yè kàn de hěn zǐ xì.
선생님은 숙제를 매우 꼼꼼하게(자세하게) 보신다.

他把什么小事都描写得逼真。
tā bǎ shén me xiǎo shì dōu miáo xiě de bī zhēn.
그는 무슨 작은 일이라도 모두 사실적으로 (마치 진짜처럼) 묘사한다.

他把时间安排得很合理。
tā bǎ shí jiān ān pái de hěn hé lǐ.
그는 시간을 합리적으로 짰습니다(안배했습니다).

<수량보어>

你把资料复印一下。
nǐ bǎ zī liào fù yìn yí xià.
네가 자료를 좀 복사해라.

他把那本书读了两遍。
tā bǎ nà běn shū dú le liǎng biàn.
그는 그 책을 두 번 읽었다.

你把椅子往前挪一下，行吗?
nǐ bǎ yǐ zi wǎng qián nuó yí xià, xíng ma?
의자를 앞으로 좀 옮겨 주시겠어요?

我不得不把出发时间推迟了一个小时。
wǒ bù dé bù bǎ chū fā shí jiān tuī chí le yí ge xiǎo shí.
나는 어쩔 수 없이(부득불) 출발시간을 한 시간 늦출 수밖에 없었다.

我把五花肉煮了两个小时。
wǒ bǎ wǔ huā ròu zhǔ le liǎng ge xiǎo shí.
나는 삼겹살을 두 시간 동안 삶았다.

<전치사구 보어>

我已经把ppt资料都发给你了。
wǒ yǐ jīng bǎ ppt zī liào dōu fā gěi nǐ le.
난 이미 ppt 자료를 모두 너에게 보냈어.

他要把沙发搬到外边。
tā yào bǎ shā fā bān dào wài bian.
그는 소파를 바깥으로 옮기려 한다.

他把车停在地下停车场里。
tā bǎ chē tíng zài dì xià tíng chē chǎng li.
그는 차를 지하 주차장에 두었다(주차하였다).

我把这本中文小说翻译成韩文了。
wǒ bǎ zhè běn zhōng wén xiǎo shuō fān yì chéng hán wén le.
나는 이 중국어 소설을 한국어로 번역하였다.

他把头发染成了蓝色。
tā bǎ tóu fa rǎn chéng le lán sè.
그는 머리를 남색(푸른색)으로 염색하였다.

이상 예문 중 동사 뒤에 到~, 在~, 给~, 成~ 등 전치사구 보어를 바로 붙여 표현하는 경우는 구조적으로도 목적어를 ('把'를 사용해) 동사 앞에 놓을 수밖에 없다. 왜냐하면 중국어에서 '동사+목적어+전치사구'와 같은 어순은 존재하지 않기 때문이다. 예를 들어 다음과 같은 표현은 모두 비문이 된다. * 我已经发ppt资料都给你了。* 他要搬沙发到外边。* 他停车在地下停车场里。* 我翻译这本中文小说成韩文了。* 他染头发成了蓝色。

<동사의 중첩>

你把参观的情况介绍介绍。
nǐ bǎ cān guān de qíng kuàng jiè shào jiè shào.
참관 상황을 좀 소개해 보세요.

你去把饭热(一)热。
nǐ qù bǎ fàn rè (yi) rè.
네가 (가서) 밥을 좀 데워라.

他把头梳了梳。
tā bǎ tóu shū le shū.
그는 머리를 (좀) (한 번) 빗었다.

他把伤口包了包，骑上车就走了。
tā bǎ shāng kǒu bāo le bāo, qí shàng chē jiù zǒu le.
그는 상처를 (좀) (한 번) 싸매더니, 자전거(혹은 오토바이)를 타고 가버렸다.

보통화에서 동사 중첩형의 두 번째 동사는 '一下'와 같은 동량사 성분으로 볼 수 있다. 즉, '介绍介绍'는 '介绍一下'로, '热热'는 '热一下'로, '梳了梳'는 '梳了一下'로, '包了包'는 '包了一下'로 볼 수 있다. 따라서 동사 중첩형의 '把'구문 술어동사 유형은 앞서 예시한 수량보어가 부가된 유형과 같은 유형으로 볼 수 있다.

<간접목적어>

我把这个消息告诉他了。
wǒ bǎ zhè ge xiāo xi gào su tā le.
나는 이 소식을 그에게 알려주었다.

售货员把应该找我的零钱给了我。
shòu huò yuán bǎ yīng gāi zhǎo wǒ de líng qián gěi le wǒ.
판매원(점원)은 (마땅히) 나에게 거슬러 주어야 하는 잔돈을 나에게 주었다.

我把作业交(给)老师了。
wǒ bǎ zuò yè jiāo (gěi) lǎo shī le.
나는 숙제를 선생님에게 제출하였다.

我把这件事拜托(给)他了。
wǒ bǎ zhè jiàn shì bài tuō (gěi) tā le.
나는 이 일을 그에게 부탁하였다.

他把钢笔送(给)我了。
tā bǎ gāng bǐ sòng (gěi) wǒ le.
그는 만년필을 나에게 선물하였다.

이처럼 간접목적어를 '把'구문 동사의 부가성분으로 삼을 수 있는 동사는 '告诉(알려주다)', '给(주다)', '交(제출하다)', '拜托(부탁하다)', '送(선물하다)'등 일부 동사들뿐이다. 이러한 부류의 동사들은 일반 진술문에서 사용되는 경우 동사 뒤에 간접목적어와 직접목적어를 함께 놓을 수 있는 동사들이다. 즉, 이러한 동사들은 다음과 같이 표현될 수 있다. '告诉他这件事(그에게 이 일을 알려주다)', '给我零钱(나에게 잔돈을 주다)', '交老师作业(선생님에게 숙제를 제출하다)', '拜托他这件事(그에게 이 일을 부탁하다)', '送我钢笔(나에게 만년필을 선물하다)'.

한 가지 주의할 사항이 있는데, '가능보어' 형식은 '把'구문의 술어동사가 될 수 없다는 점이다. 왜냐하면 '把'구문은 일반적으로 행위의 결과를 강조하는 구문인데, 가능보어 형식의 동사는 '~할 수 있다' 혹은 '~할 수 없다'는 뜻으로 동작이나 상황에 대한 가능성만을 나타내기 때문에 '把'구문과는 어울리지 않는다.

예를 들어 다음과 같은 표현은 비문이 된다.

* 我把那本书看得懂。(×) → 我能把那本书看懂。(○)
wǒ néng bǎ nà běn shū kàn dǒng.
나는 그 책을 보고 이해할 수 있다.

* 他把这件事办不好。(×) → 我不能把这件事办好。(○)
wǒ bù néng bǎ zhè jiàn shì bàn hǎo.
나는 그 일을 잘 처리할 수 없다.

이상 예시한 바와 같이 '把'구문의 술어동사는 일반적으로 단독으로 사용되지 않고 다른 부가성분과 함께 사용된다. 그런데 '把'구문의 동사에 보어 등 다른 부가성분을 추가하지 않고 동태조사 '了'만 붙여 사용하는 경우가 있는데 이런 경우는 동사 사용에 약간의 제약이 따른다. '把'구문의 동사에 다른 부가성분 없이 동태조사 '了'만 붙여 사용하는 경우는 보통 동작이 실현(완료)된 후 바로 '소실', '분리'의 의미가 확연히 드러나는 경우이다. 예를 들어 '喝hē(마시다)'와 같은 동사는 마시는 동작이 실현되면 바로 마시던 물이나 술이 줄어드는 결과가 나타나게 되고, '丢diū(잃어버리다)'와 같은 동사는 잃어버리는 동작이 실현되면 가지고 있던 물건이 주인으로부터 분리되는 결과가 발생하게 된다. 이와 같이 동작이 실현되면 바로 '소실', '분리'의 결과 의미가 동반되는 일부 동사들은 부가성분 없이 동사 뒤에 '了'만 붙여 '把'구문에 사용될 수 있다. 이런 부류의 동사로는 '脱tuō((옷, 신발을) 벗다)', '拆chāi(뜯다, 헐다, 해체하다)', '倒dào(따르다, 붓다)', '扔rēng(던지다, 내

버리다)', '丢diū(잃어버리다)', '寄jì(부치다, 보내다, 송달하다)', '发fā(보내다, 발송하다, 교부하다)', '卖mài(팔다)', '吃chī(먹다)', '喝hē(마시다)', '熄xī((불을) 끄다)', '忘wàng(잊다, 망각하다)' 등이 있다. 예를 들어 보면 다음과 같다.

他把这个月的工资丢了。
tā bǎ zhè ge yuè de gōng zī diū le.
그는 이번 달 임금을 잃어버렸다.

他把灯熄了。
tā bǎ dēng xī le.
그는 등을 껐다.

谁把啤酒喝了?
shuí bǎ pí jiǔ hē le?
누가 맥주를 마셔버렸니?

他把房子卖了。
tā bǎ fáng zi mài le.
그는 집을 팔았다.

他把毛衣脱了。
tā bǎ máo yī tuō le.
그는 스웨터를 벗었다.

把旧房子拆了。
bǎ jiù fáng zi chāi le.
오래된 건물(집)을 철거했다.

我差点儿把这件事忘了。
wǒ chà diǎnr bǎ zhè jiàn shì wàng le.
나는 하마터면 이 일을 잊을 뻔했다.

위의 예문에서 동사 뒤에 쓰인 '了'는 결과보어 '掉diào (~해 버리다)'의 의미와도 유사하다고 볼 수 있다. '소실', '분리'의 결과 의미가 없는 동사는 보통 이런 식으로 표현하지 않는다. 예를 들어 他把毛衣脱了(그는 스웨터를 벗었다)。는 자연스러운 표현이지만 *他把毛衣穿了(그는 스웨터를 입었다)。는 비문이 된다. *他把毛衣穿了。를 자연스러운 표현으로 바꾸려면 동사 '穿chuān (입다)' 뒤에 보어를 추가하면 된다. 예를 들어 他把毛衣穿上了。tā bǎ máo yī chuān shàng le. (그는 스웨터를 입었다. 여기서 동사 '穿'의 보어 '上'은 '첨가'의 의미를 보태주는 보어이다), 他把毛衣穿好了。tā bǎ máo yī chuān hǎo le. (그는 스웨터를 다 입었다), 他把毛衣穿反了。tā bǎ máo yī chuān fǎn le. (그는 스웨터를 거꾸로 입었다) 등과 같이 표현들은 모두 문제없는 자연스러운 표현이 된다.

또한 '把'구문의 동사에 다른 부가성분 없이 동태조사 '着'만 붙여 사용하는 경우도 있는데, 이때는 문장 전체의 의미가 '명령' 혹은 '청유'의 의미를 갖게 된다. 예를 들어 보면 다음과 같다.

你把钥匙留着!
nǐ bǎ yào shi liú zhe !
너 key 놓고 가!

别忘了把护照带着。
bié wàng le bǎ hù zhào dài zhe.
여권 가져가는 것 잊지 마세요.

你把这个苹果接着。
nǐ bǎ zhè ge píng guǒ jiē zhe.
당신이 이 사과를 받으세요.

4. '把'구문에 사용될 수 없는 동사

'把'구문은 동작을 통해 '把'의 목적어에 영향을 주어 어떠한 결과 혹은 변화를 가져오게 했다는 행위의 결과 혹은 변화를 강조하는 구문이다. 따라서 동작을 통해 어떠한 결과나 변화를 만들어낼 수 없는 동사는 일반적으로 '把'구문에 사용될 수 없다. 대표적으로 ~라고 느끼다, ~라 생각하다 등의 의미를 가진 감각・인지 동사, 좋아하다, 싫어하다, 희망하다, 두려워하다 등 심리상태나 바람, 요구 등을 나타내는 동사, 존재나 소유, 같고 다름을 나타내는 동사, 동작의 방향을 나타내는 동사 등은 '把'구문의 술어 동사로 사용될 수 없다. 예를 들어 보면 다음과 같다.

– 감각이나 인지를 나타내는 동사: 感到 gǎn dào(느끼다, 생각하다), 感觉 gǎn jué(느끼다), 觉得 jué de(~라 느끼다(여기다, 생각하다)), 以为 yǐ wéi(생각하다, 여기다(보통 잘못된 판단)), 认为 rèn wéi(생각하다, 여기다), 看见 kàn jiàn(보다, 보이다, 눈에 띄다), 听见 tīng jiàn(듣다, 들리다), 知道 zhī dào(알다, 이해하다), 懂 dǒng(알다, 이해하다), 怀疑 huái yí(의심을 품다), 记得 jì de(기억하다)

– 심리 상태나 바람, 요구 등을 나타내는 동사: 讨厌 tǎo yàn(싫다, 혐오스럽다, 성가시다), 关心 guān xīn(관심을 갖다), 怕 pà(두려워하다, 걱정하다), 相信 xiāng xìn(믿다), 愿意 yuàn yì(바라다, 희망하다), 希望 xī wàng(희망하다), 要求 yāo qiú(요구하다), 同意 tóng yì(동의하다), 喜欢 xǐ huān(좋아하다), 害怕 hài pà(무서워하다, 두려워하다), 担心 dān xīn(염려하다, 걱정하다)

– 존재, 소유, 같고 다름을 나타내는 동사: 有 yǒu(가지고(존재하고, 구비하고) 있다), 在 zài(~에 있다), 是 shì(~이다), 姓 xìng(성이 ~이다), 像 xiàng(닮다, 비슷하다), 等于 děng yú(~와 같다(마찬가지다)), 属于 shǔ yú(~에 속한다)

– 동작의 방향을 나타내는 동사: 来 lái(오다), 去 qù(가다), 上 shàng(오르다, 가다), 下 xià(내려가다, 내리다), 进 jìn(들다, 나아가다), 出 chū(나가다, 발행하다), 起来 qǐ lái(일어서다, 흥기하다), 过去 guò qù(지나가다), 离开 lí kāi(떠나다, 떼어놓다)

이상과 같은 동사들은 보통 '把'구문의 술어 동사로 사용되지 않는다. 따라서 다음과 같은 예들은 모두 비문이 된다.

* 我把舒服感到了。

* 大家把这个计划同意了。

* 我把西安去了一次。

* 我把这本书喜欢了。

5. '把'구문의 예외적 표현

4절까지 예시한 '把'구문의 전형적인 예들 외에도 구어에서 비교적 자주 쓰이는 예외적인 '把'구문 표현도 있는데, 의미 구조가 일반적인 '把'구문과 조금 다르다. 아래의 예문들과 같은 경우인데, 일반적인 '把'구문과 다른 점은 다음 세 가지로 요약해 볼 수 있다. ①우선 일반적인 '把'구문의 경우 주어는 동작을 행하는 행위자이지만 아래의 예들에서는 주어가 동작의 행위자가 아닌 어떤 상황 혹은 영향을 주는 조건이 된다. ②아래의 예문들에서 '把'의 목적어는 뒤에 있는 동사의 영향을 받는 대상이 아니고, 뒤에 있는 동사의 의미상 주어가 된다. ③술어는 보통 일반적인 동작 동사가 아닌 심리활동 동사 혹은 형용사인 경우가 많다. 그래서 이러한 예외적인 '把'구문의 전체적인 뜻은「주어가 나타내는 상황이나 조건이 '把'의 목적어를 어떠한 상태가 되게 했다」 혹은「주어가 나타내는 상황이나 조건 때문에 '把'의 목적어가 어떠한 상태가 되었다」 정도의 의미가 된다. 예문을 보면서 이해해 보자.

你生病的那些日子，可把你妈妈担心坏了。
nǐ shēng bìng de nà xiē rì zi, kě bǎ nǐ mā ma dān xīn huài le.
네가 병에 걸렸던 그 시절은 정말이지 엄마를 너무나 걱정시켜 드렸다.

第一次到公路上驾车，把我紧张得手心直冒冷汗。
dì yī cì dào gōng lù shang jià chē, bǎ wǒ jǐn zhāng de shǒu xīn zhí mào lěng hàn.
처음으로 도로에 나가 차를 몰아 보니 긴장해서 손바닥에 줄곧 식은땀이 흘러 나왔다.

接到通知，把儿子高兴坏了。
jiē dào tōng zhī, bǎ ér zi gāo xīng huài le.
통지서를 받고서 아들은 대단히 기뻐했다.

첫 번째 예문에서는 '你生病的那些日子(네가 병에 걸렸던 그 시절)'가 주어라고 할 수 있고, '把'의 목적어인 '你妈妈'는 술어 '担心坏了(몹시 걱정하다)'의 의미상 주어이면서, 전체 주어의 영향을 받는 대상이다. 두 번째 예문에서도 '第一次到公路上驾车(처음으로 도로에 나가 차를 몰다)'가 주어이며, '把'의 목적어인 '我'는 술어 '紧张得手心直冒冷汗(손바닥에서 줄곧 식은땀이 흘러나오다)'의 의미상 주어이면서 전체 주어의 영향을 받는 대상이다. 세 번째 예문 역시 마찬가지인데, 주어는 '接到通知(통지를 받음, 통지를 받은 사실)'이라고 할 수 있고, '把'의 목적어인 '儿子'는 술어 '高兴坏了(대단히(펄 듯이) 기뻐하다)'의 의미상 주어이면서, 전체 주어의 영향을 받는 대상이다. 이와 같은 형식의 표현은 마치 '让', '叫', '使'(~로 하여금 ~하게 하다) 등 사역동사를 사용한 표현과 유사하다, 즉, 위 예문들 중의 '把'를 모두 '让' 등의 사역동사로 바꾸어도 의미는 비슷하다고 할 수 있다. 이와 같은 '把'구문의 예외적 표현은 전형적인 '把'구문의 예는 아니지만 구어에서 자주 쓰일 수 있는 표현이므로 함께 익혀 둘 필요가 있다.

6. 부정부사와 시간부사 및 조동사의 위치

'把'구문에서 '不', '沒(有)', '別' 등 부정 부사와 '就', '才', '已经' 등 시간부사 그리고 '能', '可以', '会', '应该', '要' 등 조동사(능원동사)는 일반적으로 '把' 앞에 놓는다.

如果不把这个消息告诉他，他就会睡不着觉。
rú guǒ bú bǎ zhè ge xiāo xi gào su tā, tā jiù huì shuì bu zháo jiào.
만일 이 소식을 그에게 알리지 않는다면, 그는 잠을 이루지 못할 거야.

我没把自行车停在楼下。
wǒ méi bǎ zì xíng chē tíng zài lóu xià.
나는 자전거를 아래층에 세워두지 않았어요.

你别把窗户打开。
nǐ bié bǎ chuāng hu dǎ kāi.
창문을 열지 마세요.

一到晚上，父亲就把大门锁上。
yí dào wǎn shang, fù qīn jiù bǎ dà mén suǒ shang.
저녁이 되자 아버지는 대문을 걸어 잠그셨다.

临到上课，他才把昨天的作业做完。
lín dào shàng kè, tā cái bǎ zuó tiān de zuò yè zuò wán.
수업시간이 다 되어갈 때쯤에야 그는 비로소 어제의 숙제를 다 했다.

我已经把你要的菜都点完了。
wǒ yǐ jīng bǎ nǐ yào de cài dōu diǎn wán le.
나는 이미 네가 원하는 요리를 모두 다 주문했어.

你能把以前借给你的书还给我吗?
nǐ néng bǎ yǐ qián jiè gěi nǐ de shū huán gěi wǒ ma?
이전에 내가 너에게 빌려주었던 책 돌려줄 수 있니?

我要把桌子搬到楼下去。
wǒ yào bǎ zhuō zi bān dào lóu xià qù.
나는 책상을 아래층으로 옮기려 해.

长期不用的机器, 应该把电池拿掉。
cháng qī bú yòng de jī qì, yīng gāi bǎ diàn chí ná diào.
오랫동안 안 쓰는 기계는 건전지를 빼 놓아야 합니다.

그 외 '再', '又' 등 기타 부사들은 '把' 앞에 출현하는 경우도 있고, 동사 앞에 출현하는 경우도 있다.

你把他又叫回来干什么?
nǐ bǎ tā yòu jiào huí lái gàn shén me?

你又把他叫回来干什么?
nǐ yòu bǎ tā jiào huí lái gàn shén me?
너는 또 그를 불러서 무엇을 하려고 하니?

제8장 '被'구문

'被'구문은 중국어의 전형적인 '피동문'이라고 할 수 있는데, 전치사 '被bèi' 혹은 '叫jiào', '让ràng'을 써서 피동을 나타내는 구문이다. '被'구문은 구조가 특이하고, 어감도 우리말이나 영어와 다른 부분이 있기 때문에 주의하여 익혀둘 필요가 있다.

1. '被'구문의 구조

'被'구문의 기본 구조는 아래와 같다.

주어 + (被 + 목적어) + 술어동사 + 기타성분

↓ ↓

수동자 행위자

주의할 점은, '被'구문의 문장 앞 주어는 행위자가 아니라 의미상 동작(행위)을 받는 대상(수동자)이고, '被'의 목적어가 동작의 행위자라는 점이다. 예를 들어 窗户被小王打碎了。chuāng hu bèi xiǎo wáng dǎ suì le. (창문이 小王에 의해서 깨졌다)와 같은 표현에서 주어인 '窗户'는 의미

상 동작 '打碎'의 영향을 받는 대상(수동자)이고, '被'의 목적어인 '小王'이 '打碎'의 행위자이다. 이러한 행위자('被'의 목적어)와 행위를 받는 대상(주어)의 위치는 앞 장에서 설명한 '把'구문과 반대이다. '把'구문에서는 주어가 행위자였고, '把'의 목적어는 행위의 영향을 받는 대상이었다. 그래서 만일 피동문인 窗户被小王打碎了。를 능동문인 '把'구문으로 바꾼다면 小王把窗户打碎了。xiǎo wáng bǎ chuāng hu dǎ suì le (小王이 창문을 깨뜨렸다)와 같은 표현이 될 수 있다.

衣服被他撕破了。
yī fu bèi tā sī pò le.
옷이 그에 의해 찢어졌다.

→ 他把衣服撕破了。
tā bǎ yī fu sī pò le.
그가 옷을 찢었다.

그런데 '被'구문에서 전치사 '被'는 '叫'나 '让' (혹은 '给')으로 바꾸어 표현할 수 있다. 구어에서는 '被'보다 '叫'나 '让'이 더욱 자주 사용된다. '给'도 구어에서 사용되지만 주로 중국의 남방 사람들이 많이 사용하는 것으로 알려져 있다. 즉, '被'를 사용한 피동문 窗户被小王打碎了。를 窗户叫小王打碎了。窗户让小王打碎了。窗户给小王打碎了。와 같이 표현할 수도 있다는 의미이다. 이때 '叫'나 '让'은 '~로 하여금 ~하게 하다'는 뜻의 사역동사가 아니고(제11장 겸어문 참조), 피동문의 '被'와 같은 뜻으로 쓰인 전치사이다. 그런데 '被'를 사용할 때와 '叫'나 '让'을 사용할 때 한 가지 구조적 차이점이 존재하는데, '被'를 사용할 때는 뒤에 행위자가 나타나지 않을 수도 있지만, '叫'나 '让' 뒤에는 행위자가 반드시 있어야만 한다는 것이다. 예를 들어 窗户被小王打碎了。와 같은 표현에서 만약에 행위자를 알 수 없거나, 행위자를 굳이 말할 필요가 없을 때는 행위자를 생략하고, 窗户被打碎了。와 같이 표현할 수 있다. 하지만 '叫'나 '让'을 사용하는 경우는 행위자인 '小王'을 생략할 수 없다. 만약 생략하고 표현한다면 비문이 된다.

窗户被小王打碎了。(O)
窗户被打碎了。(O)
窗户叫小王打碎了。(O)
* 窗户叫打碎了。(×)
窗户让小王打碎了。(O)
* 窗户让打碎了。(×)

'给'는 '被'와 마찬가지로 뒤에 행위자가 나올 수도 있고, 생략될 수도 있다.

窗户给小王打碎了。(O)
窗户给打碎了。(O)

행위자가 생략된 '被'구문의 예를 좀 더 들어 보면 다음과 같다.

我被骗了。
wǒ bèi piàn le.
내가 속았다.

我今天向她表白, 可是被拒绝了。
wǒ jīn tiān xiàng tā biǎo bái, kě shì bèi jù jué le.
난 오늘 그녀에게 사랑을 고백했지만 거절당했다.

我被打了, 快点儿报警。
wǒ bèi dǎ le, kuài diǎnr bào jǐng.
내가 맞았어. 빨리 경찰에 신고해.

小心被宰。
xiǎo xīn bèi zǎi
바가지 쓰지 않도록 조심하세요.

2. '被'구문의 의미 특징

'被'구문은 '피동'의 의미를 나타낸다. 하지만 '피동'의 의미를 나타내는 표현이 오직 '被'구문만 있는 것은 아니다. 예를 들어 다음과 같은 표현들도 피동의 의미를 갖고 있다고 할 수 있다.

书看完了。
shū kàn wán le.
책은 다 보았다.

房间打扫干净了。
fáng jiān dǎ sǎo gān jìng le.
방은 깨끗하게 청소했다.

任务完成了。
rèn wù wán chéng le.
임무는 완성했다.

衣服洗得干干净净的。
yī fu xǐ de gān gān jìng jìng de.
옷은 (아주) 깨끗하게 빨았다.

馒头吃了。
mán tou chī le.
馒头(소 없는 찐빵) 먹었다.

演唱会的票已经卖光了。
yǎn chàng huì de piào yǐ jīng mài guāng le.
콘서트 표는 이미 다 팔렸다. (다 팔려서 기분이 좋은 상황)

이상 예문들의 주어는 모두 행위자가 아니고 동작(행위)의 영향을 받는 대상이며, 문장 전체의 뜻은 모두 피동의 의미를 나타낸다고 볼 수 있다. 예를 들어, 두 번째 예문 房间打扫干净了。에서 주어인 '房间(방)'은 '打扫干净了(깨끗하게 청소했다)'의 행위자가 아니고, 동작의 영향을 받는 대상이며, 문장 전체의 뜻은 '주어인 방이 행위자인 누군가에 의해 깨끗하게 청소되어졌다'는 피동의 의미를 갖고 있다고 볼 수 있다. 나머지 예문들도 모두 마찬가지이다. 이와 같은 '의미상의 피동문'도 일상생활에서 매우 자주 쓰이는 표현들이다. 그렇지만 이와 같은 표현들의 동사 앞에 아래와 같이 피동의 의미를 나타내는 '被'를 사용하면 비문이 되거나 매우 어색한 표현이 된다.

* 书被我看完了。(×)
* 房间被打扫干净了。(×)

이유는 중국어에서 '被'구문은 보통 '여의치 않은(일이 마음먹은 대로 되지 않는) 상황', '유쾌하지 않은 상황', '손해를 보거나 무엇을 잃어버린 상황' 등에 주로 사용되기 때문이다. 한 마디로 중국어의 '被'구문은 바라지 않는 안 좋은 상황을 표현할 때 주로 사용된다는 것이다. 다음과 같은 예를 보면 좀 더 명확히 이해할 수 있을 것이다. 해석은 이해를 돕기 위해 직역하였다.

(A)

衣服被他撕破了。
yī fu bèi tā sī pò le.
옷이 그에 의해서 찢어졌다.

饭被我煮煳了。
fàn bèi wǒ zhǔ hú le.
밥이 나에 의해 태워졌다.

(B)

* 衣服被姐姐做好了。(×)
yī fu bèi jiě jie zuò hǎo le.
옷은 누나에 의해 다 만들어졌다.

* 饭被我煮好了。(×)
fàn bèi wǒ zhǔ hǎo le.
밥은 나에 의해 다 지어졌다.

(A)와 (B)는 모두 '피동'의 의미를 나타내고 있다. 하지만 (A)는 '被'를 사용하여 표현할 수 있고, (B)는 '被'를 사용하여 표현하면 비문이 된다. 이유는 (A)의 경우 내가 바라지 않는 일(여의치 않은 안 좋은 일)을 표현한 것이고, (B)는 내가 바라는 일(바람직한 결과를 가져온 일)을 표현한 것이기 때문이다. 다음 예문과 같은 경우는 '被'를 사용할 수도 있고, 사용하지 않을 수도 있는데, '被'를 사용할 때와 사용하지 않을 때 나타내는 어감에 차이가 있을 수 있다.

(a) 大米被他们运走了。
dà mǐ bèi tā men yùn zǒu le.
쌀은 그들에 의해 운반되어져 갔다.

(b) 大米他们运走了。
dà mǐ tā men yùn zǒu le.
쌀은 그들이 운반하여 갔다.

(a)는 '被'를 사용한 피동문이고, (b)는 '被'를 사용하지 않은 의미상

의 피동문이다. 모두 가능한 표현이지만, (a)는 쌀이 그들에 의해 운반되어진 사실이 불쾌하고, 원하지 않는 일이라는 어감을 가지고 있는 반면, (b)에는 그러한 어감이 없고, 그저 그들이 쌀을 운반해 갔다는 객관적인 사실만을 서술하고 있는 것이라고 할 수 있다. 이처럼 '被'구문은 보통 바라지 않는 안 좋은 상황을 표현할 때 주로 사용된다.

그러나 최근에는 중국어 표현의 다양성을 위해 '被'의 사용 제약이 점차 약해지거나 사라져 가는 추세가 생겨났다. 그래서 현재는 일상 구어에서도 바라는 일과 바라지 않는 일, 유쾌한 일과 불쾌한 일 등의 구분 없이 '被'를 사용하여 피동의 의미를 표현하는 경우가 많아졌다. 하지만 书看完了。房间打扫干净了。 등 의미상의 피동문이나 *衣服被姐姐做好了。(×) *饭被我煮好了。(×) 등의 예에서 보았듯이, '被'구문이 바라지 않는 안 좋은 상황을 표현할 때 주로 쓰이는 경향성은 아직 없어지지 않았다. 아래의 예들은 불쾌하거나 안 좋은 상황이 아님에도 불구하고 '被'를 사용해 표현한 예들을 나열해 본 것이다. 일부 예들의 경우는 바람직하고 유쾌한 상황임에도 '被'를 사용해 표현하고 있다.

你的生活被人工智能改变了吗 ?
nǐ de shēng huó bèi rén gōng zhì néng gǎi biàn le ma?
당신의 생활은 인공지능에 의해 변화되었습니까?

他被人们称为一代大师 。
tā bèi rén men chēng wéi yí dài dà shī.
그는 사람들에 의해 (한 시대를 풍미한) 거장(대가)라고 일컬어진다.

最近女儿总是在学校被表扬。
zuì jìn nǚ ér zǒng shì zài xué xiào bèi biǎo yáng.
최근 (우리) 딸은 학교에서 늘 칭찬을 받습니다.

每个人都希望被爱。
měi ge rén dōu xī wàng bèi ài.
누구나(사람마다 모두) 사랑받기를 원합니다.

好奇号(curiosity)火星车被发射到火星等不同星球去。
hào qí hào huǒ xīng chē bèi fā shè dào huǒ xīng děng bù tóng xīng qiú qù.
Curiosity 화성탐사선은 화성 등 다른 행성으로 발사되었습니다.

他被大家选为车间主任。
tā bèi dà jiā xuǎn wéi chē jiān zhǔ rèn.
그는 모두에 의해 작업장 주임으로 선출되었다(뽑혔다).

我们被志愿者的牺牲精神感动了。
wǒ men bèi zhì yuàn zhě de xī shēng jīng shen gǎn dòng le.
우리는 자원봉사자의 희생정신에 감동받았습니다.

小王被送到学校去学习了。
xiǎo wáng bèi sòng dào xué xiào qù xué xí le.
小王은 학교로 보내져 공부하게 되었다.

他成功被一家科技公司录用。
tā chéng gōng bèi yì jiā kē jì gōng sī lù yòng.
그는 성공적으로 한 과학기술회사에 채용되었습니다.

이처럼 좋지 않은 상황에 주로 쓰이던 '被'구문은 최근 사용 범위가 확대되어 행위자와 행위를 받는 대상을 보다 명확히 구분하고자 하는 다양한 표현에 활용되고 있다. 또한 '被'구문에 사용되는 전치사 '被'는 글말(書面語) 색채가 강하기 때문에, 구어에서는 '被'보다 '叫'나 '让'을 주로 사용한다는 점도 주지하고 있을 필요가 있다.

3. '被'구문의 술어동사와 기타성분

'被'구문은 '把'구문과 마찬가지로 동작(행위)의 결과 혹은 동작(행위)으로 인해 초래된 변화를 강조하는 구문이라고 할 수 있다. 따라서 '被'구문의 술어 동사 뒤에도 일반적으로 행위의 결과 혹은 변화의 의미를 나타낼 수 있는 보어 등 부가성분이 자연스럽게 따라오게 된다. '被'구문의 동사 뒤 부가성분은 '把'구문만큼 엄격하지는 않지만 매우 유사하다. 예를 들어 보면 다음과 같다.

<결과보어>

我的照相机叫弟弟弄坏了。
wǒ de zhào xiàng jī jiào dì di nòng huài le.
내 카메라는 남동생이 망가뜨렸다(고장 냈다).

我被外边的声音惊醒了。
wǒ bèi wài bian de shēng yīn jīng xǐng le.
나는 바깥의 소리에 놀라서 깼다.

门被撞开了。

mén bèi zhuàng kāi le.

문이 부딪쳐 열렸다.

他被雨淋湿了。

tā bèi yǔ lín shī le.

그는 비에 흠뻑 젖었다(젖어 축축하게 되었다).

最近网上被一条艺人出轨的事件刷屏了。

zuì jìn wǎng shang bèi yì tiáo yì rén chū guǐ de shì jiàn shuā píng le.

최근 연예인의 불륜 사건이 인터넷을 도배하고 있다.

<방향보어>

他刚回来就被爸爸叫去了。

tā gāng huí lái jiù bèi bà ba jiào qù le.

그는 돌아오자마자 아버지에게 불려갔다.

行李很快(地)被装上了卡车。

xíng li hěn kuài (de) bèi zhuāng shàng le kǎ chē.

짐은 매우 빠르게 트럭에 실렸다(적재되었다).

他被送进医院，医生给他治好了病。

tā bèi sòng jìn yī yuàn, yī shēng gěi tā zhì hǎo le bìng.

그는 병원에 보내졌고, 의사선생님이 병을 잘 치료해 주셨다.

我的钱包被小偷儿偷走了。

wǒ de qián bāo bèi xiǎo tōur tōu zǒu le.

내 지갑을 좀도둑이 훔쳐갔다.

<상태보어>

我被大风刮得走不动了。
wǒ bèi dà fēng guā de zǒu bu dòng le.
나는 강한 바람에 걸을 수조차 없었다.

他已经被打得半死，躺在地上再也爬不起来了。
tā yǐ jīng bèi dǎ de bàn sǐ, tǎng zài dì shang zài yě pá bu qǐ lái le.
그는 이미 초주검이 되도록 맞아서, 바닥에 누운 채 더 이상 일어날 수가 없었다.

树叶被风刮得沙沙响。
shù yè bèi fēng guā de shā shā xiǎng.
나뭇잎이 바람에 날리어 사각사각 소리를 낸다.

石级小路被雨水洗刷得分外明净。
shí jí xiǎo lù bèi yǔ shuǐ xǐ shuā de fèn wài míng jìng.
돌계단 오솔길이 빗물에 아주 (밝고) 깨끗하게 씻겨졌다.

<수량보어>

因为偷东西，他被关了三年。
yīn wèi tōu dōng xi, tā bèi guān le sān nián.
물건을 훔쳤기 때문에 그는 3년 동안 갇혀 있었다.

他又被妈妈打了一顿。
tā yòu bèi mā ma dǎ le yí dùn.
그는 또 엄마에게 한 차례 맞았다.

敌人被消灭了一半。
dí rén bèi xiāo miè le yí bàn.
적은 절반이 소멸되었다.

我被这件事困扰了很久，每天吃不好，睡不好的。

wǒ bèi zhè jiàn shì kùn rǎo le hěn jiǔ, měi tiān chī bu hǎo, shuì bu hǎo de.

나는 이 일로 오랫동안 시달렸어요. 매일 밥도 잘 먹을 수 없었고, 잠도 잘 잘 수가 없었어요.

<전치사구보어>

他的小狗被卖给了别人。

tā de xiǎo gǒu bèi mài gěi le bié rén.

그의 강아지는 다른 사람에게 팔렸다.

他觉得自己好像正在被一股强大的力量推向前方。

tā jué de zì jǐ hǎo xiàng zhèng zài bèi yì gǔ qiáng dà de lì liáng tuī xiàng qián fāng.

그는 자신이 마치 어떤 강력한 힘에 의해 앞으로 밀려가고 있다는 느낌을 받았다.

大地被朝阳染成一片金黄色。

dà dì bèi zhāo yáng rǎn chéng yí piàn jīn huáng sè.

(떠오르는) 아침 해로 인해 대지는 금빛으로 물들었다.

我被困在了无人岛上，过去的整整四年。

wǒ bèi kùn zài le wú rén dǎo shang, guò qù de zhěng zhěng sì nián.

나는 지난(꼬박) 4년 동안 무인도에 갇혀 있었다.

< ~了 / ~过 >

他被小王的态度感动了。

tā bèi xiǎo wáng de tài dù gǎn dòng le.

나는 小王의 태도에 감동받았다.

旧东西都被妈妈扔了。
jiù dōng xi dōu bèi mā ma rēng le.
오래된 물건은 엄마가 다 버렸다.

这个秘密后来被人发现了。
zhè ge mì mì hòu lái bèi rén fā xiàn le.
이 비밀은 후에 사람들에게 밝혀졌습니다.

这支部队从来没有被敌人打败过。
zhè zhī bù duì cóng lái méi yǒu bèi dí rén dǎ bài guo.
이 부대는 적에게 패배한 적이 없습니다.

这个电器没被他动过。
zhè ge diàn qì méi bèi tā dòng guo.
이 가전제품은 가가 만진 적이 없다.

앞의 제7장에서 '把'구문의 술어동사에 보어 등 다른 부가성분 없이 동태조사 '了'만 붙여 사용하는 경우가 있다고 하였는데, 그러한 경우는 보통 '喝hē(마시다)', '丢diū(잃어버리다)' 등 동작이 실현(완료)된 후 바로 '소실', '분리'의 의미가 확연히 드러나는 경우에 한정된다고 설명하였다. 하지만 '被'구문에서는 이러한 의미 제약 없이 동사 뒤에 동태조사 '了'만 붙여 사용하는 경우도 많다. 위의 예 중 他被小王的态度感动了。旧东西都被妈妈扔了。这个秘密后来被人发现了。 등이 그러한 경우이다. 몇 개의 예를 더 보충해 보면 아래와 같다.

我被我妈说了。
wǒ bèi wǒ mā shuō le.
난 엄마에게 혼났어요.

我让车撞了。
wǒ ràng chē zhuàng le.
내가 차에 부딪쳤어요.

小王叫学校开除了。
xiǎo wáng jiào xué xiào kāi chú le.
小王은 학교에서 제적(해고)되었습니다.

'了'와 마찬가지로 '경험' 혹은 '완료'를 나타내는 동태조사 '过'도 '被'구문의 동사 뒤에서 다른 부가성분 없이 사용될 수 있다. 예문 중의 这支部队从来没有被敌人打败过。这个电器没被他动过。가 그러한 경우이다.[10]

한 가지 주의할 점은 '把'구문과 마찬가지로 '被'구문의 술어동사도 '가능보어' 형식으로는 표현될 수 없다는 것이다. 왜냐하면 '被'구문도 일반적으로 행위의 결과나 그로 인해 초래된 변화를 강조하는 구문이라고 할 수 있는데, 가능보어 형식의 동사는 보통 '~할 수 있다' 혹은 '~할 수 없다'는 뜻(동작이나 상황에 대한 가능성)만을 나타낼 수 있기 때문이다. 예를 들어 다음과 같은 표현은 비문이 된다.

---

10 하지만 '把'구문에서는 일반적으로 동사 뒤에 '过'만 붙여 표현하지 않는다. *我已经把这本书看过。(×)

* 小树被大风刮不倒。(×)
xiǎo shù bèi dà fēng guā bu dǎo.
작은 나무는 세찬 바람에 불려 넘어질(쓰러질) 수 없다.

→ 小树没被大风刮倒。(O)
xiǎo shù méi bèi dà fēng guā dǎo.
작은 나무는 세찬 바람에 불려 넘어지지(쓰러지지) 않았다.

'被'구문 술어동사의 부가성분은 '把'구문과 유사하지만, '把'구문보다는 자유로운 측면이 있다. 가장 두드러지는 점은, '被'구문의 '술어동사 앞에 동사를 수식하는 상황어(=부사어, 중국어로는 状语zhuàng yǔ)[11] 가 있다면 술어동사는 부가성분 없이 단독으로도 사용될 수 있다. 예를 들어 보면 다음과 같다.

---

11 상황어(부사어)는 문장 내에서 동사나 형용사를 수식해 주는 성분을 가리킨다. 예를 들어 非常高fēi cháng gāo(매우 (대단히) 높다(키가 크다))에서는 非常이라는 부사가 高라는 형용사를 수식해 주는 상황어로 쓰인 것이고, 认真学习rèn zhēn xué xí(열심히(성실히) 공부하다)에서는 认真이라는 형용사가 学习라는 동사를 수식해 주는 상황어로 쓰인 것이다. 이처럼 상황어는 단어 자체의 품사와은 상관없이 문장 내에서 동사나 형용사를 수식해 주는 성분을 가리킨다. 좀 더 예를 들어 보면, 明天见míng tiān jiàn(내일 보자)에서는 明天이라는 명사가 见이라는 동사를 꾸며주는 상황어가 된 것이고, 注意地听zhù yì de tīng(주의해서 듣다)에서는 注意라는 동사가 听이라는 동사를 꾸며주는 상황어가 된 것이다. 在这儿歇一会儿吧。zài zhèr xiē yí huìr ba.(여기서 잠시 쉽시다), 把窗户打开。bǎ chuāng hù dǎ kāi.(창문을 열어라), 窗户被小王打碎了。chuāng hu bèi xiǎo wáng dǎ suì le.(창문이 小王에 의해 깨졌다) 등과 같은 표현에서는 전치사구 在这儿, 把窗户, 被小王이 각각 동사 歇, 打开, 打碎를 꾸며주는 상황어가 된다.

他的建议已经被大家接受。
tā de jiàn yì yǐ jīng bèi dà jiā jiē shòu.
그의 건의는 이미 모두에 의해 받아들여졌다.

你这句话很容易被人误解。
nǐ zhè jù huà hěn róng yì bèi rén wù jiě.
당신이 한 이 말은 사람들에게 오해받기 쉽다.

这种意见很可能被群众拒绝。
zhè zhǒng yì jiàn hěn kě néng bèi qún zhòng jù jué.
이런 의견은 아마 군중들에 의해 거부될 것이다.

위의 '被'구문에는 모두 동사 앞에 '已经(이미)', '很容易(매우 쉽다, 쉽게)', '很可能(아마도, 십중팔구, 거의, 대체로)' 등의 상황어(부사어)가 있다. 따라서 '被'구문의 술어동사 '接受(받아들이다)', '误解(오해하다)', '拒绝(거절하다)'는 다른 부가성분 없이 단독으로 사용되어도 자연스러운 표현이 된다. 그렇지만 한 글자 동사의 경우는 일반적으로 이와 같이 부가성분 없이 단독으로 사용되지 않는다.[12]

12 예를 들어 *他已经被敌人捆。tā yǐ jīng bèi dí rén kǔn. (×) (그는 이미 적에 의해 묶였다)는 틀린(혹은 어색한) 표현이 된다. 한 글자 동사가 부가성분 없이 단독으로 쓰였기 때문이다. 하지만 동사 뒤에 보어를 추가하여 他已经被敌人捆起来。tā yǐ jīng bèi dí rén kǔn qǐ lai.(그는 이미 적에 의해 묶였다) 他已经被敌人捆住了。tā yǐ jīng bèi dí rén kǔn zhù le.(그는 이미 적에 의해 묶였다) 등과 같이 표현하면 적절한 표현이 된다.

4. '被'구문에 사용될 수 없는 동사

앞의 제7장 '把'구문 4절에서는 '把'구문에 사용될 수 없는 동사의 부류가 있다고 설명한 적이 있다. 대표적으로 ~라고 느끼다, ~라 생각하다 등의 의미를 가진 감각·인지 동사, 좋아하다, 싫어하다, 희망하다, 두려워하다 등 심리상태나 바람, 요구 등을 나타내는 동사, 존재나 소유, 같고 다름을 나타내는 동사, 동작의 방향을 나타내는 동사 등이다. '被'구문에 사용될 수 없는 동사도 '把'구문과 마찬가지인데 한 가지 예외가 있다. 예를 들어 '看见kàn jiàn(보다, 보이다, 눈에 띄다, 보게 되다)', '听见tīng jiàn(듣다, 들리다, 듣게 되다)'등과 같은 감각동사나, '知道zhī dào(알다, 이해하다)', '认为rèn wéi(생각하다, 여기다)' 등과 같은 인지동사는 '把'구문에서 사용될 수 없지만 '被'구문에서는 사용될 수 있다. 예를 들어보면 다음과 같다.

他们俩的话被老王听见了。(O)
tā mén liă de huà bèi lăo wáng tīng jiàn le.
그들 둘의 말을 老王이 들어버렸다.

* 老王把他们俩的话听见了。(×)

那件事让他知道了。(O)
nà jiàn shì ràng tā zhī dào le.
그 일을 그가 알아버렸다.

* 他把那件事知道了。(×)

他们刚才说的话不小心叫老板听见了，心里很害怕。
tā men gāng cái shuō de huà bù xiǎo xīn jiào lǎo bǎn tīng jiàn le, xīn li hěn hài pà.
조심하지 못해서 사장님이 그들이 방금 한 말을 들어버렸다. (마음속으로) 무척 두려웠다(불안하고 걱정이 되었다).

5. '被(혹은 把) ~ 给 + 동사' 형식

일상 대화 속 '被'구문 혹은 '把'구문의 술어동사 앞에는 간혹 전치사 '给'가 덧붙여져 표현되는 경우가 있다. 이때 '给'는 특별한 의미를 가진 성분이 아니고 없어도 되는 성분이다. 별다른 의미 없이 구어에서 습관적으로 덧붙여 쓴 성분일 뿐이다. 예를 들어 다음과 같은 '被'구문 혹은 '把'구문에서 동사 앞의 '给'는 특별한 의미가 없고, 좀 더 구어적인 어감만을 보태줄 뿐이다.

杯子被他给打破了。
bēi zi bèi tā gěi dǎ pò le.
잔(컵)이 그에 의해 깨졌다.

他把杯子给打破了。
tā bǎ bēi zi gěi dǎ pò le.
그가 잔을 깨트렸다.

她被这件事给吓坏了。
tā bèi zhè jiàn shì gěi xià huài le.
그녀는 이 일로 몹시(깜짝) 놀랐다.

这件事把她给吓坏了。
zhè jiàn shì bǎ tā gěi xià huài le.
이 이일은 그녀를 몹시 놀라게 했다.

6. '被(혹은 为) ~ 所 + 동사' 형식

'被(혹은 为wéi) ~ 所 + 동사' 형식은 고대 중국어의 피동문 표현방식인데 현대 중국어에서도 여전히 사용되고 있는 형식이다. 하지만 구어에서는 거의 사용되지 않고 주로 글말(문어체)에서만 사용된다.

我被这情景所激动了。
wǒ bèi zhè qíng jǐng suǒ jī dòng le.
나는 이 광경에 감동받았다.

他深深地为这幅画所吸引。
tā shēn shēn de wéi zhè fú huà suǒ xī yǐn.
그는 이 그림에 깊이 이끌렸다.

7. 부정부사와 시간부사 및 조동사의 위치

'把'구문과 마찬가지로 '被'구문에서도 '不', '沒(有)', '別' 등 부정 부사와 '就', '才', '已经' 등 시간부사 그리고 '能', '可以', '会', '应该', '要' 등 조동사는 일반적으로 '被' 앞에 놓는다.

小树没被大风刮倒。
xiǎo shù méi bèi dà fēng guā dǎo.
작은 나무는 세찬 바람에 불려 넘어지지(쓰러지지) 않았다.

(如果)我们不被他说服，就不会出现这样的事故了。
(rú guǒ) wǒ mén bú bèi tā shuō fú, jiù bú huì chū xiàn zhè yàng de shì gù le.
(만일) 우리가 그에게 설득당하지 않았다면 이러한 사고는 일어나지 않았을 것이다.

空调已经被拆下来了。
kōng tiáo yǐ jīng bèi chāi xià lái le.
에어컨은 이미 철거되었습니다.

他刚回来就被爸爸叫去了。
tā gāng huí lái jiù bèi bà ba jiào qù le.
그는 돌아오자마자 아버지에게 불려갔다.

由于乡亲们的掩护，他才没被敌人抓去。
yóu yú xiāng qīn men de yǎn hù, tā cái méi bèi dí rén zhuā qù.
마을 사람들이 엄호(보호)했기 때문에 그는 적에게 잡혀가지 않았다.

这种人应该被送到监狱。
zhè zhǒng rén yīng gāi bèi sòng dào jiān yù.
이런 사람은 마땅히 감옥으로 보내져야 합니다.

他头上的帽子突然叫一阵大风吹跑了。
tā tóu shang de mào zi tū rán jiào yí zhèn dà fēng chuī pǎo le.
그의 머리 위 모자가 돌연(갑자기) 강풍에 날아가 버렸다.

제9장 동작의 진행과 지속

중국어에서 표현되는 동작의 '진행'과 동작의 '지속'은 외국인으로서 중국어를 배울 때 구분하기 쉽지 않은 부분이다. 이번 장의 내용을 통해 동작의 '진행'과 동작의 '지속'이 나타내는 형식과 의미상의 차이 그리고 활용상의 특징에 대해 명확히 알아두도록 하자.

1. 동작의 진행

중국어에서 동작의 진행은 부사 '正zhèng', '在zài', '正在zhèng zài'와 어기조사 '呢ne'를 사용하여 표현할 수 있다. 예를 들어 다음과 같은 경우이다.

同学们正在准备考试呢。
tóng xué men zhèng zài zhǔn bèi kǎo shì ne.
친구들은 시험 준비를 하고 있는 중입니다.

이때 어기조사 '呢'는 진행의 어감을 강화시켜주는 작용을 하며, 진행의 표현에서 나타나지 않을 수도 있다. 하지만 때로는 '正'이나 '在',

'正在' 등의 부사 없이 '呢' 홀로 동작의 진행을 나타내기도 한다. 예를 들어 다음과 같은 경우이다.

A: 老师在做什么?

lǎo shī zài zuò shén me?

선생님은 무엇을 하고 계십니까?

B: 老师开会呢。

lǎo shī kāi huì ne.

선생님은 회의 중이십니다.

A: 你哥哥毕业以后，现在(在)做什么呢?

nǐ gē ge bì yè yǐ hòu, xiàn zài (zài) zuò shén me ne?

너의 형은 졸업하고 지금 무슨 일을 하고 있니?

B: 他找工作呢。

tā zhǎo gōng zuò ne.

일자리를 찾고 있어요.

A: 快看! 快看!

kuài kàn ! kuài kàn!

빨리 봐요! 빨리 봐요!

B: 我看呢。

wǒ kàn ne.

(지금) 보고 있어요.(보고 있는 중이에요)

동작의 진행을 표시하는 부사 '正', '在', '正在'는 모두 동작이 진행되고 있음을 나타낸다는 공통점이 있지만, 각각이 나타내는 의미의 초점 혹은 강조점에는 차이가 있다.

'正'이 중점을 두고 나타내고자 하는 의미의 초점은 동작의 '시점성' 이다. 즉, 진행을 나타내는 표현에 '正'이 쓰였다면 '때마침', '바로 그 때', '(공교롭게도) 그때 딱' 진행된다는 어감을 나타내게 된다. 그래서 '正'을 써서 진행을 표현하는 경우는 보통 어떤 명확한 시점이 제시되는 경우가 많다. 만일 시점이 명확히 제시되지 않았다면, 시점은 말하고 있는 그 시점이다.

我去的时候，她正从楼上下来 。
wǒ qù de shí hou, tā zhèng cóng lóu shàng xià lái.
내가 갔을 때 그녀는 (마침) 2층(위층)에서 내려오고 있었다(있는 중이었다).

你喊我的时候，我正打电话呢 。
nǐ hǎn wǒ de shí hou, wǒ zhèng dǎ diàn huà ne.
네가 날 불렀을 때 나는 전화를 하고 있었어(있는 중이었어).

请等一会儿，他正开会呢。
qǐng děng yí huìr, tā zhèng kāi huì ne.
잠시만 기다리세요. 그는 회의 중이십니다.

'在'는 '시점'보다는 동작이 진행되고 있는 '진행성' 그 자체에 의미의 초점이 있다. 즉 진행을 나타내는 표현에 '在'가 쓰였다면 그것은 동작이 진행되고 있는 진행 상태 그 자체에 주안점을 두고 표현한 것이다. 예를 들어 '너 뭐 하고 있는 중이니?', '넌 뭘 생각하고 있는 중이니?' 등과 같은 표현을 중국어로 표현한다면, '你在干什么? nǐ zài gàn shén me?' '你在想什么? nǐ zài xiǎng shén me?' 등과 같이 된다. 이때 화자가 표현하고자 하는 것은 '干'과 '想'의 진행성 그 자체이다. 화자는 동작의 진행과 관련된 시점에는 관심이 없다. 따라서 표현 중에 '正'은 사용하지 않고, '在'만을 사용한 것이다.[13] 중국어의 진행형 의문문에는 일반적으로 '正'을 사용하지 않는다. '在'를 사용한 진행형의 예를 몇 개 더 들어 보면 다음과 같다.

我在查资料。
wǒ zài chá zī liào.
난 자료를 찾고 있어.

孩子们在玩游戏呢。
hái zi men zài wán yóu xì ne.
아이들은 (컴퓨터 혹은 핸드폰) 게임을 하고 있습니다.

你在打扫吗? - 没有。
nǐ zài dǎ sǎo ma? - méi yǒu.
당신은 청소를 하고 있습니까? - 아니요.

그리고 진행형을 나타내는 부사 '在'가 '正'과 구분될 수 있는 또 다른 중요한 차이점은 '비교적 긴 시간동안 진행되는 동작 혹은 반복되어 진행되는 동작'에도 사용될 수 있다는 점이다. '正'은 보통 짧은 시

---

13 진행을 나타내는 '在'가 전치사 '在'와 같이 쓰이는 경우는 '在'를 반복해서 쓰지 않고 하나를 생략한다. 예를 들어, 我(在)在学校学习。wǒ (zài) zài xué xiào xué xí.(나는 학교에서 공부하고 있어) 와 같은 경우이다. 진행을 나타내는 '在' 앞에 '现在'와 같이 단어 끝에 '在'가 있는 경우도 마찬가지이다. 예를 들어 现在(在)做什么呢? xiàn zài (zài) zuò shén me ne?(지금은 무엇을 하고 있니?)와 같은 경우이다.

간에 순간적으로 진행되는 동작을 나타내기 때문에 긴 시간동안 진행되는 동작이나 반복되는 동작에는 사용될 수 없다. 그래서 '在'는 '비교적 긴 시간을 나타내는 표현' 혹은 '一直yì zhí(계속해서, 쭉, 내내)', '总zǒng(항상, 늘, 언제나)', '经常jīng cháng(늘, 항상, 언제나)', '还hái(아직도, 여전히)', '都dōu(모두, 내내(앞의 시간을 총괄))', '又yòu(또, 다시, 거듭)' 등의 지속 혹은 반복 의미를 가진 부사와 함께 사용되는 경우가 많다.

最近三年来我一直都在学汉语。
zuì jìn sān nián lái wǒ yì zhí dōu zài xué hàn yǔ.
최근 삼 년 동안 나는 계속(쭉) 중국어를 배우고 있다.

走廊里总是有人在走动。
zǒu láng li zǒng shì yǒu rén zài zǒu dòng.
복도에는 늘 누군가 거닐고 있다.

从昨天晚上8点到今天早上5点，王大夫一直在做手术。
cóng zuó tiān wǎn shang bā diǎn dào jīn tiān zǎo shang wǔ diǎn, wáng dài fu yì zhí zài zuò shǒu shù.
어제 저녁 8시부터 오늘 아침 5시까지 왕선생님은 계속(내내) 수술을 하고 계십니다.

整整一个下午，他都在看电视 。
zhěng zhěng yí ge xià wǔ, tā dōu zài kàn diàn shì.
오후 내내 그는 TV를 보고 있다.

都几点了，你怎么还在看电视啊？
dōu jǐ diǎn le, nǐ zěn me huán zài kàn diàn shì a?
벌써(이미) 몇 시니? 넌 어째서 아직도 TV를 보고 있는 거야?

你是不是又在考虑那件事？
nǐ shì bu shì yòu zài kǎo lǜ nà jiàn shì?
넌 또 그 일을 생각(고려)하고 있는 거니?

我经常在练习。
wǒ jīng cháng zài liàn xí.
나는 늘 연습하고 있습니다.

만일 위의 예문들 중의 '在'를 '正'이나 '正在'로 바꾸면 모두 비문이 된다. 왜냐하면 '正'은 '비교적 긴 시간동안 진행되는 동작(혹은 반복되어 진행되는 동작)'에 사용될 수 없기 때문이다.

* 最近三年来我一直正在学汉语。(×)
* 从昨天晚上8点到今天早上5点，王大夫一直正做手术。(×)
* 我经常正练习。(×)

마지막으로 '正'과 '在'가 합쳐진 '正在'는 동작 진행의 '시점성'과 '진행성'을 동시에 나타낼 때 사용된다. 하지만 '正在'에는 '正'이 포함되어 있기 때문에 '비교적 긴 시간동안 진행되는 동작(혹은 반복되어 진행되는 동작)'에는 사용될 수 없다.

昨天我去老师家的时候，老师正在做饭呢。
zuó tiān wǒ qù lǎo shī jiā de shí hou, lǎo shī zhèng zài zuò fàn ne.
어제 내가 선생님 댁에 갔을 때 선생님은 밥은 짓고(식사 준비를 하고) 계셨어.

我们正在忙着抢险，电视台的记者突然来了。
wǒ men zhèng zài máng zhe qiāng xiǎn, diàn shì tái de jì zhě tū rán lái le.
우리가 한창 바쁘게 긴급 구조를 하고 있는데 갑자기 방송국 기자가 왔다.

이상 설명한 '正', '在', '正在'는 현재 시점(혹은 말하는 시점)의 진행만을 나타낼 수 있는 것이 아니고, 과거나 미래 시점의 진행에도 똑같이 사용될 수 있다. 예를 들어 보면 다음과 같다.

△ 과거 진행

早上我正在睡觉呢，突然电话铃响了，把我吓了一跳。
zǎo shang wǒ zhèng zài shuì jiào ne, tū rán diàn huà líng xiǎng le, bǎ wǒ xià le yí tiào.
아침에 잠자고 있는 중이었는데 갑자기 전화벨이 울려서 깜짝 놀랐어.

去年这个时候，我正在上课。
qù nián zhè ge shí hou, wǒ zhèng zài shàng kè.
작년 이맘때 나는 수업을 하고 있었지.

昨天晚上我在上网查资料。
zuó tiān wǎn shang wǒ zài shàng wǎng chá zī liào.
어제 저녁 나는 인터넷에서 자료를 찾고 있었어.

△ 미래 진행

明年这个时候，我可能正在想你们呢 。
míng nián zhè ge shí hou, wǒ kě néng zhèng zài xiǎng nǐ men ne.
내년 이맘때 난 아마도 너희들을 그리워하고 있을 거야.

明天这个时候，我也许正在睡觉呢。
míng tiān zhè ge shí hou, wǒ yě xǔ zhèng zài shuì jiào ne.
내일 이맘때 나는 아마 잠자고 있을 겁니다.

今天晚上你去找他，他一定会在做作业呢。
jīn tiān wǎn shang nǐ qù zhǎo tā, tā yí dìng huì zài zuò zuò yè ne.
오늘 저녁 네가 그를 찾아가면 그는 틀림없이 숙제를 하고 있을 거야.

2. 동작의 지속

중국어에서 동작의 지속은 동사 뒤에 동태조사 '着zhe'를 붙여 표현한다. 그런데 '동작의 지속'은 앞에서 설명한 '동작의 진행'과 어떻게 다른 것인가? 한국사람 입장에서는 중국어의 '진행'과 '지속'을 구분하기가 쉽지 않은데 간략히 설명해 보면 다음과 같다. 한마디로 '진행'은 어떤 동작, 행위가 진행되고 있음을 서술하는 것이고, '지속'은 어떤 동작, 행위가 지속 상태에 있음을 묘사하는 것이다. 예를 들어, 아이들은 게임을 하고 있다는 말을 중국어로 표현한다면, 孩子们(正)在玩游戏呢。 hái zi men (zhèng) zài wán yóu xì ne. 혹은 孩子们玩着游戏呢。 hái zi men wán zhe yóu xì ne. 등과 같이 나타내 볼 수 있다. 전자는 진행형으로 표현한 것이고, 후자는 지속형으로 표현한 것이다. 상황을 가정하여 설명해 보면, 전자의 경우는 「아이들은 무엇을 하고 있을까?」 하고 궁금해 하고 있었는데 누군가가 아이들은 게임을 하고 있다고 '진행형' 표현으로 알려준 것이다. 하지만 후자는 얼마간의 시간이 지난 후「아이들은 조금 전 게임을 하고 있다고 했는데 지금도 하고 있나?」라고 생각하면서 다시 물어 보니(혹은 가서 보니) 여전히 계속 게임을 하고 있었기에 '지속형'으로 표현한 것이다. 이처럼 지속형 표현의 동작, 행위는 보통 말하는 시점 이전에 이미 시작되었고(혹은 말하는 시점 이전에 시작되었다는 것을 이미 알고 있고), 그러한 동작, 행위가 말하는 시점까지 쭉 지속되고 있다는 어감을 갖는다.

또한 진행형 표현의 경우는 보통 동작, 행위의 진행 사실 자체만을 객관적으로 서술하는데 주안점이 있기 때문에, 동작, 행위가 어떤 방식으로(혹은 어떤 마음 상태로) 진행되고 있는가는 중요한 전달사항이 아니다. 하지만 지속형은 주로 상황을 묘사하는 표현에 많이 사용되기 때문에, 동사 앞에 동작, 행위의 방식(혹은 마음 상태)을 설명해 줄 수 있는 묘사성 상황어(부사어)가 추가되는 경우가 많다. 행위가 어떤 방식으로 지속되고 있는지 말하는 시점의 상황을 좀 더 구체적으로 묘사하기 위함이다. 예를 들어 孩子们玩着游戏呢。의 '玩着' 앞에 묘사성 상황어를 추가하여 孩子们开心地玩着游戏呢。hái zi men kāi xīn de wán zhe yóu xì ne. (아이들은 즐겁게 게임을 하고 있습니다) 孩子们埋头玩着游戏呢。hái zi men mái tóu wán zhe yóu xì ne.(아이들은 게임에 몰두해 있습니다) 등과 같이 표현되는 경우가 많다. 또한 지속형은 비교적 긴 시간동안 지속되는 동작도 표현할 수 있기 때문에 진행형의 '在'처럼 '一直(계속해서, 쭉, 내내)', '总(항상, 늘, 언제나)', '经常(늘, 항상, 언제나)', '还'(아직도, 여전히)' 등의 부사와 함께 사용되는 경우도 많다. 예를 들어 孩子们一直玩着游戏呢。hái zi men yì zhí wán zhe yóu xì ne. (아이들은 줄곧(쭉, 내내) 게임을 하고 있습니다) 등과 같은 경우이다.

중국어에서 '着'를 사용한 지속형 표현은 보통 '동태의 지속'과 '정태의 지속' 두 가지로 나누어 설명할 수 있다. '동태의 지속'은 말 그대로 동작, 행위가 계속 지속되고 있는 상태를 말하고, '정태의 지속'은 동작, 행위가 계속 지속되는 것이 아니라, 어떠한 동작, 행위는 이미 끝났지만 그로 인해 남겨진 상태가 지속되는 경우를 말한다. 예를 들어 보면 다음과 같다.

△ 동태의 지속

大家都愉快地唱着歌。
dà jiā dōu yú kuài de chàng zhe gē.
모두들 유쾌하게 노래를 하고 있습니다.

雨不停地下着。
yǔ bù tíng de xià zhe.
비가 쉬지 않고 내립니다.

两个人肩并肩走着。
liǎng ge rén jiān bìng jiān zǒu zhe.
두 사람이 어깨를 나란히 걷고 있습니다.

他像雷一样打着呼噜。
tā xiàng léi yí yàng dǎ zhe hū lu.
그는 천둥(우뢰)처럼 코를 골고 있습니다.

△ 정태의 지속

门开着。
mén kāi zhe.
문이 열려 있습니다.

墙上挂着一幅画儿。
qiáng shang guà zhe yì fú huàr.
벽에 한 폭의 그림이 걸려 있습니다.

这里隐藏着一个秘密。
zhè li yǐn cáng zhe yí ge mì mì.
이곳에는 하나의 비밀이 숨겨져 있습니다.

地上铺着一块地毯。
dì shang pū zhe yí kuài dì tǎn.
바닥에 카펫(융단)이 깔려 있습니다.

门口坐着一个老奶奶。
mén kǒu zuò zhe yí ge lǎo nǎi nai.
문 입구에 한 할머니가 앉아 있습니다.

石碑上雕刻着几朵花。
shí bēi shang diāo kè zhe jǐ duǒ huā.
돌 비석에 한 송이의 꽃이 조각되어 있습니다.

他们都穿着红色的T恤衫。
tā men dōu chuān zhe hóng sè de T xù shān.
그들은 붉은색 티셔츠를 입고 있습니다.

他戴着一副老花竟。
tā dài zhe yí fù lǎo huā jìng.
그는 돋보기를 쓰고 있습니다.

胸前别着一个耀眼的胸针。
xiōng qián bié zhe yí ge yào yǎn de xiōng zhēn.
앞가슴에는 눈부신 브로치가 꽂혀 있습니다.

'동태의 지속' 예는 모두 '노래하다', '(비가) 내리다', '걷다', '(코를) 골다' 등의 동작이나 행위가 계속 지속되고 있음을 표현하고 있다. 하지만 '정태의 지속' 예는 동작이나 행위가 계속 지속되는 것이 아니라 어떠한 동작, 행위로 인해 남겨진 상태가 지속되는 상황을 표현(묘사)하고 있다. 즉, '(문을) 열다', '(그림을) 걸다', '(비밀을) 숨기다', '(카펫을) 깔다', '앉다', '조각하다', '(옷을) 입다', '(돋보기를) 쓰다', '(브로치를) 꽂다' 등의 동작, 행위는 이미 과거에 발생하여 더 이상 지속되고 있지 않지만, 그러한 동작, 행위로 인해 남겨진 상태는 말하는 시점까지 계속 지속되고 있음을 나타내 주고 있다.

그리고 '동태의 지속'을 나타내는 표현의 경우는 '동작의 진행'을 나타내는 부사 '正', '在', '正在' 등과 함께 사용될 수 있다. 즉, '진행'과 '지속'을 동시에 표현할 수 있다. 하지만 '정태의 지속'은 일반적으로 '正', '在', '正在' 등과 함께 사용되지 않는다. 예를 들어 다음과 같이 '着'가 '동태의 지속'을 나타내는 경우는 진행을 나타내는 부사 '正', '在', '正在' 등과 함께 사용될 수 있다.

老师正在上着课呢。[14]
lǎo shī zhèng zài shàng zhe kè ne.
선생님은 수업을 하고 계십니다.

外边正下着雨呢。
wài bian zhèng xià zhe yǔ ne.
밖에는 비가 내리고 있습니다.

他正数着钱呢。
tā zhèng shǔ zhe qián ne
그는 돈을 세고 있습니다.

会议正在进行着。
huì yì zhèng zài jìn xíng zhe.
회의가 진행되고 있습니다.

하지만 다음과 같이 '着'가 '정태의 지속'을 나타내는 경우는 진행을 나타내는 부사 '正', '在', '正在' 등과 함께 사용될 수 없다.

* 墙上正在挂着一幅画。(×)

* 地上在铺着一块地毯。(×)

* 教室里正开着窗户。(×)

* 里边正在坐着很多学生。(×)

---

14 '지속'의 의미를 나타내는 동태조사 '着'는 항상 동사 뒤에 위치한다. 특히 '上课'와 같은 이합사(제13장 2절 이합동사 참조)의 경우도 단어 내 동사 성분 뒤에 붙여 사용하여야 한다. 예를 들어 다음과 같은 경우이다. 鼓着掌gǔ zhe zhǎng(박수를 치고 있다), 帮着忙bāng zhe máng(돕고 있다), 游着泳yóu zhe yǒng(수영하고 있다).

'着'를 사용한 지속형 표현도 진행형과 마찬가지로 과거나 미래에도 똑같이 사용될 수 있다.

今天早上六点来钟，我去找她的时候，她正打着电话呢。(과거)
jīn tiān zǎo shang liù diǎn lái zhōng, wǒ qù zhǎo tā de shí hou, tā zhèng dǎ zhe diàn huà ne.
오늘 아침 6시 쯤 내가 그녀를 찾아갔을 때, 그녀는 전화를 하고 있었다.

明天你再来的时候，这儿一定会摆着一套家具。(미래)
míng tiān nǐ zài lái de shí hou, zhèr yí dìng huì bǎi zhe yí tào jiā jù.
내일 네가 다시 왔을 때는 여기에 틀림없이 가구 한 세트가 놓여 있을 거야.

3. 진행형과 지속형을 사용할 때 주의할 사항

① 진행형의 '正', '在', '正在'나 지속형의 '着'를 사용할 때 동사 뒤에는 시간을 나타내는 성분(一会儿yí huìr(잠시), 一个小时yí ge xiǎo shí(한 시간), 一天yì tiān(하루) 등)이나 동작의 횟수를 나타내는 성분(一下yí xià(한번, 좀, 잠시), 两次liǎng cì(두 번(차례)), 一遍yí biàn((내용을 처음부터 끝까지 한 번)), 一趟yí tàng(한 번(오가는 횟수), 一顿yí dùn(한바탕, 한차례, 한 끼) 등)이 올 수 없다. 왜냐하면 동사 뒤에 시간이나 동작의 횟수를 나타내는 성분이 오면, 그 시간만큼 혹은 그 횟수만큼 동작이 실현된다는 결과성(완료성)의 어감을 갖게 되기 때문에 진행형이나 지속형과는 어울리지 않게 된다. 따라서 다음과 같은 표현

은 비문이 된다.[15]

* 我昨天在那儿等着一个半小时。(×) (等děng 기다리다)

* 老黄瞪着我一眼。(×)

(瞪 dèng 노려보다, 눈을 크게 뜨다, 一眼yì yǎn 한 번 (힐끗))

* 我看着一遍《红楼梦》。(×) (红楼梦 hóng lóu mèng 홍루몽)

* 我在等一个半小时 。(×)

* 老黄正在瞪我一眼。(×)

* 我正在看一遍《红楼梦》。(×)

---

15 한 가지 유의할 점은 '시간을 나타내는 성분'의 경우, 동사 뒤가 아닌 동사 앞에 쓰이면 진행형이나 지속형의 표현과도 함께 사용될 수 있다. '시간을 나타내는 성분'이 동사 앞에 쓰이면 결과성의 어감이 아닌 그 시간(기간)동안 쭉 진행(지속)된다는 의미가 될 수 있기 때문이다. 예를 들어 보면 다음과 같다.

* 她正在写一假期论文。(×)
* 她写着一假期论文。(×)

她这个假期一直写着论文。
tā zhè ge jià qī yì zhí xiě zhe lùn wén.
그녀는 이번 방학(휴가)기간 동안 쭉(계속) 논문을 쓰고 있다.
她这个假期一直在写论文。
tā zhè ge jià qī yì zhí zài xiě lùn wén.
그녀는 이번 방학(휴가)기간 동안 쭉(계속) 논문을 쓰고 있다.

첫 번째와 두 번째 예문은 '시간을 나타내는 성분' '一假期'가 진행형(지속형) 동사 뒤에 위치해 있기 때문에 비문이 된다. 하지만 세 번째와 네 번째 예문에서는 시간을 나타내는 성분 '这个假期'가 진행형(지속형) 동사 앞에 위치하여 이번 방학(휴가)기간 동안 쭉 진행(지속)되고 있다는 의미를 갖게 되기 때문에 가능한 표현이 된다.

또한 마찬가지 이유로 진행형이나 지속형의 동사 뒤에는 결과보어나 동작의 완료, 실현을 나타내는 동태조사 '了'가 사용될 수 없다.

* 我正记住生词。(×)

(记住 jì zhù 확실히 기억하다. '住'는 '견고, 안정' 등을 의미하는 결과보어)

* 我记住着生词。(×)

* 看完着 (×)

(看完kàn wán 다 보다, '完'은 '다하다, 끝마치다, 완결되다' 등을 의미하는 결과보어)

* 正在看完(×)

* 正商量了怎样完成这个计划。(×)

(商量shāng liang 상의하다, 의논하다. 完成这个计划wán chéng zhè ge jì huà 이 계획을 완성하다)

② '~하면서 ~하다', '~상태로 ~하다'는 의미의 표현, 즉 어떤 동작 상태를 유지하면서 다른 동작을 하는 경우, 보통 앞의 동사 뒤에 '着'를 붙여 표현한다. 이런 경우 앞의 동사 뒤에 '着'를 붙이지 않으면 비문이 된다.

躺着看书

tǎng zhe kàn shū 누워서 책을 보다

哭着说

kū zhe shuō 울면서 말하다

握着手说
wò zhe shǒu shuō 악수를 하며 말하다

说着看了我一眼
shuō zhe kàn le wǒ yì yǎn 말 하면서 나를 한 번 쳐다보았다

笑着淡淡地说
xiào zhe dàn dàn de shuō 웃으면서 담담하게 말하다

那只小狗摇着尾巴走了。
nà zhī xiǎo gǒu yáo zhe wěi ba zǒu le.
그 강아지는 꼬리를 흔들며 갔다.

* 那只小狗摇尾巴走了。(×)

他喜欢听着音乐跑步。
tā xǐ huan tīng zhe yīn yuè pǎo bù.
그는 음악을 들으며 달리는 것을 좋아한다.

* 他喜欢听音乐跑步。(×)

我去的时候, 他正坐着听音乐呢。
wǒ qù de shí hou, tā zhèng zuò zhe tīng yīn yuè ne.
내가 갔을 때 그는 앉아서 음악을 듣고 있는 중이었다.

* 我去的时候, 他正坐听音乐呢。(×)

他拉着自己的儿子上楼去了。
tā lā zhe zì jǐ de ér zi shàng lóu qù le.
그는 자기 아들은 끌고 위층으로 올라갔다.

* 他拉自己的儿子上楼去了。(×)

때로는 앞의 '동사+着'를 두 번 반복하여 '~하다가 (자신도 모르는 사이에) ~하다'는 의미를 나타내기도 한다.

孩子哭着哭着就睡着了。
hái zi kū zhe kū zhe jiù shuì zháo le.
아이는 울다가 (바로) 잠이 들었습니다.

路很滑, 他走着走着摔了一跤。
lù hěn huá, tā zǒu zhe zǒu zhe shuāi le yì jiāo.
길이 미끄러워서 그는 걷다가 미끄러져 넘어졌습니다.

③ 앞의 2절 설명에서 '동작의 지속'을 나타내는 동태조사 '着'는 보통 상황을 묘사하는 표현에 주로 사용된다고 하였다. 하지만 '着'가 때로는 일상 대화 속에서 상대에서 어떤 행위를 요청(당부, 명령)하는 경우에 사용되기도 한다. 예를 들어 보면 다음과 같다.

这个地方空着吧。
zhè ge dì fang kòng zhe ba.
이곳은 비워두세요.

你就穿着吧, 不用脱下来。
nǐ jiù chuān zhe ba, bú yòng tuō xià lái.
그냥 입어, 벗을 필요 없어.

别忘了把机票带着。
bié wàng le bǎ jī piào dài zhe.
비행기 티켓 가져가는 것 잊지 마세요.

你把钥匙留着。
nǐ bǎ yào shi liú zhe.
키는 놓고 가세요.

稳着点儿!
wěn zhe diǎnr!
좀 진중해(침착해)!

机灵着点!。
jī líng zhe diǎnr.
좀 영리하게(약삭빠르게) 행동해라!

司机会给你打电话，你等着就行了。
sī jī huì gěi nǐ dǎ diàn huà, nǐ děng zhe jiù xíng le.
기사분이 너에게 전화할거야, 기다리고 있으면 돼.

你先歇着，我出去看看。
nǐ xiān xiē zhe, wǒ chū qù kàn kan.
넌 먼저 쉬고 있어, 내가 나가서 좀 볼게.

또한 일상적인 의문문에서도 지속형 표현이 사용되는 경우가 있다.[16]

你穿着的是什么牌子阿？
nǐ chuān zhe de shì shén me pái zi a?
네가 입고 있는 건 상표(브랜드)가 뭐니?

---

16 '너 뭐 하고 있는 중이니?', '넌 뭘 생각하고 있는 중이니?' 등과 같은 표현은 보통 지속형의 '着'를 사용하지 않고 진행형의 '在'를 사용하여 표현한다.

你在干什么? nǐ zài gàn shén me? (O)
* 你干着什么? nǐ gàn zhe shén me? (×)
你在想什么? nǐ zài xiǎng shén me? (O)
* 你想着什么? nǐ xiǎng zhe shén me? (×)

包下边压着的是什么？
bāo xià bian yā zhe de shì shén me.
가방 밑에 깔려있는 것은 무엇입니까?

屋里坐着的是谁？
wū li zuò zhe de shì shéi?
방에 앉아있는 사람은 누구십니까?

衣服上粘着的是什么？
yī fu shang zhān zhe de shì shén me?
옷에 붙어있는 건 뭐니?

锅里炖着的是什么？
guō li dùn zhe de shì shén me?
솥(냄비)에 삶고 있는 것은 무엇입니까?

你的初恋, 你还爱着她吗？
nǐ de chū liàn, nǐ hái ài zhe tā ma?
너의 첫사랑, 넌 아직도 그녀를 사랑하니?

특히, '喜欢xǐ huan좋아하다', '爱ài사랑하다', '相信xiāng xìn믿다' 등과 같은 동사들은 동작이 지속되고 있음을 표현할 때 '在' 등을 사용한 진행형으로 표현할 수 없고, '着'를 사용한 지속형으로만 표현할 수 있다. 그래서 위의 마지막 문장 你的初恋, 你还爱着她吗？에서 '爱着'는 '在爱' 등과 같이 표현할 수 없다.[17]

17 '一边 一边 (한편으로) ~하면서 ~하다'와 같이 두 가지 동작이 동시에 이루어짐을 나타내는 표현도 진행형으로는 표현할 수 없고, 지속형으로만 표현할 수 있다. 물론 진행형이나 지속형을 사용하지 않고 표현할 수도 있다.

我一直喜欢着你。(O)

我一直在喜欢你。(×)

我一直都相信着你。(O)

我一直都在相信你。(×)

④ 진행형과 지속형의 부정은 보통 '没(有)'를 사용한다. 하지만 진행형과 지속형은 주로 어떤 동작, 행위가 진행되고 있음을 서술하거나, 동작, 행위의 지속 상태를 묘사하는데 쓰이기 때문에 부정형은 잘 쓰지 않는다. 하지만 상대의 말에 대한 반박을 하거나, 질문에 대한 대답을 하는 경우 부정형을 쓰는 경우가 있다.

A: 他还在看电视吗?
tā hái zài kàn diàn shì ma?
그는 아직도 TV를 보고 있니?

B: 他没(在)看电视, 他在看书呢。
tā méi (zài) kàn diàn shì, tā zài kàn shū ne.
그는 TV 보고 있지 않아요. 책 보고 있어요.

A: 你在打扫吗?
nǐ zài dǎ sǎo ma?
당신은 청소를 하고 있습니까?

他一边喝着咖啡, 一边看着电视。(O)
tā yì biān hē zhe kā fēi, yì biān kàn zhe diàn shì. 그는 커피를 마시면서, TV를 본다.
他一边喝咖啡, 一边看电视。(O)
* 他一边(正)在喝咖啡, 一边(正)在看电视。(×)

B: 没有。

méi yǒu.

아니요.

A: 怎么这么冷? 窗户开着吗?

zěn me zhè me lěng? chuāng hu kāi zhe ma?

왜 이렇게 춥지? 창문이 열려있어?

B: 窗户没开着。早就关上了。

chuāng hu méi kāi zhe. zǎo jiù guān shang le.

창문 안 열려 있어, 벌써 닫았어.

A: 门锁着, 咱们就别进去了。

mén suǒ zhe, zán men jiù bié jìn qù le.

문이 잠겨있어. 우리 그냥 들어가지 말자.

B: 门没锁着, 你看, 一推就开了。

mén méi suǒ zhe, nǐ kàn, yì tuī jiù kāi le.

문은 잠겨있지 않아. 봐 밀면 열리잖아.

⑤ 진행형이나 지속형으로 표현할 수 없는 동사들이 있다. 예를 들어 到dào(도착하다, 이르다), 出发chū fā(출발하다), 离开lí kāi(떠나다), 出现chū xiàn(출현하다), 遇到yù dào(만나다, 마주치다), 知道zhī dào(알다), 同意tóng yì(동의하다), 觉得jué de(~라 느끼다(생각하다)), 记得jì de(기억하다) 등과 같이 순간적으로 시작되어 끝나는 동작이거나, 变成biàn chéng(~로 변하다), 毕业bì yè(졸업하다), 死sǐ(죽다), 结束jié shù(끝나다, 마치다), 取得qǔ dé(취득하다, 얻다), 停止tíng zhǐ(정지하다, 멎다) 등과 같이 한 과정의 종결을 분명히 나타내는 동사들이 그러하다. 知道, 同意, 觉得, 记得 등 동사들은 지속형으로 표현할 수도 있을 것

같지만 그렇지 않다. 知道, 同意, 觉得, 记得 등 동사들은 동작이 발생한 후, 아는 상태, 동의한 상태, 느낀 상태, 기억하는 상태가 마음속에서 지속될 수 있지만, 동작 자체는 지속되는 것이 아니라 순간적으로 이루어지는 것이기 때문이다.[18] 따라서 이러한 동사들의 앞에 '正', '在', '正在' 등의 부사를 붙여 진행형으로 표현하거나, 뒤에 '着'를 붙여 지속형으로 표현할 수 없다. 예를 들어 보면 다음과 같다.

* 他正在到学校。(×)
他快到学校了。(O)
tā kuài dào xué xiào le.
그는 곧 학교에 도착할 겁니다.

* 我们同意着这个计划。(×)
我们同意这个计划。(O)
wǒ men tóng yì zhè ge jì huà.
우리는 이 계획에 동의합니다.

또한 방향을 나타내는 동사 来 去도 진행형이나 지속형으로 표현할 수 없다. 우리말과 다르기 때문에 기억해 둘 필요가 있다.

我在去学校。(×)
我在去学校的路上。(O)
wǒ zài qù xué xiào de lù shang.
그는 학교에 가고 있는 중이다.

18 '爱ài사랑하다', '喜欢xǐ huan좋아하다', '相信xiāng xìn믿다' 등의 동사는 예외적으로 지속형 표현이 가능하다.

他们正在去参观呢，咱们也去吧。(×)

他们正准备去参观呢，咱们也去吧。(O)

tā men zhèng zhǔn bèi qù cān guān ne, zán men yě qù ba.

그들은 참관(견학)할 준비를 하고 있는 중입니다. 우리도 갑시다.

他来着。(×)

他在(回)来的路上。(O)

tā zài (huí)lái de lù shang.

그는 오고 있습니다(오고 있는 중입니다).

제10장 연동문

1. 연동문의 정의와 구조 특징

연동문은 두 개 이상의 동사(구)나 형용사(구)가 연결어구 없이 배열되어 함께 술어가 되는 구문이다. 또한 연동문은 술어가 되는 두 개 이상의 동사(구)나 형용사(구)가 하나의 주어를 공유한다. 예를 들어 보면 다음과 같다.

他去外面散步。
tā qù wài mian sàn bù.
그는 밖에 나가서 산보를 한다(산보하러 밖으로 나간다).

他应该去医院看病。
tā yīng gāi qù yī yuàn kàn bìng.
그는 병원에 가서 진료 받아야 한다(진료 받으러 병원에 가야 한다).

书放在宿舍没带来。
shū fàng zài sù shè méi dài lái.
책을 기숙사에 놓고 가져오지 않았네요.

他听了这个消息非常高兴。
tā tīng le zhè ge xiāo xi fēi cháng gāo xìng.
그는 이 소식을 듣고 대단히 기뻐했습니다.

첫 번째 예문에서 '去外面(밖에 나가다)'과 '散步(산보하다)' 두 개의 동사(구)는 중간에 다른 연결어구 없이 함께 술어를 구성하고 있다. 또한 술어가 되는 두 개의 동사(구) '去外面'과 '散步'는 함께 하나의 주어(설명하고자 하는 대상) '他'를 공유하고 있다. 나머지 예들도 마찬가지인데, 두 번째 예문의 '去医院(병원에 가다)'과 '看病(진찰(진료)하다)', 세 번째 예문의 '放在宿舍(기숙사에 놓아두다)'와 '没带来(가져오지 않았다)'는 모두 두 개의 동사구가 함께 술어를 구성하고 있으며, 각각 하나의 주어 '他'와 '书'를 설명하고 있다. 마지막 예문은 '听了这个消息(이 소식을 들었다)'라는 동사구와 '非常高兴(매우(대단히) 기뻐하다)'이라는 형용사구가 함께 술어가 되었으며, '他'라는 하나의 주어를 공유하고 있다.

또 한 가지 연동문의 일반적인 특징 중 하나는 앞뒤 두 개(혹은 그 이상)의 동작은 행해지는 시간의 순서에 따라 배열된다는 것이다. 즉, 먼저 발생한 동작은 앞에 놓고, 나중에 발생한 동작은 뒤에 놓는다. 보통 뒤에 있는 동작이 시작되었을 때 앞에 있는 동작은 이미 끝나서 더 이상 진행되지 않는 상태가 되기 때문에, 앞뒤 동작의 순서를 바꾸면 의미가 달라지거나 비문이 되는 경우가 많다. 예를 들어 보면 다음과 같다.

开门出去了。
kāi mén chū qù le.
문을 열고 나갔다.

出去开门了。
chū qù kāi mén le.
나가서 문을 열었다.

他站起来走过去拉开门。
tā zhàn qǐ lái zǒu guò qù lā kāi mén.
그는 일어나 걸어가서 문을 (당겨) 열었다.

* 他走过去拉开门站起来。(×)

他每天自己买菜做饭吃。
tā měi tiān zì jǐ mǎi cài zuò fàn chī.
그는 매일 스스로 식재료를 사서 (음식을) 만들어 먹는다.

* 他每天自己吃做饭买菜。(×)

첫 번째 예의 동사구 '开门(문을 열다)'과 '出去(나가다)'는 순서를 바꾸면 의미가 달라지며, 두 번째 예의 동사구 '站起来(일어나다)', '走过去(걸어서 가다)', '拉开门(문을 (당겨) 열다)'은 순서를 바꾸면 이치상 말이 안 되고, 발생 시간의 순서에도 맞지 않기 때문에 비문이 된다. 세 번째 예의 술어 동사 '买菜(식재료를 사다)', '做饭(밥을 짓다, 식사 준비를 하다)', '吃(먹다)'도 시간의 순서대로 배열해야 이치에 맞는 표현이 된다.

2. 연동문의 의미 특징

연동문의 앞뒤 술어 동사(구) 혹은 형용사(구) 간에는 여러 가지 의미 유형이 있을 수 있다. 특징별로 정리해 보면 다음과 같다.

① 뒤의 동사(구)가 앞 동사(구)의 목적이 되는 경우

他要到机场去接代表团。
tā yào dào jī chǎng qù jiē dài biǎo tuán.
그는 대표단을 맞이하러 공항에 가야합니다(가려 합니다).

他常常找我聊天。
tā cháng cháng zhǎo wǒ liáo tiān.
그는 늘 이야기를 나누려고 나를 찾습니다.

我去图书馆借书。
wǒ qù tú shū guǎn jiè shū.
난 책을 빌리러 도서관에 갑니다.

② 앞의 동사(구)가 뒤 동사(구)의 방식(수단, 도구)이 되는 경우

中国人都用筷子吃饭。
zhōng guó rén dōu yòng kuài zi chī fàn.
중국 사람은 젓가락으로 밥을 먹습니다.

老李每天都坐公交车上班。
lǎo lǐ měi tiān dōu zuò gōng jiāo chē shàng bān.
그는 매일 버스를 타고 출근합니다.

含着眼泪告别了他。
hán zhe yǎn lèi gào bié le tā.
눈물을 머금고 그에게 이별을 고했다.

叔叔抚摸着我的头说："聪明的小东西呀"
shū shu fǔ mō zhe wǒ de tóu shuō: "cōng ming de xiǎo dōng xi ya."
아저씨는 내 머리를 쓰다듬으며 말씀하셨습니다. "(참) 똑똑한 녀석이로구나."

마지막 두 개의 예문은 앞 동사 뒤에 지속형의 '着'를 사용한 연동문이다. 앞 장에서 설명하였듯이, '~하면서 ~하다', '~상태로 ~하다'는 의미의 표현, 즉 어떤 동작 상태를 유지하면서 동시에 다른 동작을 하는 경우, 보통 앞의 동사 뒤에 '着'를 붙여 표현한다고 하였다. 이와 같은 구조의 표현도 연동문에 속하며, 의미상 '着'가 붙어 있는 앞의 동사가 뒤에 나오는 동작의 '방식'을 나타낸다고 볼 수 있다.

③ 뒤의 동사(구)나 형용사(구)가 앞 동사의 결과를 나타내는 경우

有病不能来。
yǒu bìng bù néng lái.
병이 나서 올 수가 없습니다.

来迟了没买上。
lái chí le méi mǎi shang.
늦게 와서 사지 못했네요.

我有事不能参加今天的晚会。
wǒ yǒu shì bù néng cān jiā jīn tiān de wǎn huì.
일이 생겨 오늘 저녁 만찬에는 참가할 수 없습니다.

听了这个消息很激动。
tīng le zhè ge xiāo xi hěn jī dòng.
그는 이 소식을 듣고 무척 감동(감격)했다.

他接到公司的录用通知高兴得跳了起来。
tā jiē dào gōng sī de lù yòng tōng zhī gāo xìng de tiào le qǐ lái.
그는 회사의 채용통지를 받고 기뻐서 펄쩍 뛰었습니다.

④ 앞의 동사(구)는 긍정형이고, 뒤의 동사(구)는 부정형인데 두 개의 동사(구)가 나타내는 의미는 사실상 같은 경우가 있다. 즉, 긍정과 부정 두 가지 측면에서 하나의 사실을 설명하는 연동구문이 있다.

大家都站着不动。
dà jiā dōu zhàn zhe bú dòng.
모두들 선 채로 움직이지 않고 있다.

闭嘴不说活。
bì zuǐ bù shuō huà.
입을 다물고 말을 하지 않는다.

他总是坐在那里不动，原来他在练气功。
tā zǒng shì zuò zài nà li bú dòng, yuán lái tā zài liàn qì gōng.
그는 늘 움직이지 않고 그곳에 앉아있는데, 알고 보니 그는 기공을 연마하고 있는 것이었다.

⑤ 동작이 시간의 순서대로 연속하여 발생함을 나타내는 경우

他们吃过晚饭散步去了。
tā men chī guò wǎn fàn sàn bù qù le.
그들은 저녁을 먹고 산보하러 갔다.

他打开茶壶倒水。
tā dǎ kāi chá hú dào shuǐ.
그는 찻주전자를 열고 물을 붓는다.

那个小孩子跑过来抱住了自己的妈妈。
nà ge xiǎo hái zi pǎo guò lái bào zhù le zì jǐ de mā ma.
그 아이는 뛰어와서 자신의 엄마를 끌어안았다.

她进厨房从冰箱里拿出一瓶牛奶。
tā jìn chú fáng cóng bīng xiāng li ná chū yì píng niú nǎi.
그녀는 부엌에 들어가서 냉장고에서 우유를 한 병 꺼냈다.

⑥ 앞 동사구의 동사가 '有' 혹은 '没(有)'이고 이어서 어떤 행동을 하는지가 나오는 경우. 이 때 '有' 혹은 '没有' 뒤에는 목적어가 있고, 목적어 뒤에 있는 동사(구)는 의미상 '有' 혹은 '没有'의 목적어를 수식해 주는 구조가 된다.

没有话说了。
méi yǒu huà shuō le.
할 말이 없다(없어졌다).

没有时间吃午饭。
méi yǒu shí jiān chī wǔ fàn.
점심 먹을 시간이 없다.

有可能下雨。
yǒu kě néng xià yǔ.
비가 올 가능성이 있다(비가 올 것 같다).

我有一个问题请教您。
wǒ yǒu yí ge wèn tí qǐng jiào nín.
당신께 여쭈어 볼(가르침을 청할) 문제가 하나 있습니다.

我们都有宽敞的房子住了。
wǒ men dōu yǒu kuān chǎng de fáng zi zhù le.
우리는 모두 널찍한 (살) 집을 갖게 되었다.

我相信以后一定会有机会再来中国。
wǒ xiāng xìn yǐ hòu yí dìng huì yǒu jī huì zài lái zhōng guó.
난 나중에 중국에 다시 올 기회가 반드시 있으리라 믿습니다.

他没有资格参加这次活动。
tā méi yǒu zī gé cān jiā zhè cì huó dòng.
그는 이 활동(행사)에 참가할 자격이 없습니다.

都有权力选择自己的代表。
dōu yǒu quán lì xuǎn zé zì jǐ de dài biǎo.
모두에게는 자신의 대표를 뽑을 권리가 있습니다.

我有责任帮助你们解决困难。
wǒ yǒu zé rèn bāng zhù nǐ men jiě jué kùn nán.
나는 너희들이 어려움을 해결하도록 도울 책임이 있어요.

有什么理由不让我走？
yǒu shén me lǐ yóu bú ràng wǒ zǒu?
나를 못 가게 하는 무슨 이유가 있나요?

한 가지 구분해야할 점은 앞서 ③에서 예시한 有病不能来。(병이 나서 올 수가 없습니다), 我有事不能参加今天的晚会。(나는 일이 생겨 오늘 저녁 만찬에는 참가할 수 없습니다) 등과 같은 예도 앞의 동사가 '有'이지만, 이때는 뒤의 동사구가 '有'의 목적어를 수식해 주는 의미구조가 아니다. 이러한 예의 경우는 의미상 앞의 '有+목적어'가 원인이고, 뒤의 동사구는 그러한 원인으로 인해 발생하게 된 결과를 나타내고 있기 때문에 '원인'-'결과'의 의미구조이다. 따라서 위와 같은 수식의 의미구조와는 다르다고 할 수 있다.

3. 부정부사와 조동사 및 동태조사의 위치

연동문에서 부정부사 '不'、'没'와 조동사는 보통 첫 번째 동사 앞에 위치한다.

我不去百货商场买东西。[19]
wǒ bú qù bǎi huò shāng chǎng mǎi dōng xi.
나는 백화점에 가서 물건 사지 않습니다.

* 我去百货商场不买东西。(×)

我没去他家喝酒。
wǒ méi qù tā jiā hē jiǔ.
나는 그의 집에 가서 술 마시지 않았습니다.

---

19 만일 두 번째 동작만을 부정하고 싶을 때에는 두 개의 절로 나누어 표현하면 된다. 즉, 我不去百货商场买东西。라고 하지 않고, 我去百货商场，不过不买东西。wǒ qù bǎi huò shāng chǎng, bú guò bù mǎi dōng xi. (나는 백화점에 가지만, 물건은 사지 않는다) 我昨天去了百货商场，不过没买东西。wǒ zuó tiān qù le bǎi huò shāng chǎng, bú guò méi mǎi dōng xi. (나는 어제 백화점에 갔지만, 물건을 사지 않았다)와 같이 표현할 수 있다.

* 我去他家没喝酒。(×)

那你应该去医院看看。
nà nǐ yīng gāi qù yī yuàn kàn kan.
그럼 병원에 가서 진찰을 좀 해 보셔야 하겠습니다.

* 那你去医院应该看看。(×)

동태조사 '了', '过'는 보통 두 번째(혹은 마지막) 동사 뒤에 위치한다.[20]

他去小酒巴喝了点儿酒。
tā qù xiǎo jiǔ bā hē le diǎnr jiǔ.
그는 작은 술집에 가서 술을 좀 마셨다.

* 他去了小酒巴喝点儿酒。(×)

我们想办法解决了问题。
wǒ men xiǎng bàn fǎ jiě jué le wèn tí.
우리는 방법을 생각해서 문제를 해결하였습니다.

* 我们想了办法解决问题。(×)

我去西安旅游过。
wǒ qù xī ān lǚ yóu guo.
나는 西安에 여행을 간 적이 있다.

* 我去过西安旅游。(×)

---

20 연동문에서 동태조사 '着'는 제9장 동작의 진행과 지속 3.진행형과 지속형을 사용할 때 주의할 사항 ② '~하면서 ~하다', '~상태로 ~하다'는 의미의 표현에서 예시한 바와 같이 보통 첫 번째 동사 뒤에 위치한다. 예를 들어 他喝着咖啡听音乐。tā hē zhe kā fēi tīng yīn yuè. (그는 커피를 마시며 음악을 듣습니다) 등과 같은 경우이다.

그렇지만 상황에 따라 동태조사 '了'와 '过'가 첫 번째 동사 뒤에 위치하는 경우도 있다.

他从广播里听了这个消息难过极了。
tā cóng guǎng bō li tīng le zhè ge xiāo xi nán guò jí le.
그는 방송에서 이 소식을 듣고 대단히 슬퍼했습니다.

他们吃过晚饭散步去了。
tā men chī guò wǎn fàn sàn bù qù le.
그들은 저녁을 먹고 산보하러 나갔습니다.

위의 두 개 예문에서 동태조사 '了'와 '过'는 두 번째 동사가 아닌 첫 번째 동사 뒤에 위치해 있다. 이러한 예외적인 구조는 보통 첫 번째 동작이 완료되고, 그것을 조건으로 두 번째 동작(혹은 상태)이 발생하는 경우, 혹은 첫 번째 동작이 원인이 되고, 두 번째 동작(혹은 상태)이 결과가 되는 경우에 나타날 수 있다. 마지막 예문 他们吃过晚饭散步去了。에서 '过'는 동작의 '경험(~한 적이 있다)'을 나타내는 동태조사가 아니라, 완료(실현)을 나타내는 성분으로 동태조사 '了'와 같은 의미로 쓰인 '过'이다.[21]

21 예를 들어 吃过饭再走吧。chī guò fàn zài zǒu ba.는 '밥 먹고 (그런 다음에) 갑시다.'의 뜻이다. 이런 경우 '吃' 뒤의 '过'는 동작의 완료(실현)을 나타내는 동태조사 '了'와 같은 뜻이다.

제11장 겸어문

1. 겸어문의 정의와 구조 특징

겸어문도 한 문장 안에 두 개의 동사(구)(혹은 '동사(구)+형용사(구)')가 연이어 나오기 때문에 연동문과 유사한 듯 보이지만, 겸어문은 연동문과 구조가 다르다. 겸어문은 앞에 나오는 동사의 목적어가 뒤에 나오는 동사(혹은 형용사)의 주어 역할을 겸하는 문장을 가리킨다. 예를 들어 다음과 같은 경우이다.

我请他来。
wǒ qǐng tā lái.
나는 그에게 와 달라고 (초)청했다.

老板表扬他勤快。
lǎo biǎo yáng tā qín kuài.
사장님은 그가 부지런하다고 (공개적으로) 칭찬하셨다.

첫 번째 문장 我请他来。에서 '他'는 첫 번째 동사 '请qǐng(초청하다, 요청하다)'의 목적어이면서 뒤에 나오는 '来'의 주어이다. 즉, '他'는 이 문장에서 목적어와 주어를 겸하고 있다. 이러한 문장을 겸어문이라 하고, 목적어와 주어를 겸하고 있는 '他'를 겸어(兼語)라고 한다. 마찬가지로 두 번째 문장 老板表扬他勤快。도 '表扬biǎo yáng(칭찬하다, 표창하다)'의 목적어 '他'가 '勤快qín kuài(부지런하다)'의 주어를 겸하고 있는 겸어문이다. 이처럼 겸어문은 '동사+목적어' 구조와 '주어+술어' 구조가 겹쳐져 있는 형태의 문장을 가리킨다. 앞 장에서 설명한 연동문은 연이어 나타난 두 개(이상)의 동사(구)나 형용사(구)가 하나의 주어를 공유하는 구조이기 때문에 겸어문과는 다르다.

2. 겸어문의 의미 유형 분류

겸어문은 첫 번째 동사의 의미 특징에 따라 몇 가지 유형으로 분류해 볼 수 있다.

① 사역의 의미를 갖는 동사로 구성된 겸어문

겸어문의 가장 전형적인 형식으로 '~에게 ~을 하게 하다'라는 사역의 의미를 가진 동사로 구성된 겸어문이다. 사역의 의미를 갖는 동사로는 叫jiào(~하게 하다), 让ràng(~하게 하다), 使shǐ(~하게 하다), 请qǐng(초청하다, 요청하다), 托tuō(부탁하다), 催cuī(다그치다, 재촉하다), 派pài(파견하다), 要求yāo qiú(요구하다), 命令mìng lìng(명령하다), 强迫qiǎng pò(강요하다), 吩咐fēn fù(분부(지시)하다) 등이 있다. 예를 들어 보면 다음과 같다.

妈妈叫弟弟去买酱油。
mā ma jiào dì di qù mǎi jiàng yóu.
엄마는 동생에게 간장을 사오게 했다.

对不起，我来晚了，让你久等了。
duì bu qǐ, wǒ lái wǎn le, ràng nǐ jiǔ děng le.
미안합니다. 제가 늦어서 오랫동안 기다리시게 했네요.

经常锻炼身体能使人健康长寿。
jīng cháng duàn liàn shēn tǐ néng shǐ rén jiàn kāng cháng shòu.
늘 몸을 단련하는 것은 사람을 건강하고 장수하게 할 수 있다.

他不让我帮忙。
tā bú ràng wǒ bāng máng.
그는 내가 돕지 못하게 한다.

那件事托老李办了。
nà jiàn shì tuō lǎo lǐ bàn le.
그 일은 이선생님께 부탁해서 처리했어요.

一放学回家爸妈就催我写作业。
yí fàng xué huí jiā bà mā jiù cuī wǒ xiě zuò yè.
학교가 끝나고 집에 오기만 하면 엄마 아빠는 나에게 숙제하라고 다그치신다.

公司派我来韩国工作。
gōng sī pài wǒ lái hán guó gōng zuò.
회사는 나를 한국에 파견해서 일하게 했다.

领导命令你们停止这次活动。
lǐng dǎo mìng lìng nǐ men tíng zhǐ zhè cì huó dòng.
지도자(최고 책임자, 리더)는 우리에게 이 번 행사(활동)를 중지하라고 명령했다.

他强迫女儿嫁给了有钱人。
tā qiǎng pò nǚ ér jià gěi le yǒu qián rén.
그는 딸에게 돈 많은 사람에게 시집가라고 강요했다.

老师要求每个人都填好申请表。
lǎo shī yāo qiú měi ge rén dōu tián hǎo shēn qǐng biǎo.
선생님은 각 사람들에게 모두 신청표를 다 쓰라고(채워 넣으라고) 요구하셨다.

他吩咐秘书备车。
tā fēn fù mì shū bèi chē.
그는 비서에게 차를 대기시키라고 분부(지시)했다.

他不准人家发表相反的意见。
tā bù zhǔn rén jia fā biǎo xiāng fǎn de yì jiàn.
그는 다른 사람들이 반대 의견을 내지 못하게 하였다.

他劝我留在家里照顾家人。
tā quàn wǒ liú zài jiā li zhào gù jiā rén.
그는 나에게 집에 남아 가족들을 돌보라고 (권유(조언))하셨다.

이중 '叫jiào', '让ràng', '使shǐ'는 대표적인 사역동사인데 기본적으로 모두 '~에게 ~을 시키다(~에게 ~을 하게 하다)'는 뜻으로 의미와 용법이 유사하다. 예를 들어 '그는 나를 정말 골치 아프게 한다.'를 중국어로 바꾸면, 他真叫我头疼tā zhēn jiào wǒ tóu téng. 他真让我头疼。tā zhēn ràng wǒ tóu téng. 他真使我头疼。tā zhēn shǐ wǒ tóu téng. 등과 같이 표현해 볼 수 있는데, 모두 가능한 표현이다. 하지만 이들 세 개의 사역동사는 어감과 용법에서 약간의 미묘한 차이가 존재한다.

'叫'와 '让'은 대부분의 경우에 거의 구분 없이 서로 통용되며 비슷한 용법으로 사용된다. 그런데 '叫'는 본래 '부르다, 외치다'는 뜻의 동사 '叫'에서 파생된 사역동사로서 '(불러서) ~하라고 하다, ~하라고 시키다'는 어감이 강해 보통 '~에게 ~하라고 시키다'는 의미의 표현에 많이 사용된다. 예를 들어 다음과 같은 경우이다.

妻子叫他下班以后马上回家。
qī zi jiào tā xià bān yǐ hòu mǎ shàng huí jiā.
아내는 그에게 퇴근 후 바로 집에 오라고 했다.

他叫你进来。
tā jiào nǐ jìn lái.
그는 당신더러 들어오라고 합니다.

我叫妹妹开窗户。
wǒ jiào mèi mei kāi chuāng hu.
나는 여동생에게 창문을 열라고 했다.

이상 예문들 중의 '叫'는 '让'으로 바꾸어도 의미상 큰 차이가 생기지 않는다. 하지만 '叫'를 쓸 때는 '让'보다 '~에게 ~하라고 시키다'라는 어감이 좀 더 강해질 수 있다.

'让'은 '叫'와 큰 구분 없이 사용되기도 하지만, '让'은 본래 '양보하다'는 뜻의 동사에서 파생된 사역동사로서 다음과 같이 공손한 느낌을 주는 표현에는 주로 '让'을 사용한다.

让我过去一下。
ràng wǒ guò qù yí xià.
좀 비켜주세요. (내가(나로 하여금) 좀 지나가게 해 주세요)

让我想一想。
ràng wǒ xiǎng yi xiǎng.
생각 좀 해 볼게요. (내가(나로 하여금) 생각 좀 하게 해 주세요)

让我做吧。
ràng wǒ zuò ba.
제가 하겠습니다. (제가(저로 하여금) 하도록 해 주십시오)

让您久等了。
ràng nín jiǔ děng le.
오래 기다리셨습니다.(당신을(당신으로 하여금) 오랫동안 기다리시게 했네요)

让您操心。
ràng nín cāo xīn.
걱정을 끼쳐 드렸습니다. (당신이(당신으로 하여금) 걱정하시게 했네요)

让您破费了。
ràng nín pò fèi le.
폐를 끼쳐 드렸네요. (당신이(당신으로 하여금) 돈을 쓰시게 했네요)

이상의 표현들에서 '让'은 '叫'로 바꾸면 다소 어색한 표현이 될 수 있다. 또한 '让'은 1인칭 대명사 '我们'를 목적어로 삼아서 '자, ~합시다.'라는 뜻으로 사용되기도 한다. 우리말에는 없는 관용적 표현이므로 주의할 필요가 있다.

让我们重新开始吧。
ràng wǒ men chóng xīn kāi shǐ ba.
우리 다시 시작합시다.

让我们为我们的友谊干杯!
ràng wǒ men wèi wǒ men de yǒu yì gān bēi !
우리의 우정을 위해 건배합니다!

'使'는 동작(행위)보다는 '기쁘게 하다', '실망시키다', '향상시키다' 등처럼 비동작적이고 감정적인 말과 연결되는 경우가 많다. 또한 '使'는 구어체보다 문어체 말투에 주로 사용된다.[22]

这个消息使大家很高兴。
zhè ge xiāo xi shǐ dà jiā hěn gāo xìng.
이 소식은 모두를 (무척) 기쁘게 했다.

小李使大家很失望。
xiǎo lǐ shǐ dà jiā hěn shī wàng.
李선생(李군)은 모두를 실망시켰다.

22 문어체적인 말투나 글에서는 '使shǐ' 대신 '令lìng'을 사용하기도 한다. 예를 들어 小李使大家很失望。(李선생(李군)은 모두를 실망시켰다)에서 '使'는 '令'으로 바꾸어 다음과 같이 표현할 수 있다. 小李令大家很失望。xiǎo lǐ lìng dà jiā hěn shī wàng.

他的话使我感到意外。
tā de huà shǐ wǒ gǎn dào yì wài.
그의 말은 의외로 느껴졌다.

他的技术使我佩服。
tā de jì shù shǐ wǒ pèi fú.
그의 기술은 나를 탄복(감탄)하게 했다.

谦虚使人进步, 骄傲使人落后。
qiān xū shǐ rén jìn bù, jiāo ào shǐ rén luò hòu.
겸손은 사람을 향상시키고(진보하게 하고), 교만은 사람을 뒤떨어지게 한다.

② 호칭이나 인정 의미의 겸어문

겸어문의 첫 번째 동사가 称chēng(칭하다, ~라 부르다), 认rèn(인정하다), 选xuǎn(선출하다(선출하여~로 삼다)) 등과 같은 호칭이나 인정을 나타내는 동사가 오고, 겸어 뒤에는 做(作)zuò(~을 맡다, ~로 삼다), 为wéi(~로 삼다), 当dāng(~이 되다), 是shì(~이다) 등의 동사가 오는 경우이다. 자주 쓰이는 동사로는 叫jiào(~라 부르다), 称chēng(칭하다, ~라 부르다), 骂mà(욕하다, 꾸짖다), 选xuǎn(선출하다, 뽑다), 认rèn(인정하다), 推荐tuī jiàn(추천하다), 拜bài(모시다, 모종의 관계를 맺다) 选择xuǎn zé(선택하다) 등이 있다.

由于各国经常打仗, 历史上称这一时期为战国。
yóu yú gè guó jīng cháng dǎ zhàng, lì shǐ shang chēng zhè yì shí qī wéi zhàn guó.
각국이 늘 전쟁을 했기 때문에 역사에서는 이 시기를 전국시대라고 부른다.

我认您做老师吧。
wǒ rèn nín zuò lǎo shī ba.
제가 당신을 선생님으로 모시게 해 주세요.

全体同学都选李明当班长。
quán tǐ tóng xué dōu xuǎn lǐ míng dāng bān zhǎng.
모든 학우가 李明을 반장으로 선출하였다.

我推荐她当教师。
wǒ tuī jiàn tā dāng jiào shī.
나는 그녀를 교사로 추천했습니다.

他骂我是骗子。
tā mà wǒ shì piàn zi.
그는 나를 사기꾼이라고 욕한다.

我们拜她为师。
wǒ men bài tā wéi shī.
우리는 그녀를 스승으로 모셨다.

我们应该选择名家名篇作教材。
wǒ men yīng gāi xuǎn zé míng jiā míng piān zuò jiào cái.
우리는 유명작가의 명문을 교재로 선택해야 합니다.

我给他起了个小名叫南南。
wǒ gěi tā qǐ le ge xiǎo míng jiào nán nán.
나는 그에게 南南이라는 아명을 지어주었다.

③ 앞 동사구의 동사가 '有' 혹은 '没(有)'인 겸어문

我有一个朋友在北京工作。
wǒ yǒu yí ge péng you zài běi jīng gōng zuò.
나에게는 북경에서 일하는 친구가 하나 있다.

我有一个朋友心眼儿特别好。
wǒ yǒu yí ge péng you xīn yǎnr tè bié hǎo.
나에게는 마음씨가 정말 좋은 친구가 하나 있다.

没有人会相信你的。
méi yǒu rén huì xiāng xìn nǐ de.
너를 믿을 사람은 아무도 없을 것이다.

怎么没人陪你？
zěn me méi rén péi nǐ?
어째서(왜) 아무도 너와 같이 가지 않는 거니?

我们这儿没有人姓李.
wǒ men zhèr méi yǒu rén xìng lǐ.
우리 쪽(우리가 있는 이곳)에는 李씨 성을 가진 사람이 없어요.

唐朝有个诗人叫李白。
táng cháo yǒu ge shī rén jiào lǐ bái.
唐나라 때 李白이라는 시인이 있었습니다.

后面有几个人哭起来了。
hòu mian yǒu jǐ ge rén kū qǐ lái le.
뒤에 몇 사람이 울기 시작했습니다.

她有一个孩子很可爱。
tā yǒu yí ge hái zi hěn kě ài.
그녀에게는 귀여운 아이가 하나 있습니다.

有你在，我什么都不怕。
yǒu nǐ zài, wǒ shén me dōu bú pà.
네가 있으면 나는 아무것도 두렵지 않아.

이상 예시한 겸어문은 앞 장에서 설명한 '앞 동사가 (没)有인 연동문'과 의미 구조가 다르다. 왜냐하면 '앞 동사가 (没)有인 겸어문'은 '(没)有'의 목적어가 뒤에 있는 동사(구)(혹은 형용사(구))의 의미상 주어가 되기 때문이다. 예를 들어 첫 번째 예문 '我有一个朋友在北京工作'에서 '有'의 목적어 '一个朋友'는 '在北京工作'의 의미상 주어가 되고, 세 번째 예문 '没有人会相信你的'에서 '没有'의 목적어 '人'은 '会相信你的'의 의미상 주어가 된다. 다른 예문들도 모두 마찬가지이다. 반면 '앞 동사가 (没)有인 연동문'의 경우는 이와 같은 구조가 아니다. 예를 들어 '没有时间吃午饭(점심 먹을 시간이 없다)'와 같은 연동문의 경우는 '没有' 뒤에 있는 동사구 '吃午饭'이 의미상 '没有'의 목적어인 '时间'을 수식해 주는 구조이고, '有病不能来(병이 나서 올 수가 없습니다)'와 같은 연동문의 경우는 '有病'이 원인이고, '不能来'는 그에 따른 결과이기 때문에 전체적으로 '원인'-'결과'의 의미구조이다. '앞 동사가 (没)有인 겸어문'과 '앞 동사가 (没)有인 연동문'은 표면적으로 유사해 보이지만 의미 구조가 다르기 때문에 서로 다른 문형으로 분류할 수 있다.

④ 호감이나 혐오를 표현하는 겸어문

첫 번째 동사가 爱ài(좋아하다, 애호하다), 恨hèn(미워하다, 증오하다), 喜欢xǐ huan(좋아하다), 讨厌tǎo yàn(싫어하다, 미워하다, 혐오하다), 嫌xián(싫어하다, 꺼리다, 역겨워하다, 불만스러워하다), 夸奖kuā jiǎng(칭찬하다, 치켜세우다), 怪guài(꾸짖다, 책망하다, 나무라다), 原谅yuán liàng(용서하다, 양해하다), 埋怨mán yuàn(불평하다, 원망하다) 등과 같이 호감이나 혐오 혹은 용서 등의 의미인 겸어문이 있다.

群众喜欢他办事公道。
qún zhòng xǐ huan tā bàn shì gōng dao.
대중은 그의 일처리가 공정하다고 좋아한다.

我爱她美丽，聪明。
wǒ ài tā měi lì、cōng ming.
나는 그녀가 아름답고, 총명해서 좋다.

大家都嫌他说话罗嗦。
dà jiā dōu xián tā shuō huà luō suō.
모두를 그의 말이 장황하다고 싫어한다.

你不要怪别人不帮助你。
nǐ bú yào guài bié rén bù bāng zhù nǐ.
남들이 당신을 돕지 않는다고 탓하지 마세요.

老师们都夸奖她学习努力，认真。
lǎo shī men dōu kuā jiǎng tā xué xí nǔ lì、rèn zhēn.
그녀는 공부도 열심히 하고, 착실(성실)하다고 모든 선생님들이 칭찬한다.

大家埋怨他来晚了。
dà jiā mán yuàn tā lái wǎn le.
모두들 그가 늦게 왔다고 불평(원망)한다.

原谅我打扰你 。
yuán liàng wǒ dǎ rǎo nǐ.
제가 폐를 끼쳐 드린 것(방해한 것) 용서(양해)해 주세요.

⑤ 첫 번째 동사가 '是'인 겸어문

첫 번째 동사가 '是'인 겸어문은 첫 번째 동사가 '是'이지만, '是' 앞에는 주어가 없는 구조이다. '是' 뒤에는 명사나 대명사가 '是'의 목적어가 되는데, '是'의 목적어는 다시 뒤에 오는 동사(구)의 주어가 된다. 이러한 유형의 겸어문은 의미상 '是' 뒤에 오는 '是'의 목적어(겸어)를 강조하게 되기 때문에, 말할 때는 '是' 뒤의 목적어에 강세를 두어 강하게 발음하게 된다. 예를 들어 다음과 같은 경우이다.

是他救了我的命。
shì tā jiù le wǒ de mìng.
그가 내 생명을 구해 주었어요.

是风把门吹开了。
shì fēng bǎ mén chuī kāi le.
바람이 문을 (불어) 열었어요.

是我把她气哭了。
shì wǒ bǎ tā qì kū le.
내가 그녀를 화나서(화나게 해서) 울게 했어요.

是这篇文章启发了我，使我改变了注意。
shì zhè piān wén zhāng qǐ fā le wǒ, shǐ wǒ gǎi biàn le zhù yì.
이 글이 나에게 영감을 주어서, 내 생각을 바꾸게 했습니다.

3. 부정부사와 조동사 및 동태조사의 위치

연동문과 마찬가지로 겸어문에서도 부정부사 '不', '没'와 조동사는 일반적으로 첫 번째 동사 앞에 위치한다.

他不请我帮忙。
tā bù qǐng wǒ bāng máng.
그는 나에게 도와달라고 요청하지 않습니다.

* 他请我不帮忙。(×)

老师不让他去北京。
lǎo shī bú ràng tā qù běi jīng.
선생님은 그를 베이징에 가지 못하게 했다.

* 老师让我不去北京。(×)

大夫没让我吃这种药。
dài fu méi ràng wǒ chī zhè zhǒng yào.
의사선생님은 이런 종류의 약을 먹지 못하게 했습니다.

* 大夫让我没吃这种药。(×)

这件事会让他感到十分为难。
zhè jiàn shì huì ràng tā gǎn dào shí fēn wéi nán.
이 일은 그를 무척 난처하게 (느끼도록, 생각하도록) 할 것입니다.

* 这件事让他会感到十分为难。(×)

胜利能使人走向成功，也能使人走向失败。
shèng lì néng shǐ rén zǒu xiàng chéng gōng, yě néng shǐ rén zǒu xiàng shī bài.
승리는 사람을 성공을 향해 나아갈 수 있게 할 수도 있고, 실패를 향해 나아가게 할 수도 있다.

* 胜利使人能走向成功，也使人能走向失败。(×)

동사 앞에 쓰여 '~하지 마라'는 뜻을 나타내는 '别bié', '不要bú yào'는 겸어문에서 첫 번째 동사 앞에 쓰일 수도 있고, 두 번째 동사 앞에 쓰일 수도 있다.

他叫我别着急。
tā jiào wǒ bié zháo jí.
그는 나에게 조급해하지 말라고 하였다.

他命令大家不要乱跑。
tā mìng lìng dà jiā bú yào luàn pǎo.
그는 모두에게 함부로 돌아다니지 말라고 명령했다.

你能不能别让你男朋友晚上给你打电话，炒死了。
nǐ néng bù néng bié ràng nǐ nán péng you wǎn shang gěi nǐ dǎ diàn huà, chǎo sǐ le.

네 남자친구에게 밤에는 좀 전화하지 말라고 해 줄 수 있겠니? 시끄러워 죽겠어.

겸어문에서 동태조사 '了', '着', '过'는 일반적으로 두 번째 동사 뒤에 위치한다. 하지만 '过'는 첫 번째 동사 뒤에 위치하는 경우도 있다.

厂长让工人们谈了各自的想法。
chǎng zhǎng ràng gōng rén men tán le gè zì de xiǎng fa.
공장장님은 노동자들에게 각자의 생각을 얘기하라고 하셨다.

* 厂长让了工人们谈各自的想法。(×)

昨天他请我看了一场电影。
zuó tiān tā qǐng wǒ kàn le yì chǎng diàn yǐng.
어제 그는 나에게 영화를 한 편 보여주었습니다.

* 昨天他请了我看一场电影。(×)

他让我在这里等着。
tā ràng wǒ zài zhè li děng zhe.
그는 나에게 여기서 기다리고 있으라고 했어요.

* 他让着我在这里等。(×)

他们请我唱过那首歌。
tā men qǐng wǒ chàng guo nà shǒu gē.
그들이 나에게 그 노래를 불러보라고 한 적이 있다.

医生劝过我吃这种药。
yī shēng quàn guo wǒ chī zhè zhǒng yào.
의사 선생님이 저에게 이 약을 먹으라고 권한 적이 있어요.

또한 일부 표현에서는 동태조가 '了'가 첫 번째 동사 뒤에 위치하는 경우도 있는데, 예를 들어 다음과 같은 경우이다.

那件事托了老李办(了)。
nà jiàn shì tuō le lǎo lǐ bàn (le).
그 일은 이선생님께 부탁해서 처리하기로 했습니다.

他知道我一个人很难按时完成实验，就派了一位同事协助我。
tā zhī dào wǒ yí ge rén hěn nán àn shí wán chéng shí yàn, jiù pài le yí wèi tóng shì xié zhù wǒ.
그는 나 혼자서 제때에(시간에 맞추어) 실험을 완성하기 힘들다는 것을 알기에 동료 한 명을 파견하여 나를 돕게 했다.

이러한 예외적인 표현에 대해 중국에서 출판된 문법서에는 보통 다음과 같이 설명되어 있다. "문장 끝에 '변화'의 어감을 가진 어기조사 '了'가 있거나, 문장 전체가 원인과 결과를 설명하는 의미인 경우 겸어문 중의 동태조가 '了'는 첫 번째 동사 뒤에 위치할 수 있다." 그런데 이와 같은 설명은 좀처럼 이해하기가 쉽지 않다. 좀 더 쉽게 풀어서 얘기해 본다면 다음과 같이 설명해 볼 수 있다.

일부 겸어문에서 동태조사 '了'를 두 번째 동사가 아닌 첫 번째 동사 뒤에 놓는 이유는 첫 번째 동작은 완료되었지만, 두 번째 동작은 완료되지 않았기 때문이다. 즉, 첫 번째 예문에서 '了'를 '办bàn' 뒤에 놓지 않고 '托tuō' 뒤에만 놓은 이유는 老李에게 부탁한(托) 사실은 완료(실현)되었지만, 老李가 아직 다 처리(办)하지는 않은 상태이기 때문이다. 그래서 첫 번째 동사 '托' 뒤에만 '了'를 붙이고, 두 번째 동사 '办' 뒤에는 붙이지 않았다고 볼 수 있다. 만일 두 번째 동사 '办' 뒤에도 '了'를 붙이면, 이 문장은 상황에 따라 두 가지 의미를 나타내게 될 수 있다. 첫 번째는, 만일 '办' 뒤의 '了'가 상태의 '변화'만을 나타내는 어기조사 '了'라면, 이때의 '了'는 老李에게 부탁하여 처리하게 했다는 '변화'의 어감만을 나타내고 있는 것이기 때문에 문장 전체의 뜻은 老李에게 일 처리를 부탁 했지만 아직 처리를 하지는 않았거나 얼마나 처리했는지는 알 수 없는 상황을 나타내는 표현이 될 수 있다. 즉, 부탁한 사실은 완료(실현)되었지만, 일 처리는 아직 마무리되지 못한 상태를 나타내는 표현이 될 수 있다. 두 번째는, (문장 끝이면서 동사 뒤에 위치한) '办' 뒤의 '了'가 동작의 '완료(실현)'와 상태의 '변화'를 동시에 나타내고 있는 것이라면, 즉 '了'가 '완료(실현)'의 의미를 나타내는 동태조사와 '변화'의 어감을 나타내는 어기조사를 겸하고 있는 것이라면, 이때는 老李가 일 처리까지 모두 완료한 상태를 나타내는 표현이 될 수 있을 것이다.

두 번째 예문도 시간 내에 실험을 완성시키기 위해 동료를 파견(派pài)한 것은 완료(실현)된 동작이지만, 그 동료가 나를 돕는(협조하는)(协助xié zhù) 동작은 아직 실현되지 않은 상태이기 때문에 协助 뒤에 동태조사 '了'를 붙이지 않은 것이라고 볼 수 있다. 또한 두 번째 예문은 전체적으로 앞 절이 원인이고, 뒤의 절은 그러한 원인에 대한 결과를 나타내는 의미 구조를 갖고 있다.

제12장 존현문

1. 존현문의 구조

'존현문'이란 어떤 장소(혹은 시간)에 어떤 사람이나 사물이 존재함을 나타내거나, 또는 어떤 장소(혹은 시간)에 어떤 사람이나 사물이 출현하거나 소실됨(사라짐)을 나타내는 문장이다. 존현문은 문장이 나타내는 의미에 따라 존재를 나타내는 '존재문'과 출현 혹은 소실(사라짐)을 나타내는 '출현-소실문'으로 분류할 수 있다. 존현문 구조의 핵심은 장소(혹은 시간)가 문장의 주어가 되고, 존재(출현, 소실)하는 사람 혹은 사물은 동사 뒤에 위치한다는 점이다. 예를 들어 다음과 같은 경우이다.

桌子上放着一本书。
zhuō zi shang fàng zhe yì běn shū.
책상 위에 한 권의 책이 놓여 있습니다.

前面来了一个人。
qián mian lái le yí ge rén.
앞쪽에 한 사람이 왔습니다.

첫 번째 예는 존현문 중 존재문의 예이고, 두 번째 예는 출현-소실문의 예이다. 모두 주어가 장소(혹은 방위)이고, 존재하거나 출현하는 사람 혹은 사물은 동사 뒤의 목적어 위치에 놓여 있다. 이때 주어가 되는 장소 앞에는 '在'나 '从'과 같은 전치사를 놓을 필요가 없다. 왜냐하면 존현문 문장 맨 앞의 장소는 장소 그 자체가 설명(묘사)의 대상이 되는 주어이므로 전치사를 쓰면 주어가 따로 또 있는 듯한 느낌을 주기 때문이다.

> 桌子上放着一本书。
> zhuō zi shang fàng zhe yì běn shū.
>
> * 在桌子上放着一本书。(×)

> 前面来了一个人。
> qián mian lái le yí ge rén.
>
> * 从前面来了一个人。(×)

또한 존현문에서 동사 뒤에 위치하는 사람이나 사물은 보통 확실히 정해진 대상이 아니고, 화자와 청자가 잘 모르는 불특정(막연한) 대상인 경우가 많다. 그래서 一本书, 一个人, 很多人처럼 수량사(수사+양사)의 수식을 받는 불특정 성분은 존현문의 목적어 위치에 놓여도 자연스럽지만, 那本书(그 책), 那个人(그 사람), 老王(왕선생, 왕씨) 등과 같이 특정 사물 혹은 특정인을 지칭하는 성분은 존현문의 목적어 위치에 놓으면 매우 어색한 표현이 된다(제3장 1절 참조). 그럼 존현문의 두 유형인 '존재문'과 '출현-소실문'에 대해 좀 더 상세히 알아보도록 하자.

2. 존재문

'존재문'은 사람이나 사물의 존재를 나타내는 표현이다. 앞서 제1장에서는 '是'가 존재의 의미를 나타내는 경우를 소개하였고, 제3장에서는 '有'가 존재의 의미를 나타내는 경우를 소개하였다. '是'나 '有'를 사용하여 존재의 의미를 나타내는 표현이 바로 '존재문'의 대표적인 형식이다. '是'나 '有'가 존재를 나타낼 때도 주어는 장소이고, 존재하는 사람이나 사물은 '是'나 '有' 뒤에 위치한다. 예를 들어 보면 다음과 같다

学校门口有一家咖啡厅。
xué xiào mén kǒu yǒu yì jiā kā fēi tīng.
학교 입구에 커피숍이 하나 있다.

桌子上有几个苹果。
zhuō zi shang yǒu jǐ ge píng guǒ.
책상 위에 몇 개의 사과가 있다.

离海边不远有一个小村庄。
lí hǎi biān bù yuǎn yǒu yí ge xiǎo cūn zhuāng.
해변에서 멀지않은 곳에 작은 마을이 하나 있다.

这世界上没有好挣的钱 。
zhè shì jiè shang méi yǒu hǎo zhèng de qián.
이 세상에 벌기 쉬운(쉽게 벌리는) 돈은 없다.

插座上都是灰。
chā zuò shang dōu shì huī.
콘센트 위는 먼지투성이다.

宿舍前是一个网球场。
sù shè qián shì yí ge wăng qiú chăng.
기숙사 앞은 테니스장이다. (기숙사 앞에는 테니스장이 있다.)

그 외 일반동사도 존재의 의미를 나타내는 존재문으로 활용될 수 있는데, 보통 동사 뒤에 '지속'의 의미를 가진 동태조사 '着'를 붙여 표현하는 경우가 대부분이다. 이때도 주어는 장소이고, 존재하는 사람이나 사물은 동사 뒤에 위치한다. 예를 들어 보면 다음과 같다.

大厅的沙发上坐着几位客人。
dà tīng de shā fā shang zuò zhe jĭ wèi kè rén.
홀(로비)의 소파에 몇 명의 손님이 앉아있다.

石碑上刻着几个醒目的大字。
shí bēi shang kè zhe jĭ ge xĭng mù de dà zì.
돌 비석에는 몇 개의 눈에 띄는 큰 글자가 새겨져(조각되어) 있다.

橱窗里摆着各种各样的商品。
chú chuāng li băi zhe gè zhŏng gè yàng de shāng pĭn.
진열창(쇼윈도우)에 각양각색의 상품이 진열되어(놓여) 있다.

床下堆着一大堆脏衣服。
chuáng xià duī zhe yí dà duī zāng yī fu.
침대 밑에 더러운 옷 한 무더기가 쌓여있다.

空中盘旋着一架飞机。
kōng zhōng pán xuán zhe yí jià fēi jī.
하늘에 한 대의 비행기가 선회하고(빙빙 돌고) 있다.

路上走着几个孩子。
lù shang zǒu zhe jǐ ge hái zi.
길에는 몇 명의 아이들이 걷고 있다.

院子里摆满了花盆。
yuàn zi li bǎi mǎn le huā pén.
정원에는 화분이 가득 놓여져 있습니다.

이 중 첫 번째부터 네 번째 예문 중의 동사 '坐着(앉아 있다)', '刻着(새겨져(조각되어) 있다)', '摆着(진열되어(놓여) 있다)', '堆着(쌓여 있다)'는 동작 자체가 계속되는 것이 아니라 동작은 멈추었지만 동작 후에 남겨진 상태가 지속되고 있는 존재의 상태를 표현하고 있고(정태의 지속), 다섯 번째와 여섯 번째 예문 중의 '盘旋着(선회하고 있다)', '走着(걷고 있다)'는 움직이고 있는 사물의 존재 상태를 표현하고 있다(동태의 지속). (정태의 지속과 동태의 지속은 제9장 2. 동작의 지속 참조) 마지막 예문 중의 '摆满了(가득 놓여져 있다)'는 동사 뒤에 결과보어 '满'과 동태조사 '了'를 붙여 '가득 놓여져 있다'는 존재의 모습을 묘사하고 있다.

3. 출현-소실문

'출현-소실문'은 어떤 장소(혹은 시간)에 어떤 사람이나 사물이 출현하거나 소실되었음은 나타내는 문장이다. '출현-소실문'도 주어는 장소(혹은 시간)이고, 출현(혹은 소실)하는 사람이나 사물은 동사 뒤에 위치한다. 예를 들어 보면 다음과 같다.

家里来了很多客人。
jiā li lái le hěn duō kè rén.
집에 손님이 많이 왔다.

前面开过来一辆车。
qián mian kāi guò lái yí liàng chē.
앞쪽에 차가 한 대 왔습니다.

院子里又搬进来两家。
yuàn zi li yòu bān jìn lái liǎng jiā.
정원에 또 두 집이 이사 왔습니다.

天空中出现了一道彩虹。
tiān kōng zhōng chū xiàn le yí dào cǎi hóng.
하늘에 무지개가 하나 떴습니다.

海面上升起了一轮红日。
hǎi miàn shang shēng qǐ le yì lún hóng rì.
해면에 붉은 태양이 떠올랐습니다.

天空飞过一群大雁。
tiān kōng fēi guò yì qún dà yàn.
하늘에 기러기 떼가 날아갔습니다.

屋里少了两张桌子。
wū li shǎo le liǎng zhāng zhuō zi.
방에 책상 두 개가 없어졌습니다.

邻居家死了一只猫。
lín jū jiā sǐ le yì zhī māo.
옆집에서 고양이 한 마리가 죽었습니다.

阳台上吹跑了一件T恤。
yáng tái shang chuī pǎo le yí jiàn T xù.
베란다에서 티셔츠 한 벌이 바람에 날아갔습니다.

这个牧场丢失了几只羊。
zhè ge mù chǎng diū shī le jǐ zhī yáng.
이 목장에서 양 몇 마리를 잃어버렸습니다.

楼里搬走了两家。
lóu lǐ bān zǒu le liǎng jiā.
건물에서 두 집이 이사 갔습니다.

这一行漏了两个字。
zhè yì háng lòu le liǎng ge zì.
이 행에서는 두 글자가 빠졌습니다.

昨天发生了一件大事。
zuó tiān fā shēng le yí jiàn dà shì.
어제 큰 일이 하나 발생했습니다.

刚才沉下去一只小船。
gāng cái chén xià qù yì zhī xiǎo chuán.
방금 작은 배 한 대가 가라앉았습니다.

公元前二0九年爆发了第一次农民大起义。
gōng yuán qián èr líng jiǔ nián bào fā le dì yī cì nóng mín dà qǐ yì.
BC 209년 첫 번째로 대규모 농민 봉기가 일어났다.

마지막 3개 예문의 주어 昨天(어제), 刚才(방금), 公元前二0九年(BC 209년)은 장소가 아닌 시간이다. 이런 경우는 장소가 생략되고, 시간을 나타내는 말이 주어가 된 것이라고 볼 수 있다.

'출현-소실문'은 '존재문'과 마찬가지로 문장 맨 앞에 위치한 장소(시간)에 '在'나 '从'과 같은 전치사를 쓰지 않는다. 왜냐하면 문장 앞의 장소(시간)는 그 자체가 전체 문장이 설명(묘사)하고자 하는 대상 즉 주어이기 때문이다. 전치사를 쓰면 주어가 따로 또 있는 듯한 느낌을 줄 수 있다. 또한 '출현-소실문'의 동사 뒤에는 흔히 방향보어나 결과보어 혹은 동태조사 '了'가 따라온다. 예를 들어 위 예문 중의 '开过来((차를) 몰아 (이쪽으로) 오다)', '搬进来(이사해 들어오다, 운반해 들어오다)', '搬走(이사 (나)가다, 운반해 가다)', '沉下去(가라앉다)', '来了(왔다)', '出现了(출현했다)', '发生了(발생했다)', '丢失了(잃어버렸다)' 등과 같은 경우이다. 사람이나 사물의 출현이나 소실을 나타내는 표현이므로 완료(실현)의 의미를 나타내는 동태조사 '了'는 자연스럽게 따라오는 경우가 많다. 방향보어나 결과보어 뒤에도 '了'를 붙일 수 있지만, 방향보어나 결과보어는 그 자체로 완료(실현)의 의미까지 나타낼 수 있으므로, 완료(실현)의 의미를 특별히 강조하는 경우가 아니라면 방향보어나 결과보어 뒤에는 '了'를 생략할 수 있다.

제13장 타동사와 자동사 그리고 이합동사

1. 타동사와 자동사

한어(漢語) 중의 동사는 목적어의 수반 여부에 따라 타동사(중국어로는 及物动词jí wù dòng cí)와 자동사(중국어로는 不及物动词bù jí wù dòng cí)로 나눌 수 있다. 뒤에 목적어를 가질 수 있는 동사를 타동사라 하고, 목적어를 가질 수 없는 동사는 자동사라고 한다.

타동사는 뒤에 목적어를 가질 수 있지만, 문장 중에 쓰일 때 늘 목적어를 동반하는 것은 아니다. 상황에 따라 목적어는 생략될 수도 있다. 그래서 다음과 같은 표현도 가능하다.

我看。
wǒ kàn. 나는 봅니다.

我同意。
wǒ tóng yì. 난 동의합니다.

위의 예 중 동사 '看(보다)'과 '同意(동의하다)'는 모두 타동사이지만 목적어 없이 사용되었다. 물론 타동사는 목적어와 함께 표현될 수 있다.

我看书。
wǒ kàn shū. 나는 책을 봅니다.

我同意他的意见。
wǒ tóng yì tā de yì jiàn. 나는 그의 의견에 동의합니다.

또한 일부 타동사들은 두 개의 목적어(이중목적어)를 가질 수 있는데 보통 간접목적어와 직접목적어라는 명칭으로 구분한다. 보통 '간접목적어+직접목적어'의 형식으로 쓰는데, 간접목적어는 대개 사람을 가리키고, 직접목적어는 사물을 가리킨다. 예를 들어 다음과 같은 경우이다.

李老师教我们汉语。
lǐ lǎo shī jiāo wǒ men hàn yǔ.
이선생님은 우리에게 중국어를 가르치십니다.

他送了我一件礼物。
tā sòng le wǒ yí jiàn lǐ wù.
그는 나에게 선물을 하나 주었습니다.

哥哥给我一个足球。
gē ge gěi wǒ yí ge zú qiú.
형은 나에게 축구공을 하나 주었습니다.

他还了小明自行车。
tā huán le xiǎo míng zì xíng chē.
그는 小明에게 자전거를 돌려주었습니다.

我告诉你一个好消息。
wǒ gào su nǐ yí ge hǎo xiāo xi.
너에게 좋은 소식 하나 알려줄게.

负责人通知我面试的时间和地点。
fù zé rén tōng zhī wǒ miàn shì de shí jiān hé dì diǎn.
책임자(담당자)는 나에게 면접 시간과 장소를 통지하였습니다.

我想求你一件事。
wǒ xiǎng qiú nǐ yí jiàn shì.
당신에게 한 가지 부탁할 일이 있습니다.

我借了他二百块钱。
wǒ jiè le tā èr bǎi kuài qián.
나는 그에게 200위안을 빌렸어.

他只租我一条小船。
tā zhǐ zū wǒ yì tiáo xiǎo chuán.
그는 나에게 조그만 배 한척만 빌렸을(임대했을) 뿐입니다.

我们叫他王师傅。
wǒ men jiào tā wáng shī fu.
우리는 그를 왕사부라고 부른다.

두 개의 목적어를 가질 수 있는 동사는 대부분 'A가 B에게 주다'는 의미의 동사들(수여동사)인데, 예를 들어 给gěi(주다), 送sòng(보내다, 배달하다, 선물하다), 交jiāo(넘기다, 건내다, 제출하다, 납부하다), 教jiāo(가르치다), 递dì(넘겨주다, 건네다), 还huán(돌려주다, 갚다, 반납하

다) 등과 같은 동사들이 해당된다. 그 외에 通知tōng zhī(통지하다), 告诉gào su(알려주다), 问wèn(묻다), 求qiú(구하다(요청(부탁)하다)), (拜)托(bài)tuō(부탁하다) 등과 같이 말로 누구에게 알려주거나 부탁한다는 의미를 가진 동사들, 叫jiào(~라 부르다), 称chēng(~라 부르다, ~라 일컫다) 등처럼 호칭을 이야기할 때 쓰는 동사들 그리고 租zū(빌리다(임차하다, 세내다)), 借jiè(빌리다) 등과 같이 누구에게 무엇을 빌린다는 의미의 동사들도 동사 뒤에 간접목적어와 직접목적어 두 개의 목적어를 가질 수 있다. 물론 이러한 동사들은 동사 뒤에 간접목적어나 직접목적어 중 하나만 놓고 표현할 수도 있다.

我上了九年学，没交过学费。
wǒ shàng le jiǔ nián xué, méi jiāo guo xué fèi.
나는 학교를 9년 다녔는데 학비를 내 본 적이 없어.

我租了一辆汽车。
wǒ zū le yí liàng qì chē.
나는 자동차 한 대 렌트했어.

我去告诉他吧。
wǒ qù gào su tā ba.
내가 그에게 알려줄게요.

我对电脑一窍不通，有空你教教我。
wǒ duì diàn nǎo yí qiào bú tōng, yǒu kòng nǐ jiāo jiao wǒ.
나는 컴퓨터에 대해 아무것도 모르니, 시간 나면 네가 날 좀 가르쳐 줘.

특히 'A가 B에게 주다'는 의미의 동사들(수여동사)은 전치사 '给 gěi(~에게)'와 함께 쓰는 경우 보통 '给'를 동사 뒤에 붙여 표현한다. 왜냐하면 전치사 '给'가 동사 앞으로 오면 '~을 위하여(대신하여)'라는 뜻으로 오해할 수 있기 때문이다.[23]

我要送给他一件礼物。(O)
wǒ yào sòng gěi tā yí jiàn lǐ wù.
난 그에게 선물을 하나 하려고 한다.

* 我要给他送一件礼物。(×)

你把任务交给我们吧! (O)
nǐ bǎ rèn wù jiāo gěi wǒ men ba!
임무를 저희에게 넘겨주세요.

23 전치사 '给'는 '~에게'라는 뜻도 있지만 '~을 위하여', '~을 대신하여'라는 뜻도 있다. 또한 제8장 '被'구문에서 설명했듯이, '给'는 피동문에서 '被'를 대신해 쓰이기도 하고, '把'구문과 '被'구문의 동사 앞에 쓰여 구어화된 어감만을 나타내는 경우도 있다.

我给你当翻译。(~을 위하여)
wǒ gěi nǐ dāng fān yì. 내가 너를 위해 통역을 맡아줄게.
我给妹妹借了一本小说。(~을 위하여, ~대신에)
wǒ gěi mèi mei jiè le yì běn xiǎo shuō. 나는 여동생을 위해(대신해) 소설책을 한 권 빌렸다.
李老师病了，今天我给他来上课。(~을 대신하여)
lǐ lǎo shī bìng le, jīn tiān wǒ gěi tā lái shàng kè. 이선생님이 병이 나셔서 오늘 내가 이선생님을 대신해서 수업을 합니다.
我的钱包给小偷儿偷走了。(피동문의 '被'대신 쓰인 '给')
wǒ de qián bāo gěi xiǎo tōur tōu zǒu le. 내 지갑을 소매치기 당했다.
杯子被他给打破了。(구어화, 어감 강조)
bēi zi bèi tā gěi dǎ pò le. 잔(컵)이 그에 의해 깨졌다.
他把杯子给打破了。(구어화, 어감 강조)
tā bǎ bēi zi gěi dǎ pò le. 그가 잔을 깨트렸다.

* 你把任务给我们交吧! (×)

你的房子租给谁了?(O)
nǐ de fáng zi zū gěi shuí le?
너의 집은 누구에게 세를 놓았니(임대했니)?

* 你的房子给谁租了? (×)

그렇다면 이와 같은 타동사를 제외하고 어떠한 동사들이 목적어를 가질 수 없는 자동사인가? 예를 들어 보면 다음과 같은 동사들을 보통 자동사라고 한다.

咳嗽ké sou(기침하다), 休息xiū xi(쉬다), 着想zhuó xiǎng(고려하다, 생각하다, 염두에 두다), 跑pǎo(달리다,(어떤 일을 위해) 뛰어 다니다), 出发chū fā(출발하다), 劳动láo dòng(노동하다, 일하다), 失败shī bài(실패(패배)하다), 生活shēng huó(생활하다), 笑xiào(웃다), 醒xǐng(깨다, 각성하다), 工作gōng zuò(일하다, 작업하다), 服务fú wù(복무하다, 봉사하다, 서비스하다), 旅行lǚ xíng(여행하다), 旅游lǚ yóu(여행(관광)하다)

이와 같은 동사들은 일반적으로 목적어를 가질 수 없는 자동사들이다. 즉, 동사 뒤에 목적어를 직접 놓고 표현할 수 없다. 예를 들어 从校门口出发。cóng xiào mén kǒu chū fā. (학교 앞(입구)에서 출발하다)를 *出发校门口.(×) 라고 할 수 없고, 去北京旅行。qù běi jīng lǚ xíng(북경으로 여행가다)을 *旅行北京.(×) 이라고 할 수 없다. 하지만 이러한 자동사들 뒤에 수량성분은 올 수 있다. 수량성분이란 동작의 양이나 횟수를 나타내는 성분 혹은 시간을 나타내는 성분을 말한다. 예를 들어 다음과 같은 경우이다.

休息了一会儿。
xiū xi le yí huìr.
잠시 쉬었다.

咳嗽了好几次。
ké sou le hǎo jǐ cì.
여러 번 기침을 했다.

为他着想了半天。
wèi tā zhuó xiǎng le bàn tiān.
그를 위해 한참을 생각(고려)했다.

已经出发了十几天了。.
yǐ jīng chū fā le shí jǐ tiān le.
출발한지 이미 십 여일이 되었다.

失败过一次。
shī bài guo yí cì.
한 번 실패한 적이 있다.

在中国生活了一年。
zài zhōng guó shēng huó le yì nián.
중국에서 일 년을 생활했다.

劳动了一辈子。
láo dòng le yí bèi zi.
한 평생을 일(노동)했다.

동사 뒤에서 동작의 양이나 횟수를 나타내는 성분 혹은 시간을 나타내는 성분은 목적어와 유사하지만 중국어 어법에서는 목적어라 하지 않고 보통 동사의 보어라 칭한다. 동작의 양이나 횟수를 나타내는 성분은 동량보어, 시간을 나타내는 성분은 시량보어라고 나누어 설명하기도 한다.

2. 이합동사

자동사 중에는 이합동사(離合動詞) 혹은 이합사(離合詞)라고 하는 특수한 부류의 자동사가 있다. 이합동사는 단어 자체의 구조가 '동사+목적어'로 되어 있기 때문에 그 뒤에 다시 목적어를 놓을 수 없는 동사들이다. 예를 들어, 毕业 bì yè(졸업하다)는 '마치다(毕)'라는 의미의 동사와 '학업(业)'이라는 뜻의 목적어가 합쳐진 이합동사이다. 그래서 '대학을 졸업하다'라고 말할 때는 '毕业大学'가 아니고, '大学'를 앞에 놓고 '大学毕业'라고 해야 정확한 표현이 된다. 아래와 같은 동사들은 모두 동사 자체가 '동사+목적어'의 구조로 된 이합동사들이다.

见面 jiàn miàn 만나다 (얼굴을 보다)
握手 wò shǒu 악수하다 (손을 잡다)

毕业 bì yè 졸업하다 (학업을 마치다)

结婚 jié hūn 결혼하다 (혼인을 맺다)

生气 shēng qì 화내다 (화를 내다)

请客 qǐng kè 한턱내다 (손님을 초대하다)

出差 chū chāi 출장가다, 파견되다 (출장을 나가다)

帮忙 bāng máng 돕다 (바쁜 것을 돕다)

洗澡 xǐ zǎo 목욕(샤워)하다

理发 lǐ fà 이발하다 (머리를 다듬다(깍다))

撒谎 sā huǎng 거짓말 하다 (거짓을 말하다)

游泳 yóu yǒng 수영하다

扫兴 sǎo xìng 흥(기분)이 깨지다, 흥취가 사라지다 (흥을 깨다)

鼓掌 gǔ zhǎng 박수치다 (손뼉을 치다)

散步 sàn bù 산보하다

睡觉 shuì jiào 잠자다 (잠을 자다)

投资 tóu zī 투자하다 (자본을 투입하다)

鞠躬 jū gōng 허리를 굽혀 인사하다

加班 jiā bān 초과(시간 외) 근무하다 (근무 시간을 더하다)

吵架 chǎo jià 다투다, 말다툼하다

留学 liú xué 유학하다 (배움을 위해 머무르다)

聊天(儿) liáo tiān(r) 한담(잡담)하다, 채팅하다

随便 suí biàn 마음대로(좋을 대로, 형편대로) 하다 (편함을 따르다)

化妆 huà zhuāng 화장하다

减肥 jiǎn féi 다이어트하다, 살을 빼다

升职 shēng zhí 승진하다, 진급하다

请假 qǐng jià 휴가를 신청하다(내다)

伤心 shāng xīn 상심하다, 슬퍼하다, 마음 아파하다, 마음을 상하다

이와 같은 이합동사들은 그 뒤에 목적어를 놓을 수 없기 때문에, 이합동사가 목적어를 가질 경우 목적어는 동사 뒤에 놓지 못하고 다른 방식으로 표현된다. 단어마다 표현방식이 조금씩 다를 수 있지만, 보통은 전치사를 사용하여 목적어를 동사 앞에 위치시키거나, 목적어를 이합동사의 '동사+목적어' 구조 사이에 끼워 넣는 방법으로 표현한다. 예를 들어, '나는 그를 만나고 싶다'를 이합동사 '见面'을 사용해 표현한다면, *我很想见面他。(×) 와 같이 목적어 '他'를 '见面' 뒤에 놓고 표현할 수 없기 때문에, 전치사 '跟' 혹은 '和'를 사용하여 我很想跟他见面wǒ hěn xiǎng gēn tā jiàn miàn。이라고 한다던가, 혹은 '见'과 '面' 사이에 '他'를 끼워 넣어 我很想见他(的)面。혹은 我很想见他一面(나는 그를 한번(좀) 만나고 싶다)。등과 같이 표현해야 한다. 그 외 '见面'의 경우는 '面'을 없애고 我很想见他。와 같이 표현하는 방법도 있을 수 있다. 몇 가지 예를 더 들어 보면 다음과 같다.

그녀는 가족의 반대를 무릅쓰고 王明과 결혼하였다.
* 她不顾家人的反对，结婚王明了。(×)
→ 她不顾家人的反对，跟王明结婚了。
tā bú gù jiā rén de fǎn duì, gēn wáng míng jié hūn le.

그는 일어나서 모두에게 허리를 숙여 감사의 인사를 했다.
* 他站起来鞠躬大家表示感谢。(×)
→ 他站起来向大家鞠躬表示感谢。
tā zhàn qǐ lái xiàng dà jiā jū gōng biǎo shì gǎn xiè.

너는 누구에게 화를 내고 있는 거니?

* 你这是在生气谁啊? (×)

→ 你这是在生谁(的)气啊?

nǐ zhè shì zài shēng shuí de qì a?

혹은 你这是在跟谁生气啊?

nǐ zhè shì zài gēn shuí shēng qì a?

그의 흥을 깨지마.

* 你就别扫兴他了。(×)

→ 你就别扫他(的)兴了。

nǐ jiù bié sǎo tā de xìng le.

그는 늘 나를 돕는다.

* 他常常帮忙我。(×) [24]

→ 他常常帮我(的)忙。

tā cháng cháng bāng wǒ de máng.

너 마음대로(편할 대로) 해.

* 随便你。(×)

→ 随你(的)便。

suí nǐ (de) biàn.

---

24 '帮忙(돕다)'과 같은 의미의 동사 '帮助bāng zhù'는 이합동사가 아니기 때문에 바로 뒤에 목적어를 놓고 표현할 수 있다. 즉, 他常常帮助我。tā cháng cháng bāng zhù wǒ.는 올바른 표현이다.

저를 도와 주셨으니 오늘은 꼭 식사 대접을 하고 싶습니다.

* 你帮忙我，今天我一定要请客你啊。(×)

→ 你帮了我(的)忙，今天我一定要请你(的)客啊。

nǐ bāng le wǒ (de) máng, jīn tiān wǒ yí dìng yào qǐng nǐ (de) kè a.

넌 너무 이기적이야, 자기만 생각하잖아. 이번엔 정말 그의 마음에 상처를 주었어.

* 你太自私，只为自己考虑，这次真是伤心了他。(×)

→ 你太自私，只为自己考虑，这次真是伤了他的心.

nǐ tài zì sī, zhǐ wèi zì jǐ kǎo lǜ, zhè cì zhēn shì shāng le tā de xīn.

나는 북경대를 졸업했다.

* 我毕业北京大学。(×)

→ 我是北京大学毕业的。('是～的' 용법을 사용한 표현, 목적어는 전치사 없이 동사 앞으로 이동되었다)

wǒ shì běi jīng dà xué bì yè de.

혹은 我毕业于北京大学。(이런 표현은 주로 글말(서면어)에서 사용된다)

wǒ bì yè yú běi jīng dà xué.

혹은 我北京大学毕业了。

wǒ běi jīng dà xué bì yè le.

또한 이합동사가 수량보어(동량보어와 시량보어)를 동반할 때 수량보어 성분은 이합동사의 '동사+목적어' 구조 사이, 즉 이합동사의 동사 성분 뒤에 놓아야 한다.[25] 동태조사 '了', '着', '过'도 마찬가지이다.

---

25 수량보어를 이합동사 뒤에 놓는 경우도 있는데 그런 경우는 이합동사의 동사 성분을 한 번 더 중첩한 후 그 뒤에 수량보어를 놓아야 한다.

예를 들어 보면 다음과 같다.

见了一次面 jiàn le yí cì miàn

한 번 만났다

结过三次婚 jié guo sān cì hūn

세 번 결혼한 적이 있다

吵过一次架 chǎo guo yí cì jià

한 번 말다툼한 적이 있다

聊过几次天 liáo guo jǐ cì tiān

몇 번 이야기를 나눈 적이 있다

去年我没请过一次假。qù nián wǒ méi qǐng guo yí cì jià.

작년에 나는 휴가를 한 번도 신청한 적이 없습니다.

理了一次发 lǐ le yí cì fà

이발을 한 번 했다

洗了几次澡 xǐ le jǐ cì zǎo

몇 번 목욕을 했다

得倒一次车 děi dǎo yí cì chē

차를 한 번 갈아타야한다

你上网上了几个小时? nǐ shàng wǎng shàng le jǐ ge xiǎo shí ?

넌 인터넷을 몇 시간 했니?

我游泳游了五十分钟。wǒ yóu yǒng yóu le wǔ shí fēn zhōng.

나는 50분 동안 수영을 했다.

我们聊天聊过几次。wǒ men liáo tiān liáo guo jǐ cì.

우리는 몇 번 이야기를 나눈 적이 있다.

睡了一个小时觉 shuì le yí ge xiǎo shí jiào

한 시간을 잤다

帮了一个月忙 bāng le yí ge yuè máng

한 달을 도왔다

到上海出了几天差 dào shàng hǎi chū le jǐ tiān chāi

상해로 며칠 출장 갔다

生了半天气 shēng le bàn tiān qì

한참 화를 냈다

加了一个小时班 jiā le yí ge xiǎo shí bān

한 시간 초과근무를 했다

排了半天队 pái le bàn tiān duì

한참 줄을 섰다

游了一个小时泳 yóu le yí ge xiǎo shí yǒng

수영을 한 시간 했다

上了几个小时网？ shàng le jǐ ge xiǎo shí wǎng?

몇 시간동안 인터넷을 했니?

住过院 zhù guo yuàn

입원한 적이 있다

留过学 liú guo xué

유학한 적이 있다

投过资 tóu guo zī

투자한 적이 있다

游着泳 yóu zhe yǒng

수영하고 있습니다

帮着忙 bāng zhe máng

돕고 있습니다.

他抽着烟玩手机游戏。
tā chōu zhe yān wán shǒu jī yóu xì.

그는 담배를 피우며 핸드폰 게임을 한다.

我洗了澡再睡觉。
wǒ xǐ le zǎo zài shuì jiào.

나는 목욕을 하고 (그런 다음에) 잠을 잡니다.

我想大学毕了业就参加工作。
wǒ xiǎng dà xué bì le yè jiù cān jiā gōng zuò.

나는 대학을 졸업하고 바로 취업할 생각입니다.

그런데 한 가지 유의할 점은 이합동사와 시량보어(시간을 나타내는 성분)가 함께 쓰일 때, 만약 이합동사의 의미가 순간적으로 완성되는 동작이라면, 즉, 毕业bì yè(졸업하다), 结婚jié hūn(결혼하다), 去世qù shì(세상을 떠나다, 사망하다), 休学xiū xué(휴학하다), 下课xià kè(수업이 끝나다) 등처럼 동작이 일정 시간동안 지속되는 것이 아니라 동작 자체는 순간적으로 끝나는 동작인 경우, 시량보어는 이합동사의 사이가 아닌 이합동사의 뒤에 놓는다. 그래서 이때의 시간은 동작이 지속된 시간이 아니고, '毕业' 등의 동작이 끝난 후 말할 때까지의 경과된 시간을 나타내게 된다. 예를 들어 보면 다음과 같다.

我大学毕业已经两年多了。
wǒ dà xué bì yè yǐ jīng liǎng nián duō le.
나는 대학을 졸업한지 벌써(이미) 2년이 넘었어요.

他们结婚一个多月了。
tā men jié hūn yí ge duō yuè le.
그들은 결혼한 지 1개월 남짓 되었어요.

他父亲已经去世十年了。
tā fù qīn yǐ jīng qù shì shí nián le.
그의 아버지는 세상을 떠난 지 이미 10년이 지났어요.

他休学才两天。
tā xiū xué cái liǎng tiān.
그는 휴학한 지 (겨우) 이틀밖에 안됐어요.

我们已经下课二十分钟了。
wǒ men yǐ jīng xià kè èr shí fēn zhōng le.
우리는 수업이 끝난 지 이미 20분이 지났습니다.

또한 이합동사는 중첩될 때 이합동사의 '동사+목적어' 구조 중 동사 성분만을 중첩하며, 결과보어도 동사 성분 뒤에 붙여 표현한다.

请你帮帮忙吧。
qǐng nǐ bāng bāng máng ba.
좀 도와주세요.

周末跟朋友们见见面、聊聊天、唱唱歌、跳跳舞、过得很愉快。

zhōu mò gēn péng you men jiàn jiàn miàn、liáo liáo tiān、chàng chàng gē、tiào tiào wǔ, guò de hěn yú kuài.

주말에 친구들과 만나 수다도 떨고, 노래도 부르고, 춤도 추면서 매우 즐겁게 보냈어요.

他热情地和我握了握手。

tā rè qíng de hé wǒ wò le wò shǒu.

그는 반갑게 나와 악수를 했습니다.

本来说上午去公园散散步，一下子就下起雨来了。

běn lái shuō shàng wǔ qù gōng yuán sàn sàn bù, yí xià zi jiù xià qǐ yǔ lái le.

본래는 오전에 공원으로 산책가려 했는데, 갑자기 비가 오기 시작했습니다.

这孩子太胖了，应该减减肥了。

zhè hái zi tài pàng le, yīng gāi jiǎn jiǎn féi le.

이 아이는 너무 뚱뚱하네요, 살을 좀 빼야 하겠습니다.

减完肥，才能穿比基尼。

jiǎn wán féi, cái néng chuān bǐ jī ní.

다이어트를 마쳐야 비키니를 입을 수 있어요.

对不起，我没帮上什么忙。

duì bú qǐ, wǒ méi bāng shàng shén me máng.

미안합니다. 제가 별다른 도움이 되지 못했네요.

그 외 가능보어 형식도 이합동사의 경우는 이합동사의 동사 성분 뒤에 붙여 표현하며, 상태보어를 나타낼 때는 이합동사의 동사 성분을 다시 한 번 반복한 후 반복된 동사 성분 바로 뒤에 '得~'를 붙여 표현한다. 예를 들어 보면 다음과 같다.

他肚子疼，上不了班。
tā dù zi téng, shàng bu liǎo bān.
그는 배가 아파서 출근할 수 없어요.

他人际关系不好，升不了职 。
tā rén jì guān xi bù hǎo, shēng bu liǎo zhí.
그는 인간관계가 안 좋아서 승진할 수 없습니다.

公司停电了，看来今晚加不了班了。
gōng sī tíng diàn le, kàn lái jīn wǎn jiā bu liǎo bān.
회사가 정전이 되어서 오늘 저녁에는 야근을 할 수 없을 듯합니다.

网络连接上了，却上不了网，怎么办?
wǎng luò lián jiē shàng le, què shàng bu liǎo wǎng, zěn me bàn?
네트워크는 연결되었지만 인터넷에 접속할 수 없네요. 어떻게 하지요?

穷地方的孩子总是上不起学。
qióng dì fang de hái zi zǒng shì shàng bu qǐ xué.
가난한 지역의 아이들은 늘 (돈이 없어서) 학교에 다니지 못합니다.

由于工作压力太大，他最近晚上总是睡不着觉。
yóu yú gōng zuò yā lì tài dà, tā zuì jìn wǎn shang zǒng shì shuì bu zháo jiào.
업무 스트레스가 너무 심해서 그는 요즘 저녁에 늘 잠을 이루지 못합니다.

他感动得说不出话来。
tā gǎn dòng de shuō bu chū huà lái.
그는 감동해서 말도 할 수 없었습니다.

他起床起得很早。
tā qǐ chuáng qǐ de hěn zǎo.
그는 일찍 일어났습니다.

她化妆化得很慢。
huà zhuāng huà de hěn màn.
그녀는 화장을 느리게 합니다.

我们结婚结得很早。
wǒ men jié hūn jié de hěn zǎo.
우리는 일찍 결혼했습니다.

我们班金恩株跳舞跳得棒极了。
wǒ men bān jīn ēn zhū tiào wǔ tiào de bàng jí le.
우리 반의 김은주는 춤을 정말 잘 춥니다.

昨天晚上(睡觉)睡得好吗？
zuó tiān wǎn shang (shuì jiào) shuì de hǎo ma?
어제 저녁에 잘 주무셨습니까?

이처럼 이합동사의 활용방식은 좀 복잡하지만, 모두 동사 자체의 구조가 '동사+목적어' 구조로 되어 있기 때문에 나타나는 현상들이다.

제14장 성질형용사와 상태형용사

형용사란 사람·사물·행위 등의 성질이나 상태를 나타내는 단어를 말한다. 중국어의 형용사는 크게 성질형용사와 상태형용사 두 가지로 나누어진다. 성질형용사는 사람이나 사물의 성질이나 속성을 나타내는 것으로, 우리가 알고 있는 대부분의 형용사가 성질형용사에 속한다. 상태형용사는 사람이나 사물의 상태를 일반적인 형용사보다 더욱 리얼하고 생생하게 혹은 비유적으로 강하게 묘사하는 형용사이다. 형용사를 이렇게 두 부류로 나누는 이유는 사실 의미보다는 이 두 부류 형용사의 어법 특성이 서로 확연히 다르기 때문이다. 이번 장에서는 성질형용사와 상태형용사가 가지고 있는 어법 특성에 대해 살펴보기로 하자. 더불어 마지막 부분에서는 형용사와 유사하지만 형용사라고 말하기 어려운 소위 비위형용사(구별사)의 어법 특성에 대해서도 함께 언급할 것이다.

1. 성질형용사

성질형용사는 사람이나 사물의 성질이나 속성을 나타내는 것으로 단순한 형태를 하고 있다. 아래의 예와 같이 우리가 알고 있는 대부분의 형용사가 성질형용사에 속한다.

大	dà	크다, 세다
高	gāo	높다
长	cháng	길다
好	hǎo	좋다, 훌륭하다
差	chà	차이가 나다, 부족하다, 좋지 않다(표준에 못 미치다)
快	kuài	빠르다
晚	wǎn	늦다
多	duō	많다
干净	gān jìng	깨끗하다, 하나도 남지 않다
漂亮	piào liang	예쁘다, 뛰어나다(훌륭하다)
明显	míng xiǎn	뚜렷하다, 분명하다
认真	rèn zhēn	열심이다, 진지하다, 성실하다
谦虚	qiān xū	겸손(겸허)하다
严肃	yán sù	엄숙하다
惭愧	cán kuì	부끄럽다, 송구스럽다

이와 같은 성질형용사의 주요 어법 특성은 다음과 같다.

(1) 성질형용사는 '很hěn', '非常fēi cháng', '挺tǐng', '特别tè bié', '真zhēn', '太tài', '十分shí fēn', '最zuì' 등 정도부사의 수식을 받을 수 있으

며, 목적어는 취할 수 없다.

예를 들어 형용사 '干净gān jìng(깨끗하다)'은 '很'의 수식을 받을 수 있기 때문에 '很干净((매우) 깨끗하다)'이라고 말할 수 있지만, 뒤에 목적어를 두고 '很干净衣服'라고 말할 수는 없다. 이와 같은 성질형용사의 어법 특성은 동사와 성질형용사를 구분할 때 사용되는 가장 중요한 기준이기도 하다. 왜냐하면 중국어의 동사는 일반적으로 '很' 등 정도부사의 수식을 받을 수 없고, 자동사를 제외하면 대부분 목적어를 취할 수 있기 때문이다.

그런데 동사 중 '喜欢xǐ huan(좋아하다)', '讨厌tǎo yàn(싫어하다)', '想xiǎng(그리워하다, 몹시 생각나다)', '同意tóng yì(동의하다)', '怕pà(무서워하다, 걱정하다)', '羡慕xiàn mù(부러워하다)' 등 일부 마음의 움직임을 나타내는 심리(활동)동사들은 '很'을 비롯한 정도부사의 수식을 받을 수 있다. 따라서 이러한 심리동사들은 어법 특성을 기준으로 보았을 때 성질형용사와의 구분이 모호해질 수 있다. 하지만 이러한 심리동사들은 형용사와 달리 목적어를 취할 수 있기 때문에 여전히 형용사와는 확연히 구분된다.[26]

---

26 일부 성질형용사는 형용사와 동사 두 가지로 모두 사용된다. 예를 들어 方便(편리하다), 丰富(풍부하다)가 '很'의 수식을 받아서 '很方便', '很丰富'처럼 사용될 때는 (성질)형용사이다. 하지만 方便顾客(고객을 편리하게 하다), 丰富业余生活(여가생활을 풍부하게 하다)와 같이 목적어를 취할 경우에는 동사가 된다. 그러나 '很'과 목적어를 동시에 취하여 *'很方便顾客'(×), *'很丰富业余生活'(×)라고 말할 수는 없다. 이처럼 두 개 혹은 그 이상의 품사 기능을 동시에 가지는 단어를 겸류사(兼類詞)라고 한다. 동사의 기능을 동시에 갖고 있는 성질형용사로는 麻烦má fan(귀찮다, 성가시다 / 귀찮게 하다, 부담을 주다, 폐를 끼치다), 繁荣fán róng(번영하다 / 번영시키다), 稳定wěn dìng(안정적이다, 변동이 없다 / 안정시키다, 가라앉히다), 严肃yán sù(엄숙하다,

她很喜欢孩子。
tā hěn xǐ huan hái zi.
그는 아이들을 (무척) 좋아합니다.

我很同意他的意见。
wǒ hěn tóng yì tā de yì jiàn.
나는 그의 의견에 (매우) 동의합니다.

我很想家。
wǒ hěn xiǎng jiā.
난 집이 (많이) 그립습니다.

她很怕老鼠。
tā hěn pà lǎo shǔ.
그는 쥐를 (무척) 무서워합니다.

(2) 성질형용사는 '是'의 도움 없이 단독으로 술어가 될 수 있는데, 술어가 될 때 성질형용사 앞에는 보통 정도부사가 동반된다. 특히 술어 형용사 앞에 쓰이는 정도부사 '很'은 강세를 두어 발음하지 않는 한 형용사를 강조하는 의미가 없고, 문장 구성의 필요 때문에 습관적으로 사용되는 경우가 많다.

他弟弟很瘦。
tā dì di hěn shòu.
그의 남동생은 말랐습니다.

엄격하다 / 엄숙하게 하다, 허술하지 않게 하다), 坚定jiān dìng(확고하다, 꿋꿋하다 / 확고히(견고히) 하다, 굳히다) 등이 있다.

她很漂亮。
tā hěn piào liang.
그녀는 아름답습니다.

小李很亲切。
xiǎo lǐ hěn qīn qiè.
小李는 친절합니다.

他非常可爱。
tā fēi cháng kě ài.
그는 너무나(아주) 러블리해요.

만일 술어 형용사 앞에 정도부사를 쓰지 않으면 비교나 대조의 의미 혹은 암암리에 비교하는 어감을 갖게 된다.

外边凉快，咱们去外边吧。
wài bian liáng kuài, zán men qù wài bian ba.
밖은 시원합니다. 우리 밖으로 나갑시다.
(밖은 시원하고, 안은 덥다는 비교의 의미를 내포)

他说得好，我们还是让他说吧。
tā shuō de hǎo, wǒ men hái shi ràng tā shuō ba.
그의 말이 적절한 것 같으니 우리 그냥 그에게 말하게 하자.
(그 사람이 우리보다 적절히 말을 잘할 것이라는 비교의 의미를 내포)

屋里热，外面冷。
wū li rè, wài mian lěng.
방안은 덥고, 바깥은 추워요.

老大老实，老二淘气。
lǎo dà lǎo shi, lǎo èr táo qì.
첫째는 얌전한데 둘째는 개구쟁이입니다.

这个贵，那个便宜。
zhè ge guì, nà ge pián yi.
이것은 비싸고, 저것은 쌉니다.

(3) 성질형용사는 관형어(한정어)가 되어 명사를 수식할 수 있는데, 1음절(한 글자)인 경우는 일반적으로 '的'를 붙이지 않지만, 2음절(두 글자)인 경우는 보통 '的'를 붙인다.

老朋友 lǎo péng you	오랜 친구
新地址 xīn dì zhǐ	새 주소
坏消息 huài xiāo xi	나쁜 소식
热咖啡 rè kā fēi	뜨거운 커피
丰富的工作经验 fēng fù de gōng zuò jīng yàn	풍부한 업무 경험
牢固的关系 láo gù de guān xi	확고한 관계

하지만 앞에 '很', '非常', '不' 등과 같은 부사의 수식을 받는 성질형용사가 명사를 수식할 때는 성질형용사가 1음절이든 2음절이든 뒤에 '的'를 붙여야 한다. 예외적으로 '很多', '不少'는 '的'를 붙이지 않는다.

非常重要的会议 fēi cháng zhòng yào de huì yì	대단히 중요한 회의
最尊敬的人 zuì zūn jìng de rén	가장 존경하는 사람

很多学生 hěn duō xué sheng　　많은 학생
不少钱 bù shǎo qián　　적지 않은 돈

일부 2음절 성질형용사는 수식하는 명사와 합쳐져 하나의 단어처럼 사용되는 경우가 있다. 이런 경우는 보통 '的'를 붙이지 않는다.

友好关系 yǒu hǎo guān xi　　우호관계
有利条件 yǒu lì tiáo jiàn　　유리한 조건
要紧事 yào jǐn shì　　중요한 일
远大抱负 yuǎn dà bào fù　　원대한 포부

(4) 성질형용사는 부사어(상황어)가 되어 동사를 수식할 수도 있는데, 1음절인 경우는 보통 뒤에 '地'를 붙이지 않는다.[27] 반면 2음절인 경우는 '地'를 붙여도 되고 붙이지 않아도 된다. 즉, 2음절인 경우는 '地'의 사용이 비교적 자유롭다. 글을 쓸 때는 보통 '地'를 붙이고, 구어에서는 생략되는 경우가 많다. 그렇지만 만일 부사어로 쓰인 성질형용사가 뒤에 나오는 동작을 묘사하는 것이 아니라 행위자의 감정이나 상태를 묘사하는 것이라면, 일반적으로 뒤에 '地'를 붙인다. 예를 들어 '他高兴地说...(그는 기쁘게(기쁜 마음으로) 말하길 ...'에서 '高兴地'는 '说'를 묘사하는 것이 아니라 행위자인 '他'의 상태를 묘사하는 것이기 때문에 '地'를 붙여 수식해야 자연스럽다.[28]

---

27 '猛měng' (맹렬하다, 용감하다, 사납다, 갑자기, 돌연)은 예외적으로 '地'를 붙인다. 我猛地把车刹住。wǒ měng de bǎ chē shā zhù. 그는 급작스럽게(돌연, 급히) 차를 세웠다.

28 예외적으로 清楚qīng chu(분명하다, 뚜렷하다), 模糊mó hú(모호하다, 분명하지 않

多吃
duō chī 많이 먹다

早来
zǎo lái 일찍 오다

快跑
kuài pǎo 빨리 달리다

少说
shǎo shuō 적게 말하다

傻笑
shǎ xiào 바보스럽게 웃다, 실없이 웃다

彻底(地)打扫
chè dǐ (de) dǎ sǎo 철저하게 청소하다

仔细(地)读一遍
zǐ xì (de) dú yí biàn 자세하게 한 번 읽다

激动地流下眼泪
jī dòng de liú xià yǎn lèi 감격하여 눈물을 흘리다

满意地点点头
mǎn yì de diǎn diǎn tóu 만족스러워 하면서 고개를 끄덕이다

다), 含混hán hùn (모호하다, 명확하지 않다) 등 일부 형용사는 동사를 수식할 때 '地'를 꼭 붙여야 한다.

大夫清楚地写了两个字: 手术!
dài fu qīng chu de xiě le liǎng ge zì: shǒu shù!
의사선생님은 두 글자를 분명하게 적었다, 수술!

他模糊地听见友人在喊他。
tā mó hú de tīng jiàn yǒu rén zài hǎn tā.
그는 누군가가 그를 부르는 소리를 희미하게 들었다.

怀疑地看我一眼
huái yí de kàn wǒ yì yǎn 의심스럽게 나를 한 번 쳐다보다

정도부사의 수식을 받는 성질형용사가 동사를 수식하는 경우에는 성질형용사가 1음절이든 2음절이든 뒤에 반드시 '地'를 붙여야 한다.

很慢地走
hěn màn de zǒu
천천히 걷다

非常顺利地通过
fēi cháng shùn lì de tōng guò
아주 순조롭게 통과하다

很客气地提出三点要求
hěn kè qì de tí chū sān diǎn yāo qiú
정중하게 3가지 요구사항을 제기하다

(5) 이 외에도 성질형용사는 문장 내에서 보어로 쓰일 수 있고, 직접 보어를 취할 수도 있다. 때로는 주어나 목적어가 되기도 한다.

打扫干净 (결과보어가 됨)
dǎ sǎo gān jìng
깨끗이 청소하다

做得很认真 (상태보어가 됨)
zuò de hěn rèn zhēn
열심히(진지하게) 한다.

好得不能再好 (상태보어를 취함)
hǎo de bù néng zài hǎo
더 이상 좋을 수 없을 정도로 좋다.

高兴坏了 (정도보어를 취함)
gāo xìng huài le
정말(너무) 기쁘다

艰苦可以锻炼人。 (주어가 됨)
jiān kǔ kě yǐ duàn liàn rén.
고난은 사람을 단련시킬 수 있다.

她爱干净。 (목적어가 됨)
tā ài gān jìng.
그녀는 깨끗한 것을 좋아합니다(깔끔합니다).

(6) 성질형용사는 부정부사 '不'로 부정할 수 있다. ('没'로 부정하는 경우는 제5장 부정부사 '不'와 '没(有)'의 차이 참조)

这本教材不难。
zhè běn jiào cái bú nán.
이 교재는 어렵지 않습니다.

他回答得不清楚。
tā huí dá de bù qīng chu.
그는 분명하지 않게 대답했습니다.

(7) 2음절 성질형용사의 중첩형은 AABB식이다.

清楚 qīng chu → 清清楚楚 (분명하다)
高兴 gāo xìng → 高高兴兴 (기쁘다)
认真 rèn zhēn → 认认真真 (진지하다, 열심이다, 성실하다)
平凡 píng fán → 平平凡凡 (평범하다)

2. 상태형용사

상태형용사는 사람이나 사물의 상태를 일반적인 형용사보다 더욱 리얼하고 생생하게 혹은 비유적으로 강하게 묘사하는 형용사이다. 상태형용사는 다양한 형태로 표현되는데 주로 아래와 같은 단어들을 상태형용사라 부른다.

通红 tōng hóng 새빨갛다, 진홍빛이다
雪白 xuě bái 새하얗다, 눈처럼 희다
冰凉 bīng liáng 매우 차다, 차디차다
贼亮 zéi liàng 눈부시게 밝다, 유난히 반들반들하다
笔直 bǐ zhí 똑바르다, 매우 곧다
漆黑 qī hēi 칠흑같다,, 아주 어둡다
滚圆 gǔn yuán 동글동글하다, 아주 동그랗다, 매우 둥글다
绿油油 lǜ yōu yōu 푸르고 싱싱하다, 짙푸르다
热乎乎 rè hū hū 뜨끈뜨끈하다
喜洋洋 xǐ yáng yáng 몹시 기쁜 모양, 기쁨이 가득한 모양

香喷喷 xiāng pēn pēn 향기롭다, 향기가 진하다

古里古怪 gǔ li gǔ guài (모습이) 기괴하다, 해괴하다, (성미가) 괴팍하다

糊里糊涂 hú li hú tú 얼떨떨하다, 흐리멍덩하다, 어리벙벙하다

马里马虎 mǎ li mǎ hǔ 소홀히 하다, 건성건성하다, 흐리터분하다

小里小气 xiǎo li xiǎo qì 인색하다, 쩨쩨하다, 옹졸하다

黑不溜秋 hēi bu liū qiū 거무칙칙하다, 검어서 보기 흉하다

黑咕隆咚 hēi gū lóng dōng 새까맣다

红不拉唧 hóng bu lā jī 불그죽죽하다

干干净净 gān gān jìng jìng (아주) 깨끗하다

漂漂亮亮 piào piào liàng liàng (매우) 아름답다

老老实实 lǎo lǎo shí shí (매우) 성실하다(온순하다, 얌전하다)

整整齐齐 zhěng zhěng qí qí (매우) 가지런하다

好好 hǎo hǎo (아주) 좋다

轻轻 qīng qīng 조용조용하다, 가만가만하다, 가볍고 부드럽다

상태형용사는 단어를 구성하는 성분의 형식에 따라 몇 가지 유형으로 나누어 볼 수 있다. 첫 번째는 通红tōng hóng, 雪白xuě bái, 冰凉bīng liáng, 贼亮zéi liàng, 笔直bǐ zhí, 漆黑qī hēi, 滚圆gǔn yuán 등과 같이 두 번째 글자가 (형용사) 의미의 중심이 되고, 첫 번째 글자는 비유성 혹은 묘사성 의미 성분으로서 뒤에 있는 형용사를 꾸며주고 있는 형태의 상태형용사이다. 두 번째는 绿油油lǜ yōu yōu, 热乎乎rè hū hū, 喜洋洋xǐ yáng yáng, 香喷喷xiāng pēn pēn 등처럼 1음절 형용사 뒤에 중첩된 접미사가 붙은 형태의 상태형용사이다. 세 번째는 古里古怪gǔ lǐ gǔ guài, 糊里糊涂hú li hú tú, 马里马虎mǎ li mǎ hǔ, 小里小气xiǎo li xiǎo qì

등처럼 2음절 형용사 AB의 부분 중첩 형태인 A里AB형 상태형용사이다. A里AB형 상태형용사는 주로 부정적이고 좋지 않은 의미를 표현할 때 사용된다. 네 번째는 黑不溜秋hēi bu liū qiū 黑咕隆咚hēi gū lóng dōng, 红不拉唧hóng bu lā jī 등처럼 1음절 형용사 뒤에 3음절의 (의성어) 접미사가 붙은 형태의 상태형용사이다. 다섯 번째는 干干净净gān gān jìng jìng, 漂漂亮亮piào piào liàng liàng, 老老实实lǎo lǎo shí shí, 整整齐齐zhěng zhěng qí qí, 好好hǎo hǎo, 轻轻qīng qīng 등과 같이 1음절 혹은 2음절 형용사의 완전 중첩형 상태형용사이다.

이와 같은 상태형용사들은 얼핏 성질형용사와 유사한 것처럼 보인다. 하지만 상태형용사와 성질형용사는 어법 특성이 크게 다르다. 다음은 상태형용사의 주요 어법 특성이다. (1)부터 (6)까지는 상태형용사와 성질형용사의 차이점이라고 할 수 있고, (7)은 상태형용사와 성질형용사의 유사점이라고 할 수 있다.

(1) 상태형용사는 단어 자체에 이미 묘사의 정도를 강화시키는 요소가 포함되어 있다. 따라서 상태형용사 앞에 정도부사를 붙여 쓰면 잘못된 표현이 된다.

* 很雪白	(×)
* 挺热乎乎	(×)
* 特别高高	(×)
* 非常黑不溜秋	(×)
* 十分漂漂亮亮	(×)

* 有点儿马里马虎 (×)

(2) 상태형용사를 사용하는 목적은 주로 사람이나 사물의 모습 혹은 동작의 양태를 묘사하는 것이기 때문에 일반적으로 부정형식은 사용하지 않는다. 따라서 보통 부정부사 '不'로 부정하지 않는다.

* 不雪白 (×)
* 不绿油油 (×)
* 不干干净净 (×)
* 不黑不溜秋 (×)

마찬가지 이유로 상태형용사는 비교의 의미가 포함된 표현에 사용되지 않는다.

这里没有我家舒服。
zhè li méi yǒu wǒ jiā shū fu.
이곳은 우리 집만큼(집처럼) 편안하지 않다. (이곳과 집을 비교)

* 这里没有我家舒舒服服。(×)

外面风大，我们到屋里吧。
wài mian fēng dà, wǒ men dào wū li ba.
바깥은 바람이 세니, 우리 방 안으로 갑시다. (바깥과 방 안을 비교)

* 外面风大大的，我们到屋里吧。(×)

(3) 2음절 AB형 상태형용사의 중첩형은 ABAB식이다. 이는 2음절

동사의 중첩형인 ABAB식(休息休息, 研究研究 등)과 동일하다.

雪白雪白 xuě bái xuě bái
笔直笔直 bǐ zhí bǐ zhí
冰凉冰凉 bīng liáng bīng liáng

(4) 상태형용사가 술어가 되거나 '得' 뒤에서 상태보어로 쓰일 때는 일반적으로 뒤에 '的'를 붙인다.

这块布雪白的。
zhè kuài bù xuě bái de.
이 천은 새하얗다.

馒头热乎乎的。
mán tou rè hū hū de.
(소 없는) 찐빵이 뜨끈뜨끈하다.

孩子们高高兴兴的。
hái zi men gāo gāo xìng xìng de.
아이들은 매우 즐거워합니다.

这城市的颜色黑不溜秋的。
zhè chéng shì de yán sè hēi bu liū qiū de.
이 도시의 색은 거무칙칙하다.

这间屋子干干净净的。
zhè jiān wū zi gān gān jìng jìng de.
이 방은 아주 깨끗합니다.

他身体好好的。
tā shēn tǐ hǎo hǎo de.
그는 건강이 매우 좋습니다.

姑娘的脸红红的。
gū niang de liǎn hóng hóng de.
아가씨의 얼굴이 빨갛습니다.

他把皮鞋擦得亮亮的。
tā bǎ pí xié cā de liàng liàng de.
그는 구두를 반들반들 윤이 나게 닦았습니다.

孩子一动也不动，站得笔直(的)。
hái zi yí dòng yě bú dòng, zhàn de bǐ zhí (de).
아이는 조금도 움직이지 않고 꼿꼿이 서 있습니다.

他记得清清楚楚的，没有错。
tā jì de qīng qīng chǔ chǔ de, méi yǒu cuò.
그는 아주 똑똑하게(분명히) 기억했습니다. 틀림이 없습니다.

这头小猪长得滚圆滚圆的。
zhè tóu xiǎo zhū zhǎng de gǔn yuán gǔn yuán de.
이 새끼 돼지는 동글동글하네요(동글동글하게 자랐네요).

她的脸冻得通红通红的。
tā de liǎn dòng de tōng hóng tōng hóng de.
그녀의 얼굴은 얼어서 온통 빨갛게 되었습니다.

屋子里乱哄哄的。
wū zi li luàn hōng hōng de.
방 안이 왁자지껄하네요(소란스럽네요).

他个子高高的，皮肤白白的，像模特儿一样帅。
tā gè zi gāo gāo de, pí fū bái bái de, xiàng mó tèr yí yàng shuài.
그는 키가 아주 크고 피부도 하얘서 마치 모델처럼 멋있어요.

(5) 성질형용사는 보어를 취할 수 있지만 상태형용사는 보어를 취할 수 없다.

干净极了。
gān jìng jí le.
대단히 깨끗합니다.

* 干干净净极了。(×)

干净得一点儿灰尘都没有。
gān jìng de yì diǎnr huī chén dōu méi yǒu.
먼지 한 톨 없을 정도로 깨끗합니다.

* 干干净净得一点儿灰尘都没有。(×)

(6) 성질형용사 뒤에는 조사 '了', '着', '过'가 사용될 수 있지만, 상태형용사 뒤에는 '了', '着', '过'가 사용될 수 없다.

教室干净了。
jiào shì gān jìng le.
교실이 깨끗해졌습니다.

* 教室干干净净了。(×)

屋里的灯还亮着。

wū li de dēng hái liàng zhe.

방 안의 등이 아직 켜져 있습니다.

* 屋里的灯还亮亮着。(×)

她以前胖过，现在瘦了。

tā yǐ qián pàng guo, xiàn zài shòu le.

그녀는 이전에는 뚱뚱했었는데 지금은 말랐습니다.

* 她以前胖胖过，现在瘦瘦了。(×)

(7) 상태형용사가 관형어(한정어)가 되어 명사를 수식할 때는 '的'를 붙여야 하고, 부사어(상황어)가 되어 동사를 수식할 때는 '地'를 붙여야 한다. 다만 1음절 형용사의 중첩형(예: 慢慢màn màn)인 상태형용사가 동사를 수식할 때는 '地'를 생략할 수 있다.

雪白的毛衣。

xuě bái de máo yī

새하얀 스웨터

冷冰冰的河水

lěng bīng bīng de hé shuǐ

차디찬 강물

黑古隆冬的山洞
hēi gǔ lóng dōng de shān dòng
(아주) 캄캄한 동굴

漂漂亮亮的大眼睛
piào piào liàng liàng de dà yǎn jīng
아주 예쁘고 커다란 눈

她轻轻(地)回答: “好的!”
tā qīng qīng (de) huí dá : “hǎo de!”
그는 가볍게(가만히, 살짝) 대답했습니다. “좋아요!”

母亲紧紧(地)抱着自己的孩子。
mǔ qīn jǐn jǐn (de) bào zhe zì jǐ de hái zi.
어머니는 자기 아이를 꼭 껴안았습니다.

天气慢慢(地)暖和了。
tiān qì màn màn(mān) (de) nuǎn huo le.
날씨가 서서히 따뜻해졌습니다.

孩子们规规矩矩地坐在那里, 一动也不动。
hái zi men guī guī jǔ jǔ de zuò zài nà li, yí dòng yě bú dòng.
아이들은 얌전히 그곳에 앉아서 조금도 움직이지 않네요.

同学们正在认认真真地听课。
tóng xué men zhèng zài rèn rèn zhēn zhēn de tīng kè.
학생들은 열심히 수업을 듣는 중입니다.

他笔直地坐在长沙发上。
tā bǐ zhí de zuò zài cháng shā fā shang.
그는 긴 소파에 꼿꼿이 앉아있습니다.

孩子一个人孤零零地待在家里，真可怜。
hái zi yí ge rén gū líng líng de dāi zài jiā li, zhēn kě lián.
아이 혼자서 외롭게(덩그러니, 쓸쓸히) 집에 있다니, 정말 불쌍해요.

이상 살펴본 바와 같이 상태형용사의 어법 특성은 성질형용사와 크게 다르다. 이에 일부 학자들은 상태형용사를 형용사의 범주에 넣지 않고, 독립적인 하나의 품사로 설정하여 '상태사'란 명칭으로 부르기도 한다. 하지만 일반적인 어법서에서는 대부분 상태형용사를 독립적인 품사로 분류하지 않고, 형용사의 한 특수한 부류로 다루고 있다.

3. 비위형용사 (구별사)

중국어의 형용사 중에는 성질형용사와 상태형용사 이외에도 비위형용사(非謂形容詞)[29] 혹은 구별사(區別詞)라는 명칭으로 분류되는 형용사가 있다. 예를 들어 男nán, 女nǚ, 金jīn, 银yín, 主要zhǔ yào, 次要cì yào 등과 같은 단어들이 이에 속하는데, 주로 사물의 속성을 분류하거나 구별하는 역할을 하는 단어들이다. 그런데 이러한 비위형용사(구별

29 중국어로 술어(문장에서 주어를 제외한 나머지 부분)를 谓语wèi yǔ라고 하는데, 非谓形容词fēi wèi xíng róng cí라는 말 자체의 뜻은 술어가 될 수 없는 형용사라는 뜻이다.

사)는 형용사와 닮았지만, 형용사라고 하기도 어렵고, 명사와도 닮았지만, 명사라고 하기도 어렵다. 왜냐하면 비위형용사(구별사)는 형용사나 명사의 주요 어법 기능을 갖고 있지 않기 때문이다. 비위형용사(구별사)는 정도부사의 수식을 받을 수 없고(*他很男(×)), 단독으로 술어가 될 수도 없으며, 동사를 수식할 수 없고, 보어가 될 수도 없기 때문에 형용사의 주요 어법 기능을 갖고 있지 않다. 또한 명사처럼 수량사의 수식을 받는다든가(*一个男(×)), 주어나 목적어가 될 수도 없다(*男聪明(×)/*她喜欢男(×)). 비위형용사(구별사)가 문장 내에서 할 수 있는 역할은 명사를 수식하는 기능뿐이다.

비위형용사(구별사)에 해당되는 단어는 그 숫자가 그리 많지 않은데, 의미상 짝을 이루는 단어와 짝을 이루지 않는 단어로 구분해 볼 수 있다. 중요한 일부 단어들을 나열해 보면 다음과 같다.

▲ 짝을 이루는 비위형용사

雄 xióng 수컷의	雌 cí 암컷의
公 gōng 수컷의	母 mǔ 암컷의
男 nán 남자의	女 nǚ 여자의
荤 hūn 생선이나 육류로 만든	素 sù 야채로 만든
阴 yīn 음의	阳 yáng 양의
金 jīn 금으로 된	银 yín 은으로 된
单 dān 하나의	夹 jiá (두) 겹의, 双 shuāng (두) 쌍의
高等 gāo děng 고등의, 고급의	初等 chū děng 초등의, 초급의
高档 gāo dàng 고급의	低档 dī dàng 저급의

主要 zhǔ yào 주요한 次要 cì yào 부차적인, 다음으로 중요한
公共 gōng gòng 공공의 私有 sī yǒu 사유의
彩色 cǎi sè 컬러의 黑白 hēi bái 흑백의
微型 wēi xíng 마이크로 巨型 jù xíng 매크로
大型 dà xíng 대형의 小型 xiǎo xíng 소형의
慢性 màn xìng 만성인 急性 jí xìng 급성인
天然 tiān rán 천연의 人为 rén wéi 인위적인

▲ 짝을 이루지 않는 비위형용사

别 bié 다른
紫 zǐ 자주색(보라색)의
野生 yě shēng 야생의
日常 rì cháng 일상의, 일상적인
任何 rèn hé 어떠한 (∽라도)
粉 fěn 하얀색을 띤, 핑크의
切身 qiè shēn 자신과 밀접한 관계가 있는, 시급한(절실한)
边远 biān yuǎn 변방의, 중심에서 멀리 떨어진
永久 yǒng jiǔ 영구한, 영원한
正式 zhèng shì 정식의 공식의
所有 suǒ yǒu 모든, 일체의
个别 gè bié 개개의, 개별적인, 일부의, 극소수의

이와 같은 비위형용사(구별사)의 어법 기능은 매우 단순하며 다음 3가지로 요약해 볼 수 있다.

(1) 직접 명사를 수식해 줄 수 있다. 비위형용사(구별사)는 명사를 수식해 주는 기능 이외의 다른 기능은 갖고 있지 않다. 즉, 술어가 된다든가, 동사나 형용사를 수식해 준다든가, 수량사의 수식을 받는다든가, 보어가 될 수 없다.

男孩儿　nán háir 남자아이
母牛　mǔ niú 암소
雄鸡　xióng jī 수탉
荤菜　hūn cài 고기나 생선 요리
素菜　sù cài 야채 요리
金耳环　jīn ěr huán 금귀걸이
切身利益　qiè shēn lì yì 직접적 (관련) 이익
高等学校　gāo děng xué xiào 고등 교육기관의 총칭. 대학교
日常生活　rì cháng shēng huó 일상생활
公共汽车　gōng gòng qì chē 버스
彩色电视　cǎi sè diàn shì 컬러 TV
任何问题　rèn hé wèn tí 어떤 문제든 (아무런 문제가)
边远地方　biān yuǎn dì fang 중심에서 멀리 떨어진 곳, 벽지(오지)

(2) 뒤에 '的'를 붙이면 '～것' 정도의 뜻이 되어 명사처럼 활용될 수 있고, '的'를 붙인 채로 명사를 수식해 줄 수도 있다.

饺子馅儿是荤的还是素的?
jiǎo zi xiànr shì hūn de hái shi sù de?
만두소는 고기입니까 아니면 야채입니까?

新来的老师是男的。
xīn lái de lǎo shī shì nán de.
새로 온 선생님은 남자야.

她喜欢穿高档的。
tā xǐ huan chuān gāo dàng de.
그녀는 고급스러운 것 입는 걸 좋아합니다.

那个女的，每次来的时候都在喝酒。
nà ge nǚ de, měi cì lái de shí hou dōu zài hē jiǔ.
저 여자는 매번 올 때마다 술을 마시고 있네.

这是他切身的经历，所以才记得这么清楚。
zhè shì tā qiè shēn de jīng lì, suǒ yǐ cái jì de zhè me qīng chu.
이것은 그가 직접 겪은 경험이라 그토록 또렷하게 기억하는 것입니다.

(3) 부정은 '不'가 아닌 '非'로 한다.

非大型 fēi dà xíng 대형이 아닌
非主要 fēi zhǔ yào 중요하지 않은, 부차적인
非个别 fēi gè bié 개별적이지 않은

제15장 중국어의 보어

보어란 동사나 형용사 뒤에서 그 동사나 형용사가 나타내는 동작이나 상태에 대해 구체적으로 보충 설명해 주는 성분을 말한다. 중국어의 보어는 구조와 활용 특성이 우리말과 많이 다르기 때문에 정확히 익혀두어야 한다. 중국어의 보어는 크게 다음 일곱 가지로 분류할 수 있다. ① 결과보어, ② 방향보어, ③ 가능보어, ④ 상태보어, ⑤ 정도보어, ⑥ 수량보어, ⑦ 전치사구보어. 각각의 특징과 활용 방식에 대해 상세히 살펴보도록 하자.

1. 결과보어

결과보어는 동사 뒤에 쓰여서 동작, 행위의 결과를 설명해 주는 성분이다. 예를 들어, 听懂tīng dǒng(듣고 이해하다), 看完kàn wán(다 보다), 吃腻chī nì((너무) 먹어서 물리다, 싫증나다), 喝醉hē zuì(마셔서 취하다) 중의 -懂, -完, -腻, -醉 등은 모두 결과보어 성분이다. 즉, 듣고 나서 그 결과로 이해하게(懂) 된 것이고, 본 결과로 다 보게(完) 된 것이며, 먹다가 너무 먹어서 그 결과로 싫증나게(腻) 된 것이고, 마신 결과로 취하게(醉) 된 것이다. 이와 같은 결과보어는 형용사가 담당하는 경우도 있고, 동사가 담당하는 경우도 있다. 때론 전차사구가 동사 뒤에 쓰여 결과보어가 되기도 한다. 예를 들어 보면 아래와 같다.

<결과보어가 형용사인 경우>

行李都准备好了吗? (好hǎo: 잘 마무리되다, 만족할 정도가 되다)
xíng li dōu zhǔn bèi hǎo le ma?
짐을 너는 모두 잘 꾸렸니(다 준비했니)?

你打错电话了。(错cuò: 틀리다)
nǐ dǎ cuò diàn huà le.
전화 잘못 거셨습니다.

我没听清楚，请你再说一遍。(清楚qīng chu: 명확하다, 분명하다)
wǒ méi tīng qīng chu, qǐng nǐ zài shuō yí biàn.
제가 분명히 듣지 못했습니다. 다시 한 번 말씀해 주세요.

开学时带来的钱已经都花光了。
(光guāng: 조금도 남아있지 않음, 다 없어짐)
kāi xué shí dài lái de qián yǐ jīng dōu huā guāng le.
개학할 때 가지고 온 돈은 이미 다 썼다.

我的电脑被他弄坏了。(坏huài: 잘못되다, 나쁘게 되다, 망가지다)
wǒ de diàn nǎo bèi tā nòng huài le.
내 컴퓨터는 그가 망가뜨렸다.

他吃惯了生鱼片了。(惯guàn: 익숙하다)
tā chī guàn le shēng yú piàn le.
그는 생선회를 먹을 수 있게 되었다. (생선회를 먹는 데 익숙해졌다)

他酒喝多了，开始瞎说了。
(多duō: (그의 주량에 비해) 많음(많이 마심))
tā jiǔ hē duō le, kāi shǐ xiā shuō le.
그 사람 술 많이 마셨나봐, 헛소리하기 시작했어.

<결과보어가 동사인 경우>

我打破了一个杯子。
(破pò: 파손되다, 깨지다, 찢어지다, 부수다, 망가지다)
wǒ dǎ pò le yí ge bēi zi.
내가 컵 하나를 깼다.

我大学毕业好几年了，还没找到工作。
(到dào: 동작이 어떤 목적에 이르렀거나 어떤 결과를 얻었음을 나타냄)
wǒ dà xué bì yè hǎo jǐ nián le, hái méi zhǎo dào gōng zuò.
나는 대학을 졸업한 지 몇 년이 되었는데도 아직 직장을 찾지 못했어.

我拿到驾照了。
wǒ ná dào jià zhào le.
나 운전면허증 땄어.

我赶到那儿的时候，票已经卖完了，我没买到。
(完wán: 끝내다, 다 하다, 赶到: 서둘러 도착하다(가다))
wǒ gǎn dào nàr de shí hòu, piào yǐ jīng mài wán le, wǒ méi mǎi dào.
내가 거기에 도착했을 때는 표가 이미 다 팔려서 나는 사지 못했어.

我说的你都记住了吗? (住zhù: 견고함, 고정됨, 안정됨을 나타냄)

wǒ shuō de nǐ dōu jì zhù le ma?

내가 말한 것 다 기억했니?

我实在太累了, 回到家一躺下就睡着了。
(着zháo: 어떤 목적이 달성되었거나 결과가 있음을 나타냄)

wǒ shí zài tài lèi le, huí dào jiā yì tǎng xià jiù shuì zháo le.

나는 정말 너무 피곤해서 집에 돌아와 눕자마자 바로 잠들어 버렸다.

用过的口罩就扔掉。(掉diào: 떠나거나 분리되다, ~해 버리다)

yòng guo de kǒu zhào jiù rēng diào.

사용한 마스크는 버리세요.

养成抽烟的习惯后, 很难戒掉。

yǎng chéng chōu yān de xí guàn hòu, hěn nán jiè diào.

담배 피우는 습관을 기르고 나면 (나중에) 끊기 어려워요.

你来晚了, 汽车已经开走了。(走zǒu: 떠나다)

nǐ lái wǎn le, qì chē yǐ jīng kāi zǒu le.

네가 늦게 왔어. 차는 이미 떠나버렸어.

这本中文小说已经翻译成韩文了。(成chéng: ~이 되다, ~으로 변하다)

zhè běn zhōng wén xiǎo shuō yǐ jīng fān yì chéng hán wén le.

이 중국어 소설은 이미 한국어로 번역되었습니다.

<결과보어가 전치사구인 경우>

他把花儿放在了桌子上。(在桌子上: 책상 위에)

tā bǎ huār fàng zài le zhuō zi shang.

그는 꽃을 책상 위에 놓았다.

小朋友们都把这件事记在心里。(在心里: 마음속에)

xiǎo péng you men dōu bǎ zhè jiàn shì jì zài xīn li.

아이들은 모두 이 일을 마음속에 새기고 있다.

你买这束花儿送给谁呀? (给谁: 누구에게)

nǐ mǎi zhè shù huār sòng gěi shuí ya?

넌 이 꽃을 사서 누구에게 보내려고(주려고, 선물하려고) 하니?

为了准备期末考试, 我昨天学习到凌晨两点。(到凌晨两点: 새벽 2시까지)

wèi le zhǔn bèi qī mò kǎo shì, wǒ zuó tiān xué xí dào líng chén liǎng diǎn.

기말시험을 준비하기 위해 난 어제 새벽 2시까지 공부를 했다.

我们马上就要告别校园, 走向社会了。(向社会: 사회로, 사회를 향해)

wǒ men mǎ shàng jiù yào gào bié xiào yuán, zǒu xiàng shè huì le.

우리는 곧 캠퍼스를 떠나 사회로 나간다.

这些学生都来自东南亚。(自东南亚: 동남아에서, 동남아로부터)

zhè xiē xué shēng dōu lái zì dōng nán yà.

이 학생들은 모두 동남아에서 왔습니다.

他生于1998年。(于1998年: 1998년에)

tā shēng yú yī jiǔ jiǔ bā nián.

그는 1998년에 태어났다.

이 중 전치사구가 결과보어가 되는 경우는, 전치사구(전치사+명사)가 동사 바로 뒤에 쓰여 '동작의 결과로 있게 되는 장소' 혹은 '동작의 결과로 미치게 되는 범위' 등을 나타내기 때문에 일종의 결과보어라고 볼 수 있다.[30] 예시 중의 전치사 '向xiàng'(~로, ~을 향하여), '自zì'(~로부터, ~에서), '于yú'(~에, ~에서, ~에게, ~보다)는 주로 글말(문어체)에서 쓰이는 전치사이다.

결과보어가 있는 표현의 부정은 보통 '没(有)'를 사용한다. 하지만 만약 전체 문장의 뜻이 '가정'을 나타낸다면 '不'로 부정한다. 그리고 주지하다시피 긍정형에 동태조사 '了'가 있다면 부정형에서는 사라진다.

---

30 그런데 동사 뒤에 쓰인 '在+명사'가 때로는 결과보어 성분이 아닌 경우도 있다. 예를 들어 다음과 같은 경우이다.

① 小明睡在床上。xiǎo míng shuì zài chuáng shang.
小明은 침대에서 잔다.

② 李老师住在北大。lǐ lǎo shī zhù zài běi dà.
李선생님은 북경대에 산다.

③ 一轮红日出现在东方。yì lún hóng rì chū xiàn zài dōng fāng.
빨간 태양이 동쪽에 나타났다.

이와 같은 표현에서 동사 뒤에 쓰인 전치사구 '在床上', '在北大', '在东方'은 동작의 결과로 사람이나 사물이 있게 되는 장소로 보기는 어렵고, 단지 동작이 행해지는 장소임을 나타내는 의미만 가지고 있다고 볼 수 있다. 그래서 이런 경우는 '在+명사'를 아래와 같이 동사 뒤 결과보어 위치가 아닌 동사 앞으로 이동시켜도 의미상 큰 변화가 생기지 않는다. 왜냐하면 전치사구가 동사 뒤에 있건, 동사 앞에 있건 결과성의 어감과는 관련이 없고 모두 동작이 진행되는 장소만을 나타내기 때문이다. 다만 강조점에서는 차이가 날 수 있다.

④ 小明在床上睡。

⑤ 李老师在北大住。

⑥ 一轮红日在东方出现。

①, ②, ③과 ④, ⑤, ⑥의 의미는 유사하지만, ①, ②, ③은 장소(在床上, 在北大, 在东方)를 강조하는 표현이고, ④, ⑤, ⑥은 동작(睡, 住, 出现)을 강조하는 표현이다.

你听懂了吗? 我没(有)听懂。
nǐ tīng dǒng le ma? wǒ méi (yǒu) tīng dǒng.
듣고 이해했습니까? 듣고 이해하지 못 했습니다.

他没听完我的解释就走了。
tā méi tīng wán wǒ de jiě shì jiù zǒu le.
그는 내 설명을 다 듣지 않고 (바로) 가버렸다.

我找了每个地方, 也没有找到我的车钥匙。
wǒ zhǎo le měi ge dì fang, yě méi yǒu zhǎo dào wǒ de chē yào shi.
나는 곳곳을 다 찾아보았는데도 내 차키를 찾지 못했어요.

我从来没做错过事。
wǒ cóng lái méi zuò cuò guo shì.
나는 지금까지 일을 그르친(잘 못한) 적이 없습니다.

不做完作业不睡觉。 가정
bú zuò wán zuò yè bú shuì jiào.
숙제를 다 하지 않으면 안 잘 거야.

你不说清楚, 我们就不能帮助你。 가정
nǐ bù shuō qīng chu, wǒ men jiù bù néng bāng zhù nǐ.
네가 분명히 말하지 않는다면 우리는 널 도울 수가 없어.

의문문은 문장 끝에 '吗'를 붙이거나, '(有)没有'를 사용하여 정반의문문을 만든다.

这么多的菜你能吃完吗? ('吗' 의문문)

zhè me duō de cài nǐ néng chī wán ma?

이렇게 많은 음식(요리)을 다 먹을 수 있니?

那本书, 你买到了吗? ('吗' 의문문)

nà běn shū, nǐ mǎi dào le ma?

너 그 책 샀니?

那本书, 你买到了没有? (정반의문문)

nà běn shū, nǐ mǎi dào le méi yǒu?

너 그 책 샀니?

那本书, 你有没有买到? (정반의문문)

nà běn shū, nǐ yǒu méi yǒu mǎi dào?

너 그 책 샀니?

2. 방향보어

(1) 단순방향보어와 복합방향보어

방향보어란 동사 뒤에서 동작 발생에 따른 이동 방향을 설명하는 성분을 말한다. 방향보어는 방향동사로 구성되는데, 방향동사는 한 글자로 된 단순방향동사와 두 글자로 된 복합방향동사로 나눌 수 있다.

	上	下	进	出	过	回	起
来	上来	下来	进来	出来	过来	回来	起来
去	上去	下去	进去	出去	过去	回去	

이와 같은 단순방향동사와 복합방향동사는 동사 뒤에서 각각 단순방향보어, 복합방향보어가 된다. 예를 들어 보면 다음과 같다.

<단순방향보어>

단순방향보어 중에는 来lái와 去qù가 가장 흔히 쓰이는데, 화자에게 가까워지면 来를 쓰고, 화자에게서 멀어지면 去를 쓴다. 그 외 上shàng, 下xià, 进jìn, 出chū, 回huí, 过guò, 起qǐ 등도 단독으로 동사 뒤에서 보어로 쓰여 다양한 동작의 진행 방향을 나타낸다.

我从家里带来了一些吃的。(来: 사람이나 사물이 화자 쪽으로 이동함)
wǒ cóng jiā li dài lái le yì xiē chī de.
내가 집에서 먹을 것을 좀 가져왔어요.

他突然想大便，所以就跑去卫生间。(去: 사람이나 사물이 화자로부터 멀어짐)
tā tū rán xiǎng dà biàn, suǒ yǐ jiù pǎo qù wèi shēng jiān.
나는 갑자기 대변이 마려워 화장실로 달려갔다.

他终于爬上了山顶。(上: 사람이나 사물이 낮은 곳에서 높은 곳으로 이동함)
tā zhōng yú pá shàng le shān dǐng.
그는 마침내 산 정상에 올랐다.

行李先放下。(下: 사람이나 사물이 높은 곳에서 낮은 곳으로 이동함)
xíng li xiān fàng xià.
짐은 일단 내려놓으세요.

孩子们唱着歌走进公园。(进: 밖에서 안으로 이동함)
hái zi men chàng zhe gē zǒu jìn gōng yuán.
아이들은 노래를 부르며 공원으로 걸어 들어갔습니다.

他从冰箱里拿出一听可乐递给我。(出: 안에서 밖으로 이동함)
tā cóng bīng xiāng li ná chū yì tīng kě lè dì gěi wǒ.
그는 냉장고에서 콜라 한 캔을 꺼내 나에게 건네주었습니다.

用过的东西放回原处。(回: 사람이나 사물이 원래 있던 곳으로 돌아감)
yòng guo de dōng xi fàng huí yuán chù.
사용한 물건은 원래 위치에 놓아 주세요.

刚才汽车开过那座桥。(过: 어떤 곳을 통과하거나 경과함)
gāng cái qì chē kāi guò nà zuò qiáo.
방금 자동차가 그 다리를 지나갔습니다.

他从地上捡起了一个钱包。(起: 동작이 아래에서 위로 향함)
tā cóng dì shang jiǎn qǐ le yí ge qián bāo.
그는 땅에서 지갑을 하나 주웠다.

<복합방향보어>

복합방향보어는 두 개의 단순방향동사가 결합된 것으로 그것이 나타내는 의미 역시 각각의 단순방향보어가 나타내는 의미가 결합된 것이다. 복합방향보어의 두 번째 방향동사는 모두 '来' 혹은 '去'이다. 예를 들어 보면 다음과 같다.

爸爸从楼下走上来。
bà ba cóng lóu xià zǒu shàng lái.
아빠는 아래층에서 걸어 올라왔습니다.

他已经跑上去了。
tā yǐ jīng pǎo shàng qù le.
그는 이미 뛰어 올라갔습니다.

我们叫玛丽下来，她就从楼上跑了下来。
wǒ men jiào mǎ lì xià lái, tā jiù cóng lóu shàng pǎo le xià lái.
우리가 메리에게 내려오라고 하자 바로 위층에서 뛰어 내려왔습니다.

咱们还是走下去吧。
zán men hái shì zǒu xià qù ba.
우리 걸어 내려가자 (걸어서 내려가는 편이 좋겠어).

老师从外边走进来了。
lǎo shī cóng wài bian zǒu jìn lái le.
선생님은 밖에서 걸어 들어왔습니다.

他明天搬进去。
tā míng tiān bān jìn qù.
그는 내일 이사 들어갑니다.

他从宿舍里走出来了。
tā cóng sù shè li zǒu chū lái le.
그는 기숙사에서 걸어 나왔습니다.

小狗偷偷地跑出去了。
xiǎo gǒu tōu tōu de pǎo chū qù le.
강아지가 몰래 뛰어나가 버렸어요.

那本书他拿回去了
nà běn shū tā ná huí qù le.
그 책은 그가 가지고 돌아갔어요.

我家的小鸟飞走两天以后，又飞回来了。
wǒ jiā de xiǎo niǎo fēi zǒu liǎng tiān yǐ hòu, yòu fēi huí lái le.
우리 집 작은 새는 날아간 지 이틀 만에 또 (날아) 돌아왔어요.

那个卖东西的老汉向我走过来。
nà ge mài dōng xi de lǎo hàn xiàng wǒ zǒu guò lái.
물건을 파는 그 노인이 나를 향해 걸어왔습니다.

你在那儿等我，我跑过去吧。
nǐ zài nàr děng wǒ, wǒ pǎo guò qù ba.
넌 거기서 날 기다려, 내가 (그곳으로) 달려갈게.

大家都站起来了。
dà jiā dōu zhàn qǐ lái le.
모두들 일어났습니다.

(2) 방향보어의 파생의미

방향보어는 동작의 방향과 위치의 이동을 나타내는 본래의 의미 외에도 여러 가지 파생의미가 있다. 이와 같은 파생의미는 일상 구어에서도 활발하게 사용되고 있기 때문에 잘 익혀둘 필요가 있다. 방향보어가 파생의미로 쓰일 때는 동사가 아닌 형용사 뒤에서 사용되기도 한다. 상용도가 높은 몇 가지를 중점적으로 살펴보기로 하자.

① 上

▶ 닫힘, 합쳐짐을 나타냄

你把门关上!
nǐ bǎ mén guān shang !
문을 닫으세요!

请同学们把书合上。
qǐng tóng xué men bǎ shū hé shang.
학생 여러분 책을 덮으세요.

▶ 목적이나 기준에 도달함을 나타냄

她考上了北京大学。
tā kǎo shàng le běi jīng dà xué.
그녀는 북경대학에 합격했다.

你跑得再快，我也能追上。
nǐ pǎo de zài kuài, wǒ yě néng zhuī shang.
네가 아무리 빨리 뛰어도 나는 따라잡을 수 있다.

▶ 첨가, 부착을 나타냄

在这儿写上年月日。
zài zhèr xiě shang nián yuè rì.
여기에 년, 월, 일을 쓰세요.

加上你，一共有六个人参加。
jiā shang nǐ, yí gòng yǒu liù ge rén cān jiā.
너까지 보태면 모두 여섯이 참가하는 거지.

▶ 동작이 시작되어 지속됨을 나타내며 주로 시작을 강조함

我爱上了她。
wǒ ài shang le tā.
나는 그녀를 사랑하게 되었다.

大家都劝你休息一下，你怎么又看上书了？
dà jiā dōu quàn nǐ xiū xi yí xià, nǐ zěn me yòu kàn shang shū le?
모두 너에게 좀 쉬라고 권했는데 너는 왜 또 책을 보는 거야?

② 下

▶ 정지, 고정의 의미를 나타냄

快把车停下。
kuài bǎ chē tíng xià.
빨리 차를 멈춰라.

他给我留下了深刻的印象。
tā gěi wǒ liú xià le shēn kè de yìn xiàng.
그는 나에게 깊은 인상을 남겨주었다.

▶ 분리, 이탈을 나타냄

他摘下帽子，坐了下来。
tā zhāi xià mào zi, zuò le xià lái.
그는 모자를 벗고 앉았다.

脱下大衣，放在这儿。
tuō xià dà yī, fàng zài zhèr.
코트를 벗어서 여기다 놓으세요.

▶ 수용, 용납을 나타냄

房间里能坐下二十个人吗?
fáng jiān li néng zuò xià èr shí ge rén ma?
방에는 20명의 사람이 앉을 수 있나요?

这个箱子能装下四斤苹果。
zhè ge xiāng zi néng zhuāng xià sì jīn píng guǒ.
이 상자에는 사과 4근(2kg)을 담을 수 있다.

③ 上来와 上去

'上来'는 낮은 위치에서 높은 위치로 행해지는 동작을 높은 위치에서 바라보며 말할 때 사용하며, '上去'는 낮은 위치에서 높은 위치로 행해지는 동작을 낮은 위치에서 바라보며 말할 때 사용한다. 여기서 높은 위치, 낮은 위치란 신분이나 지위 혹은 수준의 높고 낮음을 의미한다. 그 외 '上来'는 동작의 실현 혹은 성공을 나타내는 경우도 있다.

▶ 经过努力，他的学习成绩跟上来了。
jīng guò nǔ lì, tā de xué xí chéng jì gēn shàng lái le.
노력을 통해 그의 학습 성적은 따라(올라)왔다.

▶ 下课后，请大家把作业交上来。
xià kè hòu, qǐng dà jiā bǎ zuò yè jiāo shàng lái.
수업이 끝난 후에 모두들 숙제를 제출하세요.

▶ 请你把我的报告交上去。
qǐng nǐ bǎ wǒ de bào gào jiāo shàng qù.
제 보고서를 제출해 주세요.

▶ 他的意见反映上去了。
tā de yì jiàn fǎn yìng shàng qù le.
그의 의견은 (윗사람에게) 반영되었다.

▶ 这个问题我答不上来。(上来: 동작의 실현을 나타냄)
zhè ge wèn tí wǒ dá bu shàng lái.
이 문제를 나는 대답할 수가 없다.

④ 下来와 下去

우선 '下来'의 파생의미는 다음 4가지로 요약해 볼 수 있다.

▶ 분리 이탈을 나타냄

他从本子上撕下来一张白纸。
tā cóng běn zi shang sī xià lái yì zhāng bái zhǐ.
그는 공책에서 백지 한 장을 찢었다.

这是刚从树上摘下来的几个苹果。
zhè shì gāng cóng shù shang zhāi xià lái de jǐ ge píng guǒ.
이것은 방금 나무에서 딴 사과들(몇 개의 사과)입니다.

▶ 한 곳에 고정 혹은 정지됨을 나타냄

老师说的话，我都记下来了。
lǎo shī shuō de huà, wǒ dōu jì xià lái le.
선생님이 하신 말씀을 나는 모두 적었다.

汽车都在马路上停下来了。
qì chē dōu zài mǎ lù shang tíng xià lái le.
차는 모두 큰길에 멈추어 섰다.

▶ 동작의 완성을 나타냄

这么长的课文，总算念下来了。
zhè me cháng de kè wén, zǒng suàn niàn xià lái le.
이렇게 긴 본문을 드디어(가까스로) 다 읽었다.

算下来，每年可以节省好多原料。
suàn xià lái, měi nián kě yǐ jié shěng hǎo duō yuán liào.
계산해 보니 매년 많은 원료를 절약할 수 있겠어.

▶ 동작이 과거에서 현재까지 지속됨을 나타냄

这是古代流传下来的一个故事。
zhè shì gǔ dài liú chuán xià lái de yí ge gù shi.
이것은 고대부터 전해 내려오는 이야기이다.

尽管困难很大，我们终于还是坚持下来了。
jǐn guǎn kùn nán hěn dà, wǒ men zhōng yú hái shì jiān chí xià lái le.
비록 어려움이 컸지만 우리는 결국 (지금까지) 견뎌(견지해) 냈다.

'下去'는 동사 뒤에 쓰일 때 보통 동작의 '지속' 의미를 나타낸다. 이는 앞에서 나열한 '下来'의 마지막 4번째 파생의미와 유사하지만 지속되는 시점에 차이가 있다. '下来'는 동작이 과거에서 현재까지 지속되는 것을 나타내고, '下去'는 동작이 현재부터 미래로 지속되는 것을 나타낸다. 위의 '下来' 예문과 대비시켜 보면 다음과 같다.

我相信，这个故事还会继续流传下去。
wǒ xiāng xìn, zhè ge gù shi hái huì jì xù liú chuán xià qù.
난 이 이야기가 계속 전해져 내려갈 것이라고 믿어.

尽管困难很大，但是我们决心坚持下去。
jǐn guǎn kùn nán hěn dà, dàn shì wǒ men jué xīn jiān chí xià qù.
비록 어려움이 크지만 우리는 견디어(견지해) 나가기로 결심했어.

'下来'와 '下去'는 형용사 뒤에 쓰이기도 하는데, 형용사 뒤에 쓰일 때는 '下来'와 '下去'의 파생의미가 같다. 모두 어떤 상태가 나타나기 시작해 계속됨을 나타내며, 부정적인 상황에 주로 사용된다.

他工作特别忙，一天一天瘦下去了。
tā gōng zuò tè bié máng, yì tiān yì tiān shòu xià qù le.
그는 일이 너무 바빠서 하루하루 말라가고 있습니다.

谁说上大学后会瘦下来？我胖了很多呢。
shuí shuō shàng dà xué hòu huì shòu xià lái? wǒ pàng le hěn duō ne.
누가 대학 가면 살 빠진다고 했습니까? 나는 살이 많이 쪘는걸요.

灯光已经暗下来，戏就要开演了。
dēng guāng yǐ jīng àn xià lái, xì jiù yào kāi yǎn le.
전등 빛이 어두워졌으니 연극이 곧 시작될 거야.

刚才通红的晚霞现在慢慢地暗下去了。
gāng cái tōng hóng de wǎn xiá xiàn zài màn màn de àn xià qù le.
방금까지 새빨갛던 저녁노을이 지금은 천천히 어두워져 가고 있어요.

⑤ 出来와 出去

우선 '出来'의 파생의미는 다음 두 가지로 요약해 볼 수 있다.

▶ 동작을 통해 발견하고 식별해 내는 것을 나타낸다.

我看出来了，照片上的人就是小时候的你吧。
wǒ kàn chū lái le, zhào piàn shang de rén jiù shì xiǎo shí hou de nǐ ba.
나 알겠어(알아보았어), 사진 속의 사람이 바로 어렸을 때의 너지.

我听不出来是什么乐器。
wǒ tīng bu chū lái shì shén me yuè qì.
난 무슨 악기인지 들어서는 알 수가 없네요.

我没找出错误来。
wǒ méi zhǎo chū cuò wù lái.
나는 잘못을 찾아내지 못했어요.

▶ 없는 것에서 있는 것으로의 변화 혹은 필요한 것을 만들어낸다는 의미

我想出来一个好注意。
wǒ xiǎng chū lái yí ge hǎo zhǔ yì.
나는 좋은 아이디어를 생각해 냈다.

他已经把这篇文章翻译出来了。
tā yǐ jīng bǎ zhè piān wén zhāng fān yì chū lái le.
그는 이미 이 글을 번역해 냈다.

我们应该想办法把他救出来。
wǒ men yīng gāi xiǎng bàn fǎ bǎ tā jiù chū lái.

우리는 방법을 강구하여 그를 구해내야 한다.

'出去'도 파생의미로 쓰일 때가 있는데 주로 동작이 내부에서 외부로 혹은 비밀에서 공개되는 상태로 실현되는 것을 나타낸다.

那套房子卖出去了吗?
nà tào fáng zi mài chū qù le ma?
그 집은 팔아버렸어요?

这个秘密不能泄露出去。
zhè ge mì mì bù néng xiè lòu chū qù.
이 비밀은 새어 나가면 안 된다.

⑥ 起来

▶ 동사나 형용사 뒤에서 동작이나 상태가 시작됨을 나타낸다.

她说着说着突然哭起来了。
tā shuō zhe shuō zhe tū rán kū qǐ lái le.
그녀는 말을 하다가 갑자기 울기 시작했다.

上了火车, 我和坐在旁边的人聊起天来.
shàng le huǒ chē, wǒ hé zuò zài páng biān de rén liáo qǐ tiān lái.
기차에 올라 나는 옆에 앉은 사람과 이야기를 나누기 시작했다.

他的身体天天好起来了。
tā de shēn tǐ tiān tiān hǎo qǐ lái le.
그의 건강은 나날이 좋아지기 시작했다.

▶ 사물이 분산된 상태에서 집중된 상태로 혹은 흩어진 상태에서 모아진 상태로 되는 것을 나타낸다.

大家应该团结起来。
dà jiā yīng gāi tuán jié qǐ lái.
모두들 단결해야 합니다.

请大家把桌子上的书收拾起来，考试马上就开始了。
qǐng dà jiā bǎ zhuō zi shang de shū shōu shi qǐ lái, kǎo shì mǎ shàng jiù kāi shǐ le.
모두들 책상 위의 책을 정리하세요. 시험이 곧 시작됩니다.

▶ 일부 동사 뒤에 사용되어 '～해 보면 혹은 ～할 때'의 의미를 나타낸다.

说起来容易，做起来难。
shuō qǐ lái róng yì, zuò qǐ lái nán.
말하기는 쉬워도 실행하기는 어렵습니다.

这苹果看起来不怎么样，吃起来味道倒不错。
zhè píng guǒ kàn qǐ lái bù zěn me yàng, chī qǐ lái wèi dao dào bú cuò.
이 사과는 보기에는 별로지만 먹어보면 괜찮아요.

听起来他好像是广东人。
tīng qǐ lái tā hǎo xiàng shì guǎng dōng rén.
들어보니, 그는 광동사람인 것 같다.

▶ 동작의 완성 혹은 동작이 일정한 결과에 도달함을 나타냄.

他的名字我终于想起来了。
tā de míng zi wǒ zhōng yú xiǎng qǐ lái le.
드디어 그의 이름이 생각났다.

他的名字，我想不起来。
tā de míng zi, wǒ xiǎng bu qǐ lái.
그의 이름이 생각나지 않네요.

孩子们都藏起来了。
hái zi men dōu cáng qǐ lái le.
아이들은 모두 숨었습니다.

⑦ 过来와 过去

기본적으로 '过来'의 파생의미는 상태가 비정상에서 정상으로 회복하는 것을 나타내고, '过去'는 정상에서 비정상 상태로 되는 것을 나타낸다.

经过抢救，昏迷的病人终于醒过来了。
jīng guò qiǎng jiù, hūn mí de bìng rén zhōng yú xǐng guò lái le.
응급처치를 한 후 혼미하던 환자는 마침내 깨어났다.

现在我明白过来了，你是对的。
xiàn zài wǒ míng bai guò lái le, nǐ shì duì de.
나 이젠 이해가 됐어. 네가 맞아.

我们要把几十年来的习惯改过来。
wǒ men yào bǎ jǐ shí nián lái de xí guàn gǎi guò lái.
우리는 수십 년 내려온 관습(습관)을 고쳐야만 한다.

病人突然昏过去了。
bìng rén tū rán hūn guò qù le.
환자가 갑자기 의식을 잃었다.

他在车厢里死过去了。
tā zài chē xiāng li sǐ guò qù le.
그는 객차 안에서 죽었습니다.

'过来'와 '过去'는 구분 없이 모두 동작을 어렵게 완성했음을 나타내기도 한다.

那么穷的日子，我总算熬过来了。
nà me qióng de rì zi, wǒ zǒng suàn áo guò lái le.
그렇게 가난한 날을 나는 결국 견뎌냈다.

再坚持一下，熬过去这些日子，后面就好办了。
zài jiān chí yí xià, áo guò qù zhè xiē rì zi, hòu mian jiù hǎo bàn le.
좀 더 버텨 보세요. 이 시기를 견뎌 내면 후에는 (처리)하기 쉬워질 겁니다.

(3) 목적어의 위치

한 가지 유의할 점은 방향보어가 목적어와 함께 쓰일 때 목적어의 위치는 일정한 제한을 받는다는 것이다. 몇 가지만 기억하면 되는데 정리해 보면 다음과 같다.

① '来'나 '去'가 방향보어로 쓰인 표현에서 '장소를 나타내는 목적어'는 '来'와 '去' 앞에 놓는다.

老师进教室来了。
lǎo shī jìn jiào shì lái le.
선생님이 교실로 들어오셨다.

快下楼去吧, 她在楼下等你。
kuài xià lóu qù ba, tā zài lóu xià děng nǐ.
빨리 내려가 봐, 그녀가 아래층에서 널 기다리고 있어.

他竟然一个人跑回家去了。
tā jìng rán yí ge rén pǎo huí jiā qù le.
그는 뜻밖에도 혼자서 집으로 뛰어 돌아갔다.

汽车开回学校来了。
qì chē kāi huí xué xiào lái le.
차는 학교로 되돌아왔습니다.

运动员走进比赛大厅去了。
yùn dòng yuán zǒu jìn bǐ sài dà tīng qù le.
선수들은 경기장으로 걸어 들어갔습니다.

上, 下, 进, 出, 回, 过, 起가 단순방향보어로 쓰일 때는 목적어가 무엇이든 보어 뒤에 놓으면 된다.

他跑上楼了。
tā pǎo shàng lóu le.
그는 위층으로 뛰어 올라갔다.

他父亲给他留下一个房子。
tā fù qīn gěi tā liú xià yí ge fáng zi.
그의 아버지는 그에게 집 한 채를 남겨주었다.

他小心地抱起孩子。
tā xiǎo xīn de bào qǐ hái zi.
그는 조심스럽게 아이를 안았다.

他拿出了一本杂志给我。
tā ná chū le yì běn zá zhì gěi wǒ.
그는 잡지 한 권을 꺼내서 나에게 주었다.

② 목적어가 사람이나 일반 사물인 경우는 목적어를 방향보어 '来'나 '去' 앞에 놓을 수도 있고, '来'나 '去' 뒤에 놓을 수도 있다. 하지만 일반적으로 목적어를 '来'나 '去' 앞에 놓는 경우가 더 많다.[31]

他拿出一张照片来，给大家看看。
tā ná chū yì zhāng zhào piàn lái, gěi dà jiā kàn kan.
= 他拿出来一张照片，给大家看看。
그는 사진을 한 장 꺼내서 모두에게 보여주었다.

---

31 방향보어의 중간이나 뒤에 위치하는 사람이나 사물 목적어는 일반적으로 정해지지 않은 불특정 대상이어야 한다. 그래서 목적어가 되는 명사 앞에 수량사(수사+양사) 혹은 '很多', '不少', '一些' 등의 수식 어구가 붙어 있는 경우가 많다. 만일 목적어가 특정한 것(화자와 청자가 알고 있는 특정한 대상)이라면 일반적으로 목적어를 문장 앞으로 이동시켜, 주어로 만들거나 '把'구문을 활용하여 '把'의 목적어로 삼는다. 我要的那本书他送来了。wǒ yào de nà běn shū tā sòng lái le. (내가 원하는 그 책을 그가 보내왔다). 他把那本书从包里拿出来了。tā bǎ nà běn shū cóng bāo li ná chū lái le. (그는 그 책을 가방에서 꺼냈다).

从外边走进一个人来。
cóng wài bian zǒu jìn yí ge rén lái.
= 从外边走进来一个人。

바깥에서 한 사람이 걸어 들어왔다.

他从楼下搬上两箱苹果去。
tā cóng lóu xià bān shàng liǎng xiāng píng guǒ qù.
= 他从楼下搬上去两箱苹果。

그는 아래층에서 사과 두 상자를 옮겼다(들어 올려다 놓았다).

他从书架上随便拿了一本书来看。
tā cóng shū jià shang suí biàn ná le yì běn shū lái kàn.
= 他从书架上随便拿来了一本书看。

그는 책장에서 손에 잡히는 대로 책을 한 권 꺼내 읽었습니다.

때로는 복합방향보어가 사용된 표현에서 사람이나 일반 사물 목적어가 '来'나 '去'의 앞이나 뒤가 아닌 동사 뒤, 복합방향보어 앞에 놓이는 경우도 있다. 하지만 이런 표현은 사용 빈도가 그다지 높지 않다.[32]

他从包里拿了一本书出来。
tā cóng bāo li ná le yì běn shū chū lái.
그는 가방에서 책 한 권을 꺼냈다.

---

32 그런데 미래에 일어날 미완성의 동작을 나타내는 경우는 보통 사람이나 사물 목적어가 동사 뒤, 복합방향보어 앞에 위치한다.
我明天买一些水果回来。
wǒ míng tiān mǎi yì xiē shuǐ guǒ huí lái
내가 내일 약간의 과일을 사 가지고 돌아올게.
* 我明天买回来一些水果。(×)

从我们的部队里拉一些人出去。
cóng wǒ men de bù duì li lā yì xiē rén chū qù.
우리 부대에서 일부 사람들을 끌고 나갔습니다.

③ 명령문의 경우도 목적어는 보통 '来'와 '去' 앞에 놓는다.

明天带钱来!
míng tiān dài qián lái !
내일 돈 가져와!

服务员，麻烦你拿几张湿巾来。
fú wù yuán, má fan nǐ ná jǐ zhāng shī jīn lái.
여기요, 죄송하지만, 물티슈 몇 장만 가져다주세요.

④ 동사가 이합동사이거나 抬头tái tóu(머리를 들다), 举手jǔ shǒu(손을 들다), 弯腰wān yāo(허리를 굽히다), 回头huí tóu(고개를 돌리다), 伸手shēn shǒu(손을 뻗다) 등처럼 신체 부위의 동작을 나타내는 동사일 때 목적어도 보통 '来'와 '去' 앞에 놓는다. 특히 동사 뒤에 '~하기 시작하다'는 의미의 방향보어 '~起来'를 사용하는 경우는 목적어를 언제나 '来' 앞에 놓는다.

我们坐下，愉快地聊起天儿来。
wǒ men zuò xià, yú kuài de liáo qǐ tiānr lái.
우리는 앉아서 유쾌하게 이야기를 나누기 시작했습니다.

外面突然下起雨来了。
wài mian tū rán xià qǐ yǔ lái le.
밖에 갑자기 비가 오기 시작합니다.

连小孩儿和老人也高兴得跳起舞来。
lián xiǎo háir hé lǎo rén yě gāo xìng de tiào qǐ wǔ lái.
어린아이와 노인조차도 기뻐서 춤을 추기 시작했습니다.

他抬起头来，看了我一眼。
tā tái qǐ tóu lái, kàn le wǒ yì yǎn.
그는 고개를 들어 나를 한 번 보았습니다.

她转过身来看着我。
tā zhuǎn guò shēn lái kàn zhe wǒ.
그녀는 몸을 돌려 나를 바라보고 있(었)습니다.

他扭过脸去了。
tā niǔ guò liǎn qù le.
그는 얼굴을 돌렸다.

老人直起腰来，擦了一把汗。
lǎo rén zhí qǐ yāo lái, cā le yì bǎ hàn.
노인은 허리를 곧게 펴고 땀을 닦았다.

请你回过头来。
qǐng nǐ huí guò tóu lái.
머리 좀 돌려 보세요.

他们热烈地讨论起这个问题来了。
tā men rè liè de tǎo lùn qǐ zhè ge wèn tí lái le.
그들은 열렬히 이 문제를 토론하기 시작했습니다.

(4) 방향보어가 있는 표현의 부정

방향보어가 있는 표현의 부정은 결과보어가 있을 때와 마찬가지로 보통 '没(有)'를 사용한다. 하지만 만약 전체 문장의 뜻이 '가정'을 나타낸다면 '不'로 부정한다.

他没留下一句话就走了。
tā méi liú xià yí jù huà jiù zǒu le.
그는 한마디 말도 안 남기고 그냥 가버렸다.

他们的关系这么深这么久了，我竟然没看出来。
tā men de guān xi zhè me shēn zhè me jiǔ le, wǒ jìng rán méi kàn chū lái.
그들의 관계가 그렇게 깊고 오래되었는지 난 미처(뜻밖에도) 알아채지 못했어.

我不拿回去她会骂我的。 가정
wǒ bù ná huí qù tā huì mà wǒ de.
내가 가지고 가지 않으면 그녀는 나를 꾸짖을 거야.

你不把课文背下来，你就不能回家。 가정
nǐ bù bǎ kè wén bèi xià lái, nǐ jiù bù néng huí jiā.
본문을 다 외우지 않으면, 넌 집에 돌아갈 수 없어.

3. 가능보어

(1) 가능보어의 기본 구조와 의미

어떤 행위의 달성 가능 여부를 나타내는 보어를 가능보어라 한다. 가능보어는 '동사+결과보어' 혹은 '동사+방향보어' 형식에서 결과보어나 방향보어 앞에 '得de'나 '不bu'를 삽입한 형태인데, '得'를 삽입하면 '가능(~할 수 있다)'을 나타내고, '不'를 삽입하면 '불가능(~할 수 없다)'을 나타낸다.

看完kàn wán 다 보다

看得完 다 볼 수 있다

看不完 다 볼 수 없다

洗干净xǐ gān jìng 깨끗하게 씻다

洗得干净 깨끗하게 씻을 수 있다

洗不干净 깨끗하게 씻을 수 없다

拿出ná chū 꺼내다

拿得出 꺼낼 수 있다

拿不出 꺼낼 수 없다

走进去zǒu jìn qù 걸어 들어가다

走得进去 걸어 들어갈 수 있다

走不进去 걸어 들어갈 수 없다

가능보어 형식은 보통 어떤 원인이나 조건 때문에 무엇을 할 수 없거나, 할 수 있을 때 사용되는 표현이다. 그래서 문장 내에 행위의 원인이나 조건을 나타내는 표현이 함께 나타나는 경우가 많다. 예를 들어 보면 다음과 같다.

我说的话你听得懂吗？听不懂。
wǒ shuō de huà nǐ tīng de dǒng ma? tīng bu dǒng.
내가 한 말 (듣고) 이해할 수 있니? (듣고) 이해할 수 없어요.

没有钥匙，我进不去。
méi yǒu yào shi, wǒ jìn bu qù.
열쇠(키)가 없어서 들어갈 수 없네요.

今天的作业不多，一个小时做得完。
jīn tiān de zuò yè bù duō, yí ge xiǎo shí zuò de wán.
오늘 숙제가 많지 않아서 한 시간이면 다 할 수 있어요.

我有事，6点以前回不来。
wǒ yǒu shì, liù diǎn yǐ qián huí bu lái.
난 일이 있어서 6시 이전에는 돌아올 수 없어요.

这座山不高，我们爬得上去。
zhè zuò shān bù gāo, wǒ men pá de shàng qù.
이 산은 높지 않아서 우리가 오를 수 있습니다.

包太小，放不下这么多的东西。
bāo tài xiǎo, fàng bu xià zhè me duō de dōng xi.
가방이 너무 작아서 이렇게 많은 물건은 다 담을 수 없습니다.

가능보어 형식은 '~할 수 있다' 혹은 '~할 수 없다'는 의미를 나타내기 때문에, '동사+결과보어' 혹은 '동사+방향보어' 앞에 조동사 '能néng' 혹은 '不能'을 첨가해도 유사한 의미가 된다고 할 수 있다. 즉, 听不懂 = 不能听懂, 进不去 = 不能进去. 做得完 = 能做完. 그런데 조동사 '能'의 부정형식 '不能~'은 구어에서 '~하면 안 된다', '~를 허락할 수 없다'는 의미를 나타내는 경우도 많다. 不能의 이러한 의미는 가능보어의 부정형식으로는 표현할 수 없다. 따라서 '~하면 안된다', '~를 허락할 수 없다'는 의미를 나타낼 때는 不能을 사용해야지 가능보어의 부정형식을 사용해서는 안된다.[33]

外面很冷，你又在发烧，不能出去。(O)
wài mian hěn lěng, nǐ yòu zài fā shāo, bù néng chū qù.
바깥은 무척 추워, 넌 또 열이 나고 있으니, 나가서는 안 돼(나가지 마)!

*外面很冷，你又在发烧，出不去。(×)

记住，没有我的命令，你不能进来! (O)
jì zhù, méi yǒu wǒ de mìng lìng, nǐ bù néng jìn lái!
명심해, 내 명령이 없으면 들어오지 마 (내 명령이 있기까지 들어오면 안 돼).

*记住，没有我的命令，你进不来!(×)

33 상대에게 허가를 구하는 표현, 즉 '~해도 좋습니까?' 등의 의미를 나타낼 때도 가능보어 형식은 사용하지 않는다. 그래서 我可以进来吗?wǒ kě yi jìn lái ma?(들어가도 됩니까?), 我可以出去吗?wǒ kě yǐ chū qù ma?(나가도 됩니까?)는 가능한 표현이지만, 같은 의미를 *我进得来吗?(×), *我出得去吗?(×)와 같이 표현할 수는 없다.

이와 같은 가능보어 형식은 긍정형식보다 부정형식의 사용 빈도가 훨씬 높다. 긍정형식은 대체로 다음과 같은 상황에서 많이 쓰인다.

① 의문문에서 묻고, 답할 때.

我的话你们听得懂吗?
wǒ de huà nǐ men tīng de dǒng ma?
내 말 너희들 (듣고) 이해할 수 있니?

听得懂。
tīng de dǒng. (듣고) 이해할 수 있어요.

② 동사 앞에 大概dà gài(대략, 대개는), 也许yě xǔ(아마도, 어쩌면), 说不定shuō bu dìng(~일지도 모른다, 아마 ~일 것이다, 어쩌면) 등 확신이 없다는 의미의 부사가 함께 쓰일 때.

你去书店看看，你要的书也许买得到。
nǐ qù shū diàn kàn kàn, nǐ yào de shū yě xǔ mǎi de dào.
서점에 가서 봐봐, 네가 원하는 책 아직 아마 살 수 있을 거야.

你再说一遍我听听，说不定我听得懂。
nǐ zài shuō yí biàn wǒ tīng tīng, shuō bu dìng wǒ tīng de dǒng.
다시 한번 말해봐, 내가 들어 볼게, 알아들을 수 있을지도 몰라.

③ 완곡하게 부정할 때.

这个问题不是一句话能说得清楚的。
zhè ge wèn tí bú shì yī jù huà néng shuō de qīng chǔ de.
이 문제는 한 마디로 명확히 말할 수 있는 것이 아닙니다.

(2) 가능보어의 어법 특징

① 목적어의 위치: 일반적으로 동사와 가능보어 사이에는 목적어를 놓을 수 없다. 그래서 목적어는 보통 가능보어 뒤에 두거나 아니면 문장 맨 앞에 놓아 화제화[34] 시킨다.

我们看不清跑道。(O)
wǒ men kàn bu qīng pǎo dào.
우리는 달리기 트랙을 잘(똑똑히) 볼 수 없습니다.

跑道我们看不清。(O)
pǎo dào wǒ men kàn bu qīng.
달리기 트랙 우리는 잘(똑똑히) 볼 수가 없습니다.

我们看跑道不清。(×)

그런데 복합방향보어로 구성된 가능보어형식에서는 일반적으로 목적어를 '来'나 '去' 앞에 놓는다.

他激动得说不出话来。(O)
tā jī dòng de shuō bu chū huà lái.
그는 감격해서 말을 할 수 없었습니다.

---

34 '화제(話題)'는 '설명하고자 하는 대상'인데, 중국어에서는 특별한 경우를 제외하면 '주어'가 곧 '화제'이다. 중국어에서 주어는 鸽子飞了。gē zi fēi le(비둘기가 날아갔다).의 '鸽子'처럼 행위의 주체가 되는 경우도 있고, 问题解决了。wèn tí jiě jué le(문제가 해결되었다).의 '问题'처럼 행위를 받는 대상이 될 수도 있고, 这是小麦。zhè shì xiǎo mài(이것은 밀이다).의 '这'처럼 행위의 주체도 아니고 행위를 받는 대상도 아닌 중립적인 대상이 될 수도 있다. 또한 중국어의 주어(화제)는 보통 화자와 청자가 이미 알고 있는 어떤 특정한 대상인 경우가 대부분이다. 막연한 대상은 일반적으로 주어 위치에 놓지 않는다. 예문 중에 주어로 쓰인 '鸽子', '问题', '这'도 모두 어떤 특정한 대상을 염두에 두고 표현한 것이다.

他激动得说不出来话。(×)

我们想不出办法来。(O)
wǒ men xiǎng bù chū bàn fǎ lái.
우리는 방법을 생각해 낼 수 없습니다.

我们想不出来办法。(×)

我想不起他的名字来。(O)
wǒ xiǎng bù qǐ tā de míng zi lái.
난 그의 이름이 생각나지 않네요.

我想不起来他的名字。(×)

② 제7장과 제8장에서 설명했듯이 '把'구문과 '被'구문의 술어동사는 '가능보어' 형식으로 표현될 수 없다. 왜냐하면 '把'구문과 '被'구문은 일반적으로 행위의 결과나 행위로 인해 초래된 변화를 강조하는 구문인데, 가능보어는 '가능(~할 수 있다)' 혹은 '불가능(~할 수 없다)'의 뜻만을 나타내기 때문에 '把'구문이나 '被'구문과 어울리지 않기 때문이다. 또한 가능보어는 동작의 완료, 실현을 나타내는 동태조사 '了'와도 함께 사용될 수 없다. 왜냐하면 가능보어는 일반적으로 아직 이루어지지 않은 동작의 실현 가능성을 설명하는 것이지 이미 실현된(혹은 실현될) 동작을 표현하는 것이 아니기 때문이다. 하지만 '변화' 등 모종의 어감을 나타내는 어기조사 '了'(문장 끝에서 사용되는 어기조사 '了')와는 함께 사용될 수 있다.

* 我把那本书看得懂。(×)
→我能把那本书看懂。(O)
wǒ néng bǎ nà běn shū kàn dǒng.
나는 그 책을 (보고) 이해할 수 있습니다.

* 售票小姐还没来，他把票取不了。(×)

→ 售票小姐还没来，他取不了票了。(O)

shòu piào xiǎo jie hái méi lái, tā qǔ bu liǎo piào le.

매표원이 아직 오지 않아서 그는 표를 찾을 수 없습니다.[35]

* 小树被大风刮不倒。(×)

→小树没被大风刮倒。(O)

xiǎo shù méi bèi dà fēng guā dǎo.

작은 나무는 세찬 바람에 불려 넘어지지(쓰러지지) 않았다.

* 刚到北京的时候，我听不懂了北京人的话。(×)

刚到北京的时候，我没(能)听懂北京人的话。(O)

gāng dào běi jīng de shí hou, wǒ méi tīng dǒng běi jīng rén de huà.

막 북경에 왔을 때, 난 북경사람들의 말을 알아듣지 못했다(알아들을 수 없었다).

我以前听不懂，现在听得懂了。(O)

wǒ yǐ qián tīng bu dǒng, xiàn zài tīng de dǒng le.

난 이전에는 알아들을 수 없었는데, 이제는 알아들을 수 있어.

('변화'의 어감을 나타내는 어기조사 '了'를 사용한 표현)

③ 가능보어 긍정형의 경우 그 자체로 충분히 가능의 의미를 나타낼 수 있지만, 동사 앞에 가능의 의미를 나타내는 조동사 '能'을 첨가하여 긍정의 의미를 더욱 강화시킬 수 있다.

---

35 '동사+得(不)+了liǎo' 가능보어 형식은 아래 (3) 가능보어의 특수형식 참조.

你别说，我能猜得出来。
nǐ bié shuō, wǒ néng cāi de chū lái.
말하지 마, 내가 (능히, 충분히) 알아맞힐 수 있어.

我能回得来。
wǒ néng huí de lái.
난 (능히, 충분히) 돌아올 수 있어.

能看得出来你们俩是好朋友。
néng kàn dé chū lái nǐ men liǎ shì hǎo péng you.
너희 둘은 좋은 친구라는 것을 (능히, 충분히) 알아볼 수 있어.

④ 가능보어 형식의 의문문은 문장 끝에 '吗'를 붙이거나, 긍정형과 부정형을 나란히 사용하여 정반의문문을 만든다.

我用汉语解释你们听得懂吗?
wǒ yòng hàn yǔ jiě shì nǐ men tīng de dǒng ma?

我用汉语解释你们听得懂听不懂?
wǒ yòng hàn yǔ jiě shì nǐ men tīng de dǒng tīng bu dǒng?
내가 중국어로 해석하면 너희는 알아들을 수 있니?

长城最高的地方你爬得上去吗?
cháng chéng zuì gāo de dì fang nǐ pá de shàng qù ma?

长城最高的地方你爬得上去爬不上去?
cháng chéng zuì gāo de dì fang nǐ pá de shàng qù pá bu shàng qù?
만리장성의 제일 높은 곳까지 넌 올라갈 수 있니?

(3) 가능보어의 특수 형식

① '동사 + 得/不 + 了liǎo'

'동사 + 得/不 + 了liǎo'는 주로 구어에서 많이 사용되는 가능보어 형식으로 동작 실현(완료)의 가능성 혹은 능력의 여부를 나타낸다. 긍정형인 '동사 + 得 + 了'는 '~을 할 수 있다'는 뜻이고, 부정형인 '동사 + 不 + 了'는 '~할 수 없다'는 뜻이다. 앞서 설명한 '동사 + 得/不 + 가능보어(결과/방향)'의 의미와 유사하지만, '동사 + 得/不 + 가능보어(결과/방향)' 형식은 구체적 결과나 방향에 주안점을 두고 있는 것이고, '동사 + 得/不 + 了' 형식은 행위 자체에 주안점을 두고 있는 것이다.

今天晚上我有事, 看不完这本书。
jīn tiān wǎn shang wǒ yǒu shì, kàn bu wán zhè běn shū.
오늘 저녁에 일이 있어서 이 책을 다 볼 수 없겠네요.
(볼 수는 있는데 다 볼 수 없다는 표현. '完'에 주안점이 있다)

今天晚上我有事, 看不了这本书了。
jīn tiān wǎn shang wǒ yǒu shì, kàn bu liǎo zhè běn shū le.
오늘 저녁에 일이 있어서 이 책을 볼 수 없겠습니다.
(볼 수도 없다는 표현. '看'에 주안점이 있다)

车子被挡在门外, 开不进去。
chē zi bèi dǎng zài mén wài, kāi bu jìn qù.
차가 문밖에 가로막고 있어서 (차를 몰고) 들어갈 수가 없네요.
(차를 몰 수는 있지만 들어갈 수 없다는 표현. '进去'에 주안점이 있다)

车子没油了，开不了了。
chē zi méi yóu le, kāi bu liǎo le.
차에 기름이 없어서 차를 몰 수 없습니다.
(차를 몰 수가 없다는 표현. '开'에 주안점이 있다)

'동사 + 得/不 + 了' 가능보어 형식도 주로 부정형식이 많이 사용된다.

今天晚上我能去，阿里去不了。
jīn tiān wǎn shang wǒ néng qù, ā lǐ qù bu liǎo.
오늘 저녁 난 갈 수 있는데, 阿里는 갈 수 없습니다.

这个西瓜太大，咱们俩吃不了。
zhè ge xī guā tài dà, zán men liǎ chī bu liǎo.
이 수박은 너무 커서 우리 둘이 다 먹을 수 없습니다.

这件事我永远也忘不了。
zhè jiàn shì wǒ yǒng yuǎn yě wàng bu liǎo.
이 일을 나는 영원히 잊을 수 없습니다.

你喝得了这一瓶啤酒吗?
nǐ hē de liǎo zhè yì píng pí jiǔ ma?
넌 이 한 병의 맥주를 다 마실 수 있니?

这个问题我们解决不了。
zhè ge wèn tí wǒ men jiě jué bu jiǎo.
이 문제를 우리는 해결할 수 없습니다.

'동사 + 得/不 + 了' 가능보어 형식의 동사 위치에 형용사가 오는 경우도 있다.

我看，他的病好不了了。
wǒ kàn, tā de bìng hǎo bu liǎo le.
내가 보기에 그의 병은 좋아질 수 없겠어.

咱们俩的个子差不了多少。
zán men liǎ de gè zi chà bu liǎo duō shǎo.
우리 둘의 키는 별 차이 없을 거야.

这里的酒吧看上去便宜不了。
zhè li de jiǔ bā kàn shàng qù pián yi bu liǎo.
여기 술집은 보아하니 쌀 수가 없겠는데.

② '동사 + 得dé/不得'

'동사 + 得dé/不得' 가능보어 형식은 긍정형의 경우 '~할 수 있다' 혹은 '~해도 된다'는 의미이고, 부정형은 '~할 수 없다' 혹은 '~해서는 안 된다'는 의미이다. 하지만 보통화에서 '~할 수 있다(없다)'의 의미로 사용되는 경우는 매우 적고, 보통 '~해도 된다(~해서는 안 된다)'는 의미로 많이 쓰인다고 알려져 있다. 이러한 가능보어 형식 역시 부정형이 더욱 많이 사용된다.

这种野菜吃得，可是那种有毒吃不得。
zhè zhǒng yě cài chī dé, kě shì nà zhǒng yǒu dú chī bu dé.
이 산나물은 먹을 수 있으나(먹어도 되나), 그것은 독이 있어 먹을 수 없습니다(먹으면 안 됩니다).

那个地方很危险，去不得。
nà ge dì fang hěn wēi xiǎn, qù bu dé.
그곳은 매우 위험하니 가면 안 됩니다.

这个人你可小看不得。
zhè ge rén nǐ kě xiǎo kàn bu dé.
이 사람을 얕보아서는 안 됩니다.

下雨时开车，大意不得。
xià yǔ shí kāi chē, dà yì bu dé.
비가 내릴 때는 운전에 부주의해서는 안 됩니다.

(4) 숙어처럼 자주 사용되는 가능보어의 관용 표현

일부 가능보어 표현은 하나의 단어나 숙어처럼 관용적으로 사용되는 경우가 있다. 일상 회화에서 자주 사용되는 일부 예를 들어 보면 다음과 같다.

▶ 来得及lái de jí 시간에 맞출 수 있다, 늦지 않다. / 来不及lái bu jí 시간에 맞출 수 없다, 늦다.

现在就去，也许还来得及。
xiàn zài jiù qù, yě xǔ hái lái de jí.
지금 바로 가면 아마 아직 늦지 않을 거야(시간에 맞출 수 있을 거야).

你出发太晚了，等你到这里就来不及了。
nǐ chū fā tài wǎn le, děng nǐ dào zhè li jiù lái bu jí le.
넌 너무 늦게 출발했어, 네가 올 때까지 기다리면 늦어(시간에 맞출 수 없어).

▶ 买得起 (경제적인 능력이 충분하여) 살 수 있다. / 买不起 (경제적인

능력이 안 되어) 살 수 없다. '起'는 경제적인 능력으로 인한 가능성을 나타낸다.

价钱贵一点儿我也买得起。
jià qián guì yì diǎnr wǒ yě mǎi de qǐ.
값이 조금 비싸더라도 나는 살 수 있어.

现在的房价越来越高了，真的买不起。
xiàn zài de fáng jià yuè lái yuè gāo le, zhēn de mǎi bu qǐ.
요즘 집값이 점점 오르고 있어서 정말 살 수가 없어요.

▶ 合得来hé de lái 마음이(손발이) 맞다. / 合不来hé bu lái 마음이(손발이) 맞지 않다.

我们班同学之间特别合得来。
wǒ men bān tóng xué zhī jiān tè bié hé de lái.
우리반 급우들은 서로 마음이 유난히 잘 맞는다.

我和他合不来，他也不是不知道。
wǒ hé tā hé bu lái, tā yě bú shì bù zhī dào.
나와 그는 잘 맞지 않는 것을 그도 모르는 건 아니야.

▶ 靠得住kào de zhù 신뢰할(믿을) 수 있다. / 靠不住kào bu zhù 신뢰할(믿을) 수 없다.

这个人靠得住，这件事交他办吧。
zhè ge rén kào de zhù, zhè jiàn shì jiāo tā bàn ba.
이 사람은 믿을 수 있으니, 이 일은 그에게 맡겨 처리하게 하십시오.

你听来的是靠不住的传闻，不要乱说。
nǐ tīng lái de shì kào bu zhù de chuán wén, bú yào luàn shuō.
네가 들은 건 믿을 수 없는 뜬소문이야. 함부로 말하지 마.

▶ 对得住(=对得起)duì de zhù 떳떳하다, 면목이 서다. / 对不住(=对不起)duì bu zhù 떳떳하지 못하다, 면목이 서지 않다.

在国外你不好好留学，你对得住谁呀?
zài guó wài nǐ bù hǎo hǎo liú xué, nǐ duì de zhù shuí ya?
해외에서 네가 유학을 열심히 하지 않으면, 넌 누구에게든 떳떳할 수 있겠니?

你这样做真是对不住你的父母。
nǐ zhè yàng zuò zhēn shì duì bu zhù nǐ de fù mǔ.
네가 이렇게 한다면 정말이지 네 부모님을 뵐 낯이 없을 거야.

▶ 犯得着fàn de zháo ~할 가치가 있다, ~할 필요가 있다(=有必要，值得). / 犯不着fàn bu zháo ~할 가치가 없다, ~할 필요가 없다(=不必要，不值得).

这点小事，犯得着对领导说吗?
zhè diǎn xiǎo shì, fàn de zháo duì lǐng dǎo shuō ma?
이 정도 작은 일로 윗분에게 이야기할 필요가 있습니까?

他还小，不懂事，你犯不着跟他发火。
tā hái xiǎo, bù dǒng shì, nǐ fàn bu zháo gēn tā fā huǒ.
그는 아직 어리고, 잘 모르니(철이 없으니), 그에게 화를 낼 것은 못 됩니다.

▶ 数得着shǔ de zháo 뛰어나다, 손꼽히다. / 数不着shǔ bu zháo 뛰어나지 않다, 손꼽히지 못하다.

这个医院的医疗水平在全国也数得着。
zhè ge yī yuàn de yī liáo shuǐ píng zài quán guó yě shǔ de zháo.
이 병원의 의료 수준은 전국에서도 손꼽힌다.

论技术，我在小组里还数不着。
lùn jì shù, wǒ zài xiǎo zǔ li hái shǔ bu zháo.
기술로 따지자면 나는 팀에서 아직 축에 끼지도 못한다.

▶ 舍不得shě bu de 아쉽다, 미련이 남다, 아까워하다.

他舍不得离开女朋友，只是一直哭。
tā shě bu de lí kāi nǚ péng you, zhǐ shì yì zhí kū.
그는 여자 친구와 헤어지기(여자 친구에게서 떠나기) 아쉬워 그저 울 뿐이었다.

他是一分钱都舍不得花的吝啬鬼。
tā shì yì fēn qián dōu shě bu de huā de lìn sè guǐ.
그는 돈 한 푼도 아까워 쓰지 못하는 구두쇠이다.

▶ 怪不得guài bu de 어쩐지 / 탓할 수 없다, 원망할 수 없다.

怪不得屋里这么凉快，原来是开了空调。
guài bu de wū li zhè me liáng kuài, yuán lái shì kāi le kōng tiáo.
어쩐지 방이 시원하다 했더니, (알고 보니) 에어컨을 켜 놓았구나.

这次事故怪不得他。(=这次事故不能怪他。)
zhè cì shì gù guài bu de tā. (=zhè cì shì gù bù néng guài tā.)
이번 사고는 그를 탓할 수 없어요.

▶ 恨不得hèn bu de 갈망하다, 간절히 ~하고 싶다. ~못하는 것이 한스럽다.

我恨不得马上搬家，只是找不到合适的房子。
wǒ hèn bu de mǎ shàng bān jiā, zhǐ shì zhǎo bu dào hé shì de fáng zi.
마음 같아서야 당장 이사를 가고 싶지만, 마땅한 집이 없네요.

恨不得跑到她身边。
hèn bu de pǎo dào tā shēn bian.
마음 같아서는 그녀 곁으로 달려가고 싶어요.

▶ 巴不得bā bu de 갈망하다, 간절히 바라다, 몹시 ~를 바라다.

巴不得去海外旅游。
bā bu de qù hǎi wài lǚ yóu.
해외로 여행가고 싶은 생각이 굴뚝같다.

嘴里虽说不喜欢，心里可是巴不得。
zuǐ li suī shuō bù xǐ huan, xīn li kě shì bā bu de.
입으로는 좋아하지 않는다고 말하지만, 마음속으로는 간절히 바란다.

▶ 顾不得 돌볼 수가 없다, 돌볼 틈이 없다, 신경 쓸 수가 없다.

今天他应酬太多顾不得你了。
jīn tiān tā yìng chou tài duō gù bu de nǐ le.
오늘 그는 접대가 너무 많아 너를 챙길 수 없겠네요.

他为了工作，连饭都顾不得吃。
tā wèi le gōng zuò, lián fàn dōu gù bu de chī.
그는 일을 위해(일 때문에) 밥조차도 챙겨 먹을 겨를이 없습니다.

▶ 看不起kàn bu qǐ 깔보다, 얕보다, 무시하다, 업신여기다.

他总是看不起老婆。
tā zǒng shì kàn bu qǐ lǎo po.
그는 늘 부인(마누라)을 무시한다.

他说起话来好像看不起别人，让我感到不快。
tā shuō qǐ huà lái hǎo xiàng kàn bu qǐ bié rén, ràng wǒ gǎn dào bú kuài.
그는 말을 하면(하기 시작하면) 다른 사람을 무시하는 것 같아 난 (무척) 불쾌하다.

4. 상태보어

상태보어는 동사나 형용사 뒤에 쓰여, 동사나 형용사가 나타내는 동작이나 상태에 대해 한층 더 상세하고 구체적으로 묘사하거나 설명해 주는 성분을 말한다. 때로 상태보어는 동작 행위나 상태에 대해 평가나 판단을 내리기도 한다.

(1) 상태보어의 기본 구조와 의미

상태보어는 동사나 형용사 뒤에 반드시 '得de'를 붙여 연결하는 보어이다. 상태보어의 의미는 대체로 ①행위에 대한 평가, 판단, ②행위의 결과에 대한 설명, ③행위나 상태의 정도를 구체적으로 묘사 등 세 가지 의미로 구분해 볼 수 있다.

① 행위에 대한 평가, 판단

他每天来得很早。
tā měi tiān lái de hěn zǎo.
그는 매일 일찍 온다.

他开车总是开得很快。
tā kāi chē zǒng shì kāi de hěn kuài.
그는 운전을 항상 매우 빠르게 한다.

他刚才唱了一个歌，唱得很好。
tā gāng cái chàng le yí ge gē, chàng de hěn hǎo.
그가 방금 노래를 한 곡 불렀는데 참 잘 부르던데요.

② 행위의 결과에 대한 설명

教室打扫得非常干净。
jiào shì dǎ sǎo de fēi cháng gān jìng.
교실이 아주 깨끗하게 청소되었네요.

孩子太不听话，妈妈气得哭了。
hái zi tài bù tīng huà, mā ma qì de kū le.
아이가 너무 말을 안 들어서 엄마는 화가 나서 울기까지 했다.

为了备课，老师每天睡得很晚。
wèi le bèi kè, lǎo shī měi tiān shuì de hěn wǎn.
수업 준비를 위해 (수업 준비 때문에) 선생님은 매일 늦게 주무신다.

③ 행위나 상태의 정도를 구체적으로 묘사

他听了这个消息高兴得不知道说什么好。
tā tīng le zhè ge xiāo xi gāo xìng de bù zhī dào shuō shén me hǎo.
그는 이 소식을 듣고 기뻐서 무슨 말을 해야 좋을지 몰라 했다.

房间里暗得什么也看不见。
fáng jiān li àn de shén me yě kàn bu jiàn.
방안이 아무것도 안 보일 정도로 어둡네요.

他把衣服洗得满头大汗。
tā bǎ yī fu xǐ de mǎn tóu dà hàn.
그는 옷을 빠느라 얼굴이 온통 땀투성이가 되었다.

이처럼 상태보어는 언제나 동사나 형용사 뒤에 '得'를 붙여 표현하며, 주로 ①행위에 대한 평가, 판단, ②행위의 결과에 대한 설명, ③행위나 상태의 정도를 구체적으로 묘사 등의 의미를 나타낸다. 이와 같은 상태보어의 의미는 시점으로 보자면 대부분 현재 혹은 과거이며, 미래 시점의 일에는 잘 사용되지 않는다. 하지만 형용사가 상태보어가 되는 경우 상태보어 뒤에 '一点儿yì diǎnr'이나 '一些yì xiē'를 붙이면 상대에게 명령(청유, 부탁)하는 미래의 상황에도 사용될 수 있다.

走得快一点儿!
zǒu de kuài yì diǎnr!
좀 빨리 걸어!

师傅，前面的头发能不能理得短一些?
shī fu, qián mian de tóu fa néng bu néng lǐ de duǎn yì xiē?
선생님, 앞머리를 좀 짧게 다듬어 주실 수 있나요?

또 한 가지 주의할 점은 중국어의 상태보어와 부사어(=상황어: 문장 내에서 동사나 형용사를 꾸며주는 성분)는 한국어로 해석할 때 모두 부사어처럼 해석되므로 잘 구분하여 사용하여야 한다. 예를 들어 다음과 같은 경우이다.

孩子们玩得很开心。아이들은 즐겁게 놉니다.
hái zǐ men wán de hěn kāi xīn.

孩子们很开心地玩。아이들은 즐겁게 놉니다.
hái zi men hěn kāi xīn de wán.

첫 번째 문장의 '很开心'은 상태보어로 사용된 것이고, 두 번째 문장의 '很开心'은 부사어로 사용되었다. 그런데 우리말로 표현할 때는 모두 똑같이 '즐겁게'라고 해석될 수 있다. 하지만 두 문장은 어감이 다른 표현이다. 첫 번째 문장은 아이들이 노는 것을 지켜본 후 그 결과로 화자 나름의 느낌을 판단(평가)한 것이고, 두 번째 문장은 아이들이 놀고 있는 과정 중의 동작 행위 방식(상태)을 묘사한 것이다. 따라서 동작 행위의 결과에 대한 판단을 표현하려면 첫 번째 문장처럼 상태보어를 사용해야지 부사어를 사용하여 표현하면 안 된다. 예를 하나 더 들어보면, (그가 방금 노래를 한 곡 불렀는데) '노래를 참 잘 했다'는 '판단(평가)'의 의미를 중국어로 표현하려면, '他唱得很好。'와 같이 표현해야지, '*他很好地唱了(一个歌)。'와 같이 표현해서는 안 된다.

(2) 상태보어의 어법 특징

① 동사가 목적어와 상태보어를 동시에 가질 때는 동사를 목적어 뒤에서 다시 한 번 반복한 뒤, 중복된 동사 뒤에 상태보어를 놓아야 한다. 왜냐하면 '~得+상태보어'는 반드시 동사 뒤에 붙여 써야 하기 때문이다. 이합동사도 마찬가지로 이합동사의 동사 부분을 한 번 더 반복하고 그 뒤에 상태보어를 사용한다.

他说汉语说得很流利。
tā shuō hàn yǔ shuō de hěn liú lì.
그는 중국어를 유창하게 합니다.

我看电视剧看得忘了吃饭。
wǒ kàn diàn shì jù kàn de wàng le chī fàn.
나는 밥 먹는 것도 잊고 드라마를 보았다.

他走路走得满身大汗。
tā zǒu lù zǒu de mǎn shēn dà hàn.
그는 온몸이 땀투성이가 되도록 걸었다.

我昨天睡觉睡得很踏实。
wǒ zuó tiān shuì jiào shuì de hěn tā shi.
난 어제 아주 편안하게 잘 잤어.

他游泳游得很快。
tā yóu yǒng yóu de hěn kuài.
그는 빠르게 헤엄친다.

他跳舞跳得真棒。

tā tiào wǔ tiào de zhēn bàng.

그는 춤을 정말 잘 춰.

이렇게 동사가 중복된 구조에서 첫 번째 동사는 생략될 수도 있는데, 첫 번째 동사가 생략되면 목적어가 주어 바로 뒤에 놓이게 된다.[36]

他说汉语说得很流利。

→ 他汉语说得很流利。

tā hàn yǔ shuō de hěn liú lì.

그는 중국어를 유창하게 구사한다.

他跳舞跳得真棒。

→ 他舞跳得真棒。

tā wǔ tiào de zhēn bàng.

그는 춤을 정말 멋지게 춘다.

또한 목적어를 화제로 삼아 문장 맨 앞에 놓을 수도 있다. 목적어를 화제로 삼으면 동사는 중복할 필요가 없게 된다.

他(说)汉语说得很流利。

→ 汉语他说得很流利。(=汉语, 他说得很流利)

hàn yǔ tā shuō de hěn liú lì.

중국어를 그는 유창하게 구사한다.

---

36 하지만 우리말로 보통 '~에게'로 해석되는 간접목적어가 동사 뒤에 오는 경우는 첫 번째 동사를 생략할 수 없다. 예를 들어, 他教我们教得很仔细。(그는 우리에게 매우 꼼꼼하게(자세하게) 가르치신다.)와 같은 표현을 *他我们教得很仔细。(×) 라고 할 수 없다.

我(看)电视剧看得忘了吃饭。

→ 电视剧我看得忘了吃饭。(=电视剧, 我看得忘了吃饭)

diàn shì jù wǒ kàn de wàng le chī fàn.

TV 연속극을 보다가 밥 먹는 것도 잊어버렸다.

② 형용사가 상태보어가 될 때는 일반적으로 '很hěn', '非常fēi cháng', '真zhēn', '太tài', '最zuì', '挺tǐng' 등과 같은 정도부사의 수식을 받게 된다. 정도부사의 수식 없이 형용사가 단독으로 상태보어가 되면 대조나 비교의 의미를 내포하게 되어 어감이 달라진다. 예를 들어, 小李写得很好。xiǎo lǐ xiě de hěn hǎo.는 '小李가 참 잘 썼다'는 의미이고, 비교나 대조의 어감은 없다. 하지만 보어 '好' 앞의 정도부사 '很'을 빼고 小李写得好。처럼 표현했다면, 이 표현은 '小李는 잘 썼는데 다른 사람들은 잘 쓰지 못했거나 별로이다'와 같은 비교의 어감을 내포하게 된다. 즉, 小李写得好, 可是我写得不好。(小李는 잘 썼지만, 나는 잘 못 썼어) 등과 같은 어감이 될 수 있다. 따라서 비교나 대조의 의미가 없다면 정도부사를 사용하여 표현하는 것이 자연스럽다. 마찬가지로 依我看, 还是红队踢得好。yī wǒ kàn, hái shì hóng duì tī de hǎo. (내가 보기에는 역시 홍팀이 잘 차네)와 같은 표현에서 보어 '好'는 정도부사의 수식 없이 사용했기 때문에 이 문장은 다른 팀보다 홍팀이 잘 찬다는 비교의 어감을 갖게 된다.

하지만 형용사의 중첩형 혹은 중첩형의 접미사가 붙은 형용사[37] 앞

37 好好hǎo hǎo((매우) 좋다, 훌륭하다), 亮亮liàng liàng((아주) 밝고 환하다, 반들반들하다), 高高兴兴gāo gāo xìng xìng((아주) 즐겁다), 干干净净gān gān jìng jìng((매우) 깨끗하다), 热乎乎rè hū hū(뜨겁다, 따끈따끈하다), 灰溜溜huī liū liū(풀이 죽다, 의기소침하다)

에는 비교의 의미가 없더라도 정도부사를 쓰지 않는다. 또한 형용사의 중첩형 혹은 중첩형의 접미사가 붙은 형용사가 보어가 될 때는 보통 뒤에 '的'를 붙인다.

> 她把玻璃擦得亮亮的。
> tā bǎ bō li cā de liàng liàng de.
> 그는 유리를 반들반들하게 닦았다.
>
> *她把玻璃擦得很亮亮的。(×)
>
> 他长得傻乎乎的。
> tā zhǎng de shǎ hū hū de.
> 그는 어리숙하게 생겼다.
>
> *他长得非常傻乎乎的。(×)
>
> 那个老头儿走得慢悠悠的。
> nà ge lǎo tóur zǒu de màn yōu yōu de.
> 그 노인은 느긋하게 걷는다(걸었다).
>
> *那个老头儿走得挺慢悠悠的。(×)

③ 상태보어가 있는 문장에서 표현의 중심은 보어 부분에 있고, 보어를 통해 술어의 상태를 설명하는 것이기 때문에 술어 동사나 형용사 앞에는 더 이상의 묘사성 수식성분이 필요하지 않다.

등과 같은 형용사의 중첩형 혹은 중첩형의 접미사가 붙은 형용사에는 이미 일정한('很', '非常' 등에 해당되는) 정도의 의미가 포함되어 있다. 따라서 형용사의 중첩형 혹은 중첩형의 접미사가 붙은 형용사는 보어가 아닌 문장의 술어가 될 때도 정도부사의 수식을 받을 수 없다. 예를 들어 他身体好好的。tā shēn tǐ hǎo hǎo de. (그는 매우 건강하다), 馒头热乎乎的。mán tou rè hū hū de. ((소 없는) 찐빵이 따끈따끈하다)는 자연스러운 표현이지만, *他身体很好好的。(×) *馒头非常热乎乎的。(×)는 잘못된 표현이다.

* 他仔细地写得很清楚。(×)
tā zǐ xì de xiě de hěn qīng chu.
그는 자세하게 분명히(또박또박) 썼다.

他写得很清楚。(O)

* 他拼命地跑得很快。(×)
tā pīn mìng de pǎo de hěn kuài.
그는 필사적으로(온 힘을 다해) 빨리 뛰었다.

他跑得很快。(O)

* 他很难过得流下泪来。(×)
tā hěn nán guò de liú xià lèi lái.
그는 슬퍼서 눈물을 흘렸다.

他难过得流下泪来。(O)

④ 구어에서는 '得' 대신에 '个'를 사용하여 동사와 상태보어를 연결하기도 한다. 이때 '个' 앞에는 동태조사 '了'가 오기도 한다.[38]

孩子们听了他说的笑话，都笑个不停。
hái zi men tīng le tā shuō de xiào huà, dōu xiào ge bù tíng.
아이들은 그가 말한 우스운 이야기를 듣고 모두 계속 웃어댔다.

---

38 '个'는 동사와 목적어 사이에 쓰여 '부담 없이 자유롭고, 편안한 어감'을 표현하기도 한다. 他常在我这儿吃个饭、喝个茶的。tā cháng zài wǒ zhèr chī ge fàn, hē ge chá de.(그는 내가 있는 이곳에서 늘 밥도 먹고, 차도 마십니다) 洗个澡，睡个觉，休息休息。xǐ ge zǎo, shuì ge jiào, xiū xi xiū xi.(샤워도 하고, 잠도 자고 좀 쉬어라) 이와 같은 용법으로 쓰이는 '个'와 상태보어 구조의 '得' 대신에 쓰이는 '个'는 다르다.

假日我们玩了个痛快，现在该努力学习了。
jià rì wǒ men wán le ge tòng kuai, xiàn zài gāi nǔ lì xué xí le.
휴일에 실컷(통쾌하게) 놀았으니, 이제는 열심히 공부해야 합니다.

⑤ 상태보어가 있는 문장의 부정은 보어 앞에 '不'를 붙여 표현한다.
상태보어가 있는 문장에서 표현의 중심은 보어 부분에 있기 때문에, 부정도 보어를 부정해야 한다. 술어 동사나 형용사는 묘사의 대상이지 부정의 대상이 아니다. 따라서 술어 앞에 '不'를 쓰면 안 된다.

我这次考试考得不好。
wǒ zhè cì kǎo shì kǎo de bù hǎo.
나는 이번 시험을 잘 치르지 못했다.

* 我这次考试不考得好。(×)

我啤酒喝得不多。
wǒ pí jiǔ hē de bù duō.
난 맥주를 많이 마시지 않았다.

* 我啤酒不喝得多。(×)

他说得不清楚。
tā shuō de bù qīng chu.
그는 분명하지 않게 말했다.

* 他不说得清楚。(×)

⑥ 상태보어가 있는 문장의 의문형은 문장 끝에 '吗'를 붙이거나, 보어 부분을 긍정과 부정으로 병렬하여 정반의문문을 만든다. 의문문에서는 형용사가 단독으로 보어가 되더라도 앞에 정도부사

를 붙이지 않는다. 그 외 보어 자리에 의문대명사 '怎么样zěn me yàng'을 넣어 의문형을 만들 수도 있다.

暑假过得好吗?
shǔ jià guò de hǎo ma?
여름 방학은 잘 보냈니?

暑假过得好不好?
shǔ jià guò de hǎo bu hǎo?
여름 방학은 잘 보냈니?

暑假过得怎么样?
shǔ jià guò de zěn me yàng?
여름 방학은 어떻게 보냈니?

⑦ 형용사가 단독으로 상태보어가 되는 경우, 만일 형용사 앞에 정도부사가 없다면, 표면적으로는 가능보어(결과보어의 가능형)와 형식이 같기 때문에 구분이 어려울 수 있다. 예를 들어, '写得好xiě de hǎo'와 같은 표현은 상태보어 형식이 될 수도 있고, 가능보어 형식이 될 수도 있다. 상태보어 형식이라면 의미는 '잘 썼다(잘 쓴다)' 정도의 의미가 되겠지만, 가능보어 형식이라면 '잘 쓸 수 있다'는 의미가 될 것이다. 마찬가지로 '说得清楚shuō de qīng chu'는 '분명하게 말했다(분명하게 말한다)'는 뜻이 될 수도 있고, '분명하게 말할 수 있다'는 뜻이 될 수도 있다. 하지만 이러한 혼란은 대화 상황 혹은 앞뒤 문맥을 통해 쉽게 알 수 있는 것이기 때문에 큰 문제가 되지 않는다. 또한 부정 형식과 의문 형식은 상태보어와 가능보어가 확연히 다르기 때문에 쉽게 구분할 수 있다.

	상태보어	가능보어(결과보어의 가능형)
긍정	写得好 잘 썼다(쓴다) 说得清楚 분명하게 말했다(말한다)	写得好 잘 쓸 수 있다 说得清楚 분명하게 말할 수 있다
부정	写得不好 잘 쓰지 못했다(못한다) 说得不清楚 분명하게 말하지 못했다(못한다)	写不好 잘 쓸 수 없다 说不清楚 분명하게 말할 수 없다
정반의문	写得好不好? 잘 썼습니까(씁니까)? 说得清楚不清楚? 분명하게 말했습니까(말합니까)?	写得好写不好? 잘 쓸 수 있습니까? 说得清楚说不清楚? 분명하게 말할 수 있습니까?

5. 정도보어

정도보어는 술어가 되는 형용사나 심리(활동)동사 뒤에 쓰여 술어의 상태가 도달한 정도를 나타내는 보어이다. 보통 아주 강한 정도의 의미를 표현하는데 우리말로 '아주, 많이, 몹시, 대단히, 너무, 진짜, 완전히, 극히, 죽도록~하다' 등과 같은 의미를 나타낸다. 정도보어의 구조는 두 가지 유형으로 나누어 볼 수 있는데, 술어와 보어 사이에 '得'를 사용하는 경우와 '得'를 사용하지 않는 경우이다.

(1) '得'를 써야 하는 정도보어

정도보어 중에는 앞에 '得'를 붙여 써야 하는 경우가 있는데, 예를 들어 ～得很de hěn, ～得不得了de bù dé liǎo, ～得要命(要死)de yào mìng (yào sǐ), ～得慌de huāng, ～得厉害de lì hai 등과 같은 경우이다. 예를 들어 보면 다음과 같다.

▶ 형용사/심리동사 + 得很de hěn: '很'이 형용사나 심리동사 앞에서 부사어로 쓰일 때는 대부분 문장 구조상의 필요 때문이므로(형식적으로 부가되는 성분이므로) 강세를 두어 말하지 않는 한 '매우'라는 정도의 의미는 아주 약하다. 하지만 '很'이 정도보어로 쓰일 때는 정도가 매우 높음을 나타낸다.

他最近忙得很，没空见你。
tā zuì jìn máng de hěn, méi kòng jiàn nǐ.
그는 최근 매우 바빠서 너를 만날 틈이 없어.

哈尔滨的冬天冷得很。
hā ěr bīn de dōng tiān lěng de hěn.
하얼빈의 겨울은 매우 춥다.

A:你想家吗?
A: nǐ xiǎng jiā ma?
A: 너 집 생각나니?
(집이 그립니?)

B:想得很。
B: xiǎng de hěn.
B: 집 생각 많이 나요.
(집이 많이 그리워요.)

▶ 형용사/심리동사 + 得不得了de bù dé liǎo: 형용사나 심리동사 뒤에서 정도가 매우 심함(높음, 강함)을 나타낸다.

我饿得不得了。
wǒ è de bù dé liǎo.
난 너무나 배가 고파요.

没有找到小王，他急得不得了。
méi yǒu zhǎo dào xiǎo wáng, tā jí de bù dé liǎo.
小王을 찾지 못해서 그는 매우(아주, 대단히) 초조해 했다.

他一见到敏智就喜欢得不得了。
tā yí jiàn dào mǐn zhì jiù xǐ huan de bù dé liǎo.
그는 민지만 보면 너무나 좋아한다(좋아서 환장한다).

▶ 형용사/심리동사 + 得要命(要死)de yào mìng (yào sǐ): 형용사나 심리동사 뒤에서 과장된 어기로 정도가 극한 상태에 달하였음을 나타낸다.

去年夏天热得要死。
qù nián xià tiān rè de yào sǐ.
작년 여름은 너무 더웠다.

男孩看到父亲的表情，心中怕得要死。
nán hái kàn dào fù qīn de biǎo qíng, xīn zhōng pà de yào sǐ.
소년은 아버지의 표정을 보고 잔뜩 겁먹었다.

昨天商场的人好多，挤得要命。
zuó tiān shāng chǎng de rén hǎo duō, jǐ de yào mìng.
어제 백화점(쇼핑몰)에 사람이 많아서 엄청나게 붐볐다.

他的一句话，把妻子气得要命。
tā de yí jù huà, bǎ qī zi qì de yào mìng.
그의 한 마디가 부인을 너무나 화나게 했다.

▶ 형용사/심리동사 + 得慌de huāng: 상태가 견디기 힘들 정도로 심한 정도를 나타낸다.

我吃了很多油炸食品，腻得慌。
wǒ chī le hěn duō yóu zhá shí pǐn, nì de huāng.
기름에 튀긴 음식을 많이 먹었더니 속이 너무 느끼합니다.

今天天气太潮湿了，闷得慌。
jīn tiān tiān qì tài cháo shī le, mèn de huāng.
오늘 날씨가 너무 습해서 견디기 힘들 정도로 갑갑하네요.

好几年没回故乡了，真想得慌。
hǎo jǐ nián méi huí gù xiāng le, zhēn xiǎng de huāng.
여러 해 동안 고향에 가지 않았더니 정말이지 너무나 그립네요.

我整天生气，憋得慌。
wǒ zhěng tiān shēng qì, biē de huāng.
나는 온종일 화가 나서 답답해 견딜 수가 없었습니다.

▶ 형용사/심리동사 + 得厉害de lì hai: 주로 구어에서 많이 쓰이며 매우 높은 정도의 상태를 나타낸다.

下雨天，路上车堵得厉害。
xià yǔ tiān, lù shang chē dǔ de lì hai.
비가 오는 날은 길에 차가 무지하게 막힌다.

这几天热得厉害。
zhè jǐ tiān rè de lì hai.
요 며칠 지독히도 덥네.

刚刚不小心碰到桌角，手指疼得厉害。
gāng gāng bù xiǎo xīn pèng dào zhuō jiǎo, shǒu zhǐ téng de lì hai.
방금 실수로(조심하지 않아서) 책상 모서리에 부딪혔는데 손가락이 너무 아파요.

(2) '得'가 필요 없는 정도보어

일부 정도보어는 '得' 없이 직접 사용된다. 예를 들어 ～极了jí le, ～死了sǐ le, ～透了tòu le, ～坏了huài le, ～多了duō le, ～远了yuǎn le 등과 같은 정도보어가 그러하다. 이때 뒤에 붙어 있는 '了'는 반드시 함께 써야 하는 성분이다. 의미는 모두 형용사나 심리동사의 정도가 매우 높음(심함, 강함)을 나타낸다.

▶ 형용사/심리동사 + ～极了jí le

考试结束了，我们高兴极了。
kǎo shì jié shù le, wǒ men gāo xìng jí le.
시험이 끝나서 우리는 정말 기뻐요.

听到这个消息，同事们都难受极了。
tīng dào zhè ge xiāo xi, tóng shì men dōu nán shòu jí le.
이 소식을 들은 후 동료들은 모두 몹시 괴로워했다.

这本书我喜欢极了。
zhè běn shū wǒ xǐ huan jí le.
이 책 난 너무 좋아해요.

他们父子俩像极了。
tā men fù zǐ liǎ xiàng jí le.
그들 부자는 쏙 빼닮았어요.

▶ 형용사/심리동사 +~死了sǐ le

为了完成报告，凌晨三点才睡觉，真困死了。
wèi le wán chéng bào gào, líng chén sān diǎn cái shuì jiào, zhēn de kùn sǐ le.
이 보고서를 쓰려고 새벽 3시가 되어서야 잤더니 정말 졸려 죽겠어.

他爱人不爱收拾，家里乱七八糟的，脏死了。
tā ài rén bú ài shōu shi, jiā li luàn qī bā zāo de, zāng sǐ le.
그의 부인은 치우는 것을 싫어해서, 집안이 엉망진창이야, 더러워 죽겠어.

女儿上中学时就谈恋爱，妈妈都气死了。
nǚ ér shàng zhōng xué shí jiù tán liàn ài, mā ma dōu qì sǐ le.
딸이 중학교에 다닐 때부터 연애를 해서 엄마는 몹시 화가 났었어.

急死人了。这两个你到底更喜欢哪个?
jí sǐ rén le. zhè liǎng ge nǐ dào dǐ gèng xǐ huan nǎ ge?
정말 답답하네(답답해 죽겠네). 이 두 개 중 도대체 어느 것이 더 좋냐고?

▶ 형용사/심리동사 +~透了tòu le

这家伙坏透了。
zhè jiā huo huài tòu le.
이 녀석은 정말 나쁘다(나쁘기 그지없다).

他说出这种话，真让人恶心透了。
tā shuō chū zhè zhǒng huà, zhēn ràng rén ě xīn tòu le.
그가 이런 말을 하다니 정말 혐오스럽다(역겹다).

我简直火透了。
wǒ jiǎn zhí huǒ tòu le.
난 정말이지 몹시 화가 났어.

这个人真坏，我恨透了他。
zhè ge rén zhēn huài, wǒ hèn tòu le tā.
이 사람은 정말 나빠서, 나는 그를 몹시 증오한다.

▶ 형용사/심리동사 +～坏了huài le

我可急坏了。
wǒ kě jí huài le.
나는 (정말) 몹시 애가 탄다(조급해 죽겠다).

小张的电话，把我乐坏了。
xiǎo zhāng de diàn huà, bǎ wǒ lè huài le.
小张의 전화는 나를 아주 기쁘게 했다.

今天我气坏了，干什么事都不顺利。
jīn tiān wǒ qì huài le, gàn shén me shì dōu bú shùn lì.
오늘 나는 너무 화가 나서 하는 일마다 모두 순조롭지가 않았습니다.

真折腾坏了他们几个了。
zhēn zhē teng huài le tā men jǐ ge le.
정말 그들 몇 사람을 너무 고생시켰네요(힘들게 했네요(괴롭혔네요)).

▶ 형용사 + ～多了duō le: 주로 비교문에서 사용되며 차이나 정도가 매우 큼을 나타낸다.

这儿的天气比北方好多了。
zhèr de tiān qì bǐ běi fāng hǎo duō le.
이곳의 날씨는 북방보다 훨씬(많이) 좋다.

他的年龄比我大多了。
tā de nián líng bǐ wǒ dà duō le.
그의 나이는 나보다 훨씬 많아.

我的汉语说得比他差多了。
wǒ de hàn yǔ shuō de bǐ tā chà duō le.
나는 중국어를 그보다 훨씬 못해.

这篇课文容易多了。
zhè piān kè wén róng yì duō le.
이 본문은 (다른 것보다) 훨씬(많이) 쉬워요.

▶ 형용사 + ~远了yuǎn le: '형용사 +~多了'와 의미가 같지만, 형용사 '差chà(차이가 나다, 나쁘다, 표준에 못 미치다)' 뒤에서만 사용된다. 다른 형용사 뒤에서는 사용되지 않는다.

小李的技术差远了。
xiǎo lǐ de jì shù chà yuǎn le.
小李의 기술은 (다른 사람에 비해) 많이 떨어진다.

真羡慕你，我的工资跟你的比差远了。
zhēn xiàn mù nǐ, wǒ de gōng zī gēn nǐ de bǐ chà yuǎn le.
정말 네가 부러워, 내 월급과 네 월급을 비교하면 차이가 커.

(3) 정도보어의 어법 특징

① 정도보어는 매우 높은 정도의 상태를 표현(묘사)하는 것이기 때문에 보통 부정형식은 사용하지 않는다.

最近天气冷得要命。
zuì jìn tiān qì lěng de yào mìng.
요즘 날씨가 너무(지독히) 덥네요.

* 最近天气冷得不要命。(×)

这件事麻烦透了。
zhè jiàn shì má fan tòu le.
이 일은 무지하게 번거롭네.

* 这件事不麻烦透了。(×)

② ~极了, ~死了, ~透了, ~坏了 등 '得'가 필요 없는 정도보어는 '得'와 함께 쓸 수 없다. 반대로 ~得很, ~得不得了, ~得要命(要死), ~得慌, ~得厉害 등 '得'를 써야 하는 정도보어에서는 '得'를 생략할 수 없다. 하지만 예외적으로 '~多了'와 '~远了'는 각각 '~得多(了)', '~得远(了)'으로 바꾸어 쓸 수 있다.

婚礼热闹极了。
hūn lǐ rè nào jí le.
결혼식이 아주 떠들썩하다.

* 婚礼热闹得极了。(×)
* 婚礼热闹极。(×)

这些孩子真是吵死了。
zhè xiē hái zi zhēn shi chǎo sǐ le.
이 아이들 정말 시끄러워 죽겠네.

* 这些孩子真是吵得死了。(×)
* 这些孩子真是吵死。(×)

兄弟俩的性格差远了。
xiōng dì liǎ de xìng gé chà yuǎn le.
형제 둘의 성격 차이가 크네요.
= 兄弟俩的性格差得远(了)。

他的汉语比我强多了。
tā de hàn yǔ bǐ wǒ qiáng duō le.
그는 중국어를 나보다 훨씬 더 잘해요.
= 他的汉语比我强得多。

③ 정도보어 중 ~得很, ~得不得了, ~极了, ~多了 등은 긍정적인(좋은, 마음에 드는) 의미의 표현과 부정적인(나쁜, 마음에 들지 않는) 의미의 표현에 모두 사용될 수 있다. 하지만 ~透了, ~远了, ~得慌 등은 주로 부정적인 의미의 표현에만 사용된다. ~死了, ~坏了, ~得要命(要死) 등도 보통 부정적인 의미의 표현에 많이 사용되지만 때로는 긍정적인 의미의 표면에 사용되기도 한다. 간략히 예를 들어 보면 다음과 같다.

好得很 매우 좋다 (긍정적 의미)
hǎo de hěn

坏得很 아주 나쁘다 (부정적 의미)
huài de hěn

干净得不得了 너무나 깨끗하다 (긍정적 의미)
gān jìng de bù dé liǎo
急得不得了 너무나 초조해 한다 (부정적 의미)
jí de bù dé liǎo

可爱极了 정말 사랑스럽다 (긍정적 의미)
kě ài jí le
脏极了 너무 더럽다 (부정적 의미)
zāng jí le

好多了 많이(훨씬) 좋다(좋아졌다) (긍정적 의미)
hǎo duō le
差多了 많이(훨씬) 나쁘다(못하다)(나빠졌다) (부정적 의미)
chà duō le

坏透了 정말 나쁘다 (나쁘기 그지없다) (부정적 의미)
huài tòu le
差远了 차이가 많이 난다 (아직 멀었다) (부정적 의미)
chà yuǎn le
饿得慌 많이 허기지다 (배고파 죽겠다) (부정적 의미)
è de huāng

烦死了 귀찮아(짜증나, 지겨워) 죽겠다 (부정적 의미)
fán sǐ le
高兴死了 굉장히 기뻐하다 (긍정적 의미)
gāo xìng sǐ le

忙坏了 몹시(정신없이) 바쁘다 (바빠 죽을 지경이다) (부정적 의미)
máng huài le

高兴坏了 대단히 기뻐하다 (긍정적 의미)
gāo xìng huài le

贵得要命 엄청나게(너무) 비싸다 (부정적 의미)
guì de yào mìng

激动得要命 너무나 감격스럽다 (긍정적 의미)
jī dòng de yào mìng

6. 수량보어

술어동사 뒤에서 동작의 횟수나 동작이 진행되는 시간을 보충 설명해 주는 성분을 수량보어라고 한다. 동작의 횟수를 나타내 주는 성분을 동량보어(動量補語)라 하고, 동작의 지속 시간을 나타내 주는 성분을 시량보어(時量補語)라 한다.

(1) 동량보어의 종류

동량보어는 '수사+동량사'의 형식으로 동사 뒤에 사용되어 동작이나 행위가 진행된 횟수를 나타낸다. 몇 가지 상용 동량사를 예로 들어 보면 다음과 같다.

▶ 次cì: 동작의 횟수를 나타내며, 구어에서는 '回huí'도 많이 사용된다.

我去过一次北京。
wǒ qù guo yí cì běi jīng.
난 북경에 한 번 가 본 적이 있다.

今天上午我去医院看过他一回，他很好。
jīn tiān shàng wǔ wǒ qù yī yuàn kàn guo tā yì huí, tā hěn hǎo.
오늘 오전에 나는 병원에 가서 그를 한 번 봤는데, 잘 있더라.

▶ 遍biàn: 같은 내용을 처음부터 끝까지 반복한 횟수를 나타낸다. '次'는 동작의 (반복) 횟수이지 내용과는 상관없다.

这个电影我已经看了三遍了。
zhè ge diàn yǐng wǒ yǐ jīng kàn le sān biàn le.
그 영화 나는 이미 세 번 봤어.

他又把那封信从头到尾看了一遍。
tā yòu bǎ nà fēng xìn cóng tóu dào wěi kàn le yí biàn.
그는 또 그 편지를 처음부터 끝까지 한 번 보았다.

▶ 趟tàng : 갔다가 오는 왕래 횟수를 나타낸다.

上星期我去了(一)趟上海。
shàng xīng qī wǒ qù le (yí) tàng shàng hǎi.
지난주에 나는 상해에 갔다 왔어.

请你抽工夫去一趟银行。
qǐng nǐ chōu gōng fu qù yí tàng yín háng.
짬을 내서 은행에 좀 다녀오세요.

我一定要亲自去一趟。
wǒ yí dìng yào qīn zì qù yí tàng.
난 반드시 직접 한 번 가봐야 해.

▶ 下xià: '一下'의 형식으로 동사 뒤에 쓰여 '한번(좀) ~해 보다'는 뜻으로 쓰이기도 하고, 시간이 짧고, 가벼운 동작의 횟수를 나타내기도 한다.

我拿不动了，请帮我一下。
wǒ ná bu dòng le, qǐng bāng wǒ yí xià.
내가 들 수가 없으니 나를 좀 도와주세요.

他打了我一下。
tā dǎ le wǒ yí xià.
그는 나를 한 대 때렸다.

你自己检查一下，打开验一下货。
nǐ zì jǐ jiǎn chá yí xià, dǎ kāi yàn yí xià huò.
네가 직접 검사(확인)해 봐, 상품(물품)을 열어서 확인(검사, 검증)해 봐.

▶ 顿dùn: 식사, 질책, 권고, 구타 등의 횟수를 나타낸다.

那个女的总怕发胖，一天只吃两顿。
nà ge nǚ de zǒng pà fā pàng, yì tiān zhǐ chī liǎng dùn.
그 여자는 늘 살찌는 게 두려워 하루에 두 끼만 먹는다.

小王又被他爸爸揍了一顿，终于不再顶嘴了。
xiǎo wáng yòu bèi tā bà ba zòu le yí dùn, zhōng yú bú zài dǐng zuǐ le.
小王은 또 아버지에게 한 대 얻어맞고 더 이상 말대꾸를 하지 않았다.

他被上司训斥了一顿。
tā bèi shàng sī xùn chì le yí dùn.
그는 상사에게 한차례 꾸지람을 들었다.

▶ 场chǎng(혹은 cháng): 비, 눈, 바람 등 자연현상이나 병, 꿈, 전쟁 등의 일어난 횟수(cháng), 혹은 공연, 문예·체육활동(chǎng) 등의 횟수를 나타낸다.

刚下了一场雨。
gāng xià le yì cháng yǔ.
방금 비가 한차례 쏟아졌다.

那只不过是一场梦。
nà zhǐ bú guò shì yì cháng mèng.
그것은 한낱 꿈에 지나지 않아요.

下班后，我打算去看一场电影放松一下。
xià bān hòu, wǒ dǎ suàn qù kàn yì chǎng diàn yǐng fàng sōng yí xià.
퇴근 후 긴장을 풀 겸 영화 보러 갈 거야.

这是一场极具戏剧性的比赛。
zhè shì yì chǎng jí jù xì jù xìng de bǐ sài
이것은 매우 드라마틱한 시합이다.

동량사 중에는 동작 행위에 사용되는 도구나 신체 부위 명사를 빌려서 동량사로 사용하는 경우가 있다. 이러한 동량사를 보통 차용동량사라고 부른다. 예를 들어 보면 다음과 같다.

看了一眼 kàn le yì yǎn 한 번 (힐끔) 보았다

踢了一脚 tī le yì jiǎo 한 번 걷어 찼다

咬了一口 yǎo le yì kǒu 한 입 깨물었다

打了一拳 dǎ le yì quán 주먹으로 한방 때렸다

打了一枪 dǎ le yì qiāng 총을 한 방 쏘았다

砍了一刀 kǎn le yì dāo 칼로 한 번 베었다

(2) 동량보어의 어법 특징

① 술어 동사 뒤에 목적어가 있을 때 동량보어는 목적어의 성질에 따라 위치가 달라질 수 있다. 대체로 다음 네 가지 경우이다.

- 목적어가 일반명사인 경우 동량보어는 목적어 앞에 위치한다.

我吃过一次这个菜。
wǒ chī guo yí cì zhè ge cài.
나는 이 요리를 한 번 먹어본 적이 있다.

为了这件事，公司开了两次会。
wèi le zhè jiàn shì, gōng sī kāi le liǎng cì huì.
이 일로 회사는 두 차례 회의를 열었다.

我可以用一下您的电话吗?
wǒ kě yi yòng yí xià nín de diàn huà ma?
제가 당신의 전화를 한 번(좀) 써도 될까요?

– 목적어가 대명사이면 동량보어는 목적어 뒤에 위치한다.

我以前在哪儿见过他一次。
wǒ yǐ qián zài nǎr jiàn guo tā yí cì.
나는 이전에 어디선가 그를 한 번 본 적이 있다.

我们等他一下吧。
wǒ men děng tā yí xià ba.
우리 그를 좀 기다리지요.

我来过这儿几次。
wǒ lái guo zhèr jǐ cì.
나는 이곳에 몇 번 온 적이 있다.

– 목적어가 인명이나 지명인 경우 동량보어는 목적어 앞이나 뒤 어디에든 올 수 있다.

来这儿以后，我去看过两次老李。
lái zhèr yǐ hòu, wǒ qù kàn guo liǎng cì lǎo lǐ.

= 来这儿以后，我去看过老李两次。

이곳에 온 이후 나는 老李를 두 번 보러 갔다(간 적이 있다).

下周，他要去一趟香港。
xià zhōu, tā yào qù yí tàng xiāng gǎng.

= 下周，他要去香港一趟。

다음 주에 그는 홍콩에 한 번 다녀오려 한다.

– 脚jiǎo, 口kǒu, 拳quán, 刀dāo 등 차용동량사가 쓰이는 경우는 목적어가 일반명사라 할지라도 동량보어는 목적어 뒤에 놓아야 한다.

他踢了狗一脚，狗乖乖地跑开了。
tā tī le gǒu yì jiǎo, gǒu guāi guāi de pǎo kāi le.
그가 발로 개를 한 번 차자 개는 순순히 도망갔다.

狼咬了鸡一口。
láng yǎo le jī yì kǒu.
이리가 닭을 한입에 물었다.

② 동량보어가 들어간 표현은 일반적으로 부정형을 사용하지 않지만, 상대의 말에 대해 자신을 변호하거나 변명할 때 동사 앞에 '没(有)'를 사용하여 표현하는 경우가 있다.

A: 你去过两次上海吧?
nǐ qù guo liǎng cì shàng hǎi ba?
넌 상해 두 번 가 봤지?

B: 上海这个地方我只去过一次，没去过两次。
shàng hǎi zhè ge dì fang wǒ zhǐ qù guo yí cì, méi qù guo liǎng cì.
상해는 한 번밖에 가 본 적이 없어, 두 번 가지 않았어.

这个电影我只看过一遍，没看过两遍。
zhè ge diàn yǐng wǒ zhǐ kàn guo yí biàn, méi kàn guo liǎng biàn.
나는 이 영화를 한 번 봤지, 두 번 보지 않았어.

'没(有)'가 아닌 '不'로 부정하는 경우도 있는데, 그런 경우는 동량보어가 있는 표현이 가정의 의미를 나타낼 때이다.

你不尝一口，怎么知道汤的味道?
nǐ bù cháng yì kǒu, zěn me zhī dào tāng de wèi dao?
한입 맛보지도 않고(맛보지 않는다면) 어떻게 탕의 맛을 알겠니?

这个人不碰几回钉子是不会虚心的。
zhè ge rén bú pèng jǐ huí dīng zi shì bú huì xū xīn de.
이 사람은 몇 번 거절당하지 않으면 겸손해지지 않을 거야.

하지만 '(连lián) + 一 + 동량사 + 也(都) + 没(不)~'(~조차도 ~하지 않(았)다)와 같은 강조용법에서는 '没'와 '不'가 모두 사용될 수 있다.

上海我一次也(都)没去过。
shàng hǎi wǒ yí cì yě (dōu) méi qù guo.
난 상해에 한 번도 가 본 적이 없어.

他是个一口酒都(也)不喝的人。
tā shì ge yì kǒu jiǔ dōu (yě) bù hē de rén.
그는 술을 한 모금도 입에 대지 않는 사람이야.

小王一回也(都)没骗过我。
xiǎo wáng yì huí yě (dōu) méi piàn guo wǒ.
小王은 한 번도 나를 속인 적이 없어.

때로는 '没(有)'와 '几(多少) + 동량사'가 함께 쓰여 '수량이 적음'을 나타낼 수 있다. 이때 부정부사 '没(有)'는 동사 앞에 놓일 수도 있고, '几(多少) + 동량사' 앞에 놓일 수도 있다.

颐和园我没去过几次。
yí hé yuán wǒ méi qù guo jǐ cì.
나는 이화원에 몇 번 안 가봤어.

颐和园我去了没几次。
yí hé yuán wǒ qù le méi jǐ cì.
나는 이화원에 몇 번 안 가봤어.

这篇课文我没看几遍就背会了。
zhè piān kè wén wǒ méi kàn jǐ biàn jiù bèi huì le.
난 이 본문을 몇 번 보지도 않고 외워버렸어.

这篇课文我看了没几遍就背会了。
zhè piān kè wén wǒ kàn le méi jǐ biàn jiù bèi huì le.
난 이 본문을 몇 번 보지도 않고 외워버렸어.

(3) 시량보어의 의미와 어법 특징

시량보어는 동작의 지속 시간이나 경과 시간을 나타내는 성분이다. 예를 들어 一天yì tiān(하루), 一个星期yí ge xīng qī(일주일), 五秒钟wǔ miǎo zhōng(5초), 两个小时liǎng ge xiǎo shí(두 시간), 一会儿yí huìr(잠깐) 등과 같은 표현이 시량보어가 된다. 다음은 시량보어가 포함된 문장의 예이다.

他已经睡了七个小时了。
tā yǐ jīng shuì le qī ge xiǎo shí le.
그는 이미 7시간째 자고 있다.

我妹妹在北京住过两个多月。
wǒ mèi mei zài běi jīng zhù guo liǎng ge duō yuè.
내 여동생은 북경에서 두 달 넘게 살았었다.

小李，你等一会儿。
xiǎo lǐ, nǐ děng yí huìr.
이군, 잠깐(좀) 기다려 주세요.

他大学毕业两年了，还没找到工作。
tā dà xué bì yè liǎng nián le, hái méi zhǎo dào gōng zuò.
그는 대학을 졸업한 지 2년이 되었는데, 아직 일을 찾지 못했다.

他死了十年了。
tā sǐ le shí nián le.
그는 죽은 지 10년이 되었다.

我来中国一年多了。
wǒ lái zhōng guó yì nián duō le.
내가 중국에 온 지 1년여가 되었다.

我们已经认识二十年了。
wǒ men yǐ jīng rèn shi èr shí nián le.
우리가 안 지 이미 20년이 되었다.

시량보어는 사용된 동사의 성질에 따라 동작·행위가 지속된 시간을 나타낼 수도 있고, 동작·행위가 끝난 후의 경과된 시간을 나타낼 수도 있다. 예를 들어 '睡了七个小时'에서 '七个小时'는 잠자는 동작·행위가 지속된 시간을 나타내 주고 있다. 하지만 '大学毕业两年了'에서 '两年'은 '졸업'이라는 동작·행위가 지속된 시간이 아니고, '졸업'이라는 동작·행위가 끝난 후 현재(혹은 말하는 시점)까지의 경과 시간을 나타낸다. 시량보어의 이와 같은 의미 차이는 시량보어와 함께 쓰이는 동사의 성질에 따라 결정된다. 동사의 성질이 지속성을 갖고 있는 것이라면 시량보어는 동작·행위가 지속된 시간을 나타내게 되고, 동사의 성질이 지속성을 갖고 있지 않고 순간적으로 끝나버리는 동작이라면 시량보어는 동작·행위가 끝난 후 현재(혹은 말하는 시점)까지의 경과 시간을 나타내게 된다. 지속성을 갖고 있는 동사(지속형 동사)로는 工作gōng zuò(일하다), 学xué(배우다), 住zhù(살다), 等děng(기다리다), 听tīng(듣다), 休息xiū xi(쉬다) 등을 예로 들어 볼 수 있고, 지속성을 갖고 있지 않은 동사(비지속형 동사)로는 死sǐ(죽다), 毕业bì yè(졸업하다), 结婚jié hūn(결혼하다), 来lái(오다), 离开lí kāi(떠나다), 考上kǎo shàng(합격하다), 认识rèn shi(알다) 등을 예로 들어 볼 수 있다. 위의 예문 중 첫 번째부터 세 번째 예문은 시량보어가 동작·행위의 지속 시간을 나타내는 경우이고, 네 번째부터 일곱 번째 예문은 시량보어가 동작·행위가 끝난 후 현재까지의 경과 시간을 나타내는 경우이다.

▶ 시량보어가 지속형 동사와 함께 쓰일 때의 어법 특징

① 시량보어가 지속형 동사와 함께 쓰일 때, 지속형 동사 뒤에 목적어가 있다면, 시량보어와 목적어는 통상 다음 네 가지 형태로 표현될 수 있다.

– 첫 번째는 목적어 뒤에서 동사를 다시 한번 반복하고 시량보어를 반복된 동사 뒤에 놓는 방법이다. 즉, 「동사 + 목적어 + 동사 + 시량보어」의 형태로 배열한다. 이런 표현 방법은 보통 목적어가 대화

상황에서 아직 언급되지 않았을 때 새롭게 언급되는 목적어를 강조하는 효과가 있다.

我学汉语学了快三年了。
wǒ xué hàn yǔ xué le kuài sān nián le.
나는 중국어를 배운 지 곧 3년이 된다.

我每天晚上看电视看一个小时。
wǒ měi tiān wǎn shang kàn diàn shì kàn yí ge xiǎo shí.
나는 매일 저녁 한 시간씩 TV를 본다.

为了这件事，我们开会开了两个晚上。
wèi le zhè jiàn shì, wǒ men kāi huì kāi le liǎng ge wǎn shang.
이 일 때문에 우리는 이틀 밤이나 회의를 했다.

昨天晚上我们打电话打了整整两个半小时。
zuó tiān wǎn shang wǒ men dǎ diàn huà dǎ le zhěng zhěng liǎng ge bàn xiǎo shí.
어제저녁 우리는 꼬박 두 시간 반 동안 전화를 했다.

– 두 번째는 동사를 반복하지 않고 목적어를 동사 앞으로 전치시키는 방법이다. 즉, 위의 예시들을 다음과 같이 표현할 수 있다.

我汉语学了快三年了。
我每天晚上电视看一个小时。
为了这件事，我们会开了两个晚上。
昨天晚上我们电话打了整整两个半小时。

이와 같은 표현 방법은 첫 번째 경우처럼 동사가 반복된 구조에서 첫 번째 동사가 생략된 형태라고 볼 수도 있다.

– 세 번째도 동사를 반복하지 않고 「동사 + 시량보어 + (的) + 목적어」의 형태로 배열하는 방법인데, 이런 표현 방법은 보통 목적어가 대화 상황에서 이미 언급되어 목적어를 특별히 강조할 필요가 없을 때 사용된다.

我学了三年(的)汉语了。
wǒ xué le sān nián (de) hàn yǔ le.

我每天晚上看一个小时(的)电视。
wǒ měi tiān wǎn shang kàn yí ge xiǎo shí (de) diàn shì.

为了这件事，我们开了两个晚上(的)会。
wèi le zhè jiàn shì, wǒ men kāi le liǎng ge wǎn shang (de) huì.

昨天晚上我们打了整整两个半小时(的)电话。
zuó tiān wǎn shang wǒ men dǎ le zhěng zhěng liǎng ge bàn xiǎo shí (de) diàn huà.

– 네 번째는 목적어가 인칭대명사인 경우의 표현 방법인데, 보통 「동사 + 목적어(인칭대명사) + 시량보어」의 어순으로 배열한다. 즉, 시량보어를 목적어 뒤에 놓는다.

老师等了你半个小时了。
lǎo shī děng le nǐ bàn ge xiǎo shí le.
선생님께서는 너를 30분째 기다리고 계셔.

你观察他这么多年，有什么发现吗?
nǐ guān chá tā zhè me duō nián, yǒu shén me fā xiàn ma?
너는 그를 이렇게 여러 해 동안 관찰했는데, 무언가 발견한 것이 있었니?

이 외에도 목적어를 화제로 삼아 다음과 같이 문장 맨 앞에 놓는 방법도 있을 수 있다.

汉语我学了三年了。(= 汉语，我学了三年了。)
hàn yǔ wǒ xué le sān nián le.
중국어를 나는 3년 배웠어. (3년째 배우고 있어)

这个视频我看了半个小时。(=这个视频，我看了半个小时。)
zhè ge shì pín wǒ kàn le bàn ge xiǎo shí.
이 동영상을 나는 30분 동안 보았어.

② 시량보어가 들어간 표현은 동량보어와 마찬가지로 부정형을 잘 사용하지 않지만, 상대의 말에 대해 자신을 변호하거나 변명할 때 동사 앞에 '没(有)'를 사용하여 표현하는 경우가 있다.

我只休息了一天，没休息两天。
wǒ zhǐ xiū xi le yì tiān, méi xiū xi liǎng tiān.
난 하루를 쉬었을 뿐이지 이틀을 쉰 것이 아닙니다.

我没玩一个小时游戏，我只玩了三十分钟。
wǒ méi wán yí ge xiǎo shí yóu xì, wǒ zhǐ wán le sān shí fēn zhōng.
나는 한 시간 동안 게임을 한 것이 아니고 30분 동안만 (게임을) 했어요.

'没(有)'가 아닌 '不'로 부정하는 경우도 있는데, 그런 경우는 시량보어가 있는 표현이 가정의 의미를 나타낼 때이다.

你干了这么长时间了，不休息一会儿不行。
nǐ gàn le zhè me cháng shí jiān le, bù xiū xi yí huìr bù xíng.
넌 이렇게 오랫동안 일했으니 좀 쉬지 않으면 안 된다.

하지만 '(连lián) + 一 + 시량사 + 也(都) + 没(不)~'(~조차도 ~하지 않(았)다)와 같은 강조용법에서는 '没'와 '不'가 모두 사용될 수 있다.

我将近一个月间一天也没休息。
wǒ jiāng jìn yí ge yuè jiān yì tiān yě méi xiū xi.
저는 근 한 달 동안 하루도 쉬지 못했습니다.

她一秒钟也不停地一直在说话。
tā yì miǎo zhōng yě bù tíng de yì zhí zài shuō huà.
그녀는 1초도 쉬지 않고 계속 말을 하고 있다.

一分钟也不能耽搁。
yì fēn zhōng yě bù néng dān ge.
일 분도 지체할 수 없습니다.

동량보어와 마찬가지로 때로는 '没(有)'와 '几(多少) + 시량사'가 함께 쓰여 '수량이 적음'을 나타낼 수 있다. 이때 부정부사 '没(有)'는 동사 앞에 놓일 수도 있고, '几(多少) + 시량사' 앞에 놓일 수도 있다.

我没说几分钟(的)话就被他打断了。
wǒ méi shuō jǐ fēn zhōng (de) huà jiù bèi tā dǎ duàn le.
나는 몇 분 말하지도 못했는데 그가 말을 끊어버렸다(그에 의해 말이 끊어졌다(중단되었다)).

我说了没几分钟(的)话就被他打断了。
wǒ shuō le méi jǐ fēn zhōng (de) huà jiù bèi tā dǎ duàn le.
나는 몇 분 말하지도 못했는데 그가 말을 끊어버렸다(그에 의해 말이 끊어졌다(중단되었다)).

▶ 시량보어가 비지속형 동사와 함께 쓰일 때의 어법 특징

① 시량보어가 비지속형 동사와 함께 쓰일 때, 즉, 시량보어가 동작・행위가 끝난 후의 경과 시간을 나타낼 때, 동사 뒤에 목적어가 있다면 시량보어는 목적어 뒤에 놓는다. 이합동사의 경우도 毕业bì yè(졸업하다), 结婚jié hūn(결혼하다), 去世qù shì(세상을 떠나다, 사망하다) 등처럼 의미가 순간적으로 완성되는 동작(비지속형 동작)이라면 시량보어는 이합동사의 사이가 아닌 이합동사의 뒤에 놓는다.[39]

我来北京三个月了
wǒ lái běi jīng sān ge yuè le.
내가 북경에 온 지 3개월이 되었어.

我认识老李很长时间了。
wǒ rèn shi lǎo lǐ hěn cháng shí jiān le.
난 이선생을 안 지 오래되었습니다.

他妹妹考上大学已经三年了。
tā mèi mei kǎo shàng dà xué yǐ jīng sān nián le.
그의 여동생은 대학에 합격한 지 이미 3년이 되었습니다.

---

39 이와 같은 어순은 시량보어가 지속형 동사와 함께 쓰일 때 「동사 + 목적어(인칭대명사) + 시량보어」의 어순과 같다.

我们已经下课二十分钟了。
wǒ men yǐ jīng xià kè èr shí fēn zhōng le.
우리는 수업이 끝난 지 이미 20분이 지났습니다.

小王和小李结婚才一年多。
xiǎo wáng hé xiǎo lǐ jié hūn cái yì nián duō.
小王과 小李는 결혼한 지 이제 겨우 1년이 조금 넘었습니다.

他毕业五年了。
tā bì yè wǔ nián le.
그는 졸업한 지 5년이 되었습니다.

② 시량보어가 비지속형 동사와 함께 쓰일 때 부정형은 거의 사용되지 않는다. 다만 동량보어나 지속형 동사와 함께 쓰이는 시량보어와 마찬가지로 '没(有)'와 '几(多少) + 시량사'가 함께 쓰여 '수량이 적음'을 나타낼 수 있다. 이때 부정부사 '没(有)'는 동사 앞에 놓일 수도 있고, '几(多少) + 시량사' 앞에 놓일 수도 있다.

我们认识没几天就要好了。
wǒ men rèn shi méi jǐ tiān jiù yào hǎo le.
우리는 알게 된 지 며칠 되지 않아 친해졌습니다.

我们没认识几天就要好了。
wǒ men méi rèn shi jǐ tiān jiù yào hǎo le.
우리는 알게 된 지 며칠 되지 않아 친해졌습니다.

他大学毕业没几天。
tā dà xué bì yè méi jǐ tiān.
그는 대학을 졸업한 지 며칠 되지 않았습니다.

7. 전치사구보어

중국어에서 전치사구는 일반적으로 동사 앞에 놓여 동사를 꾸며주는 기능을 한다. 하지만 在zài, 到dào, 给gěi, 于yú, 自zì, 向xiàng 등 일부 전치사로 이루어진 전치사구는 동사나 형용사 뒤에 쓰여 보어가 되기도 한다.[40] 그 중 동사 뒤에 쓰이는 전치사구는 결과보어로 기능하는 경우가 많지만(1절 '결과보어' 참조), 그렇지 않은 경우도 있다. 여기서는 전치사구가 결과보어로 쓰이는 경우와 그렇지 않은 경우를 모두 포함시켜 함께 전치사구보어라는 명칭으로 사용하였다. 전치사구보어는 동사나 형용사 뒤에 놓여 시간, 장소, 방향, 대상, 비교 등의 의미를 나타낸다. 예를 들어 보면 다음과 같다.

▶ 在zài: 동사 뒤에 쓰여 사람이나 사물이 동작을 통해 놓이게 되는 장소를 나타내거나 동작이 이루어지는 시간을 나타낸다.

---

40 중국어 중에는 '~이 (되다)', '~으로 (변하다)', '~으로 (보다)' 등의 뜻을 나타낼 때 '동사 + 成chéng(혹은 为wéi)~'와 같은 표현을 쓰는 경우가 있다. 이때 동사 뒤의 成(为)~도 일종의 전치사구보어로 볼 수 있지만, '동사 + 成(为)~' 중의 成(为)은 전치사가 아닌 동사의 성격이 강하기 때문에 여기서는 포함시키지 않았다. 예를 들어 보면 다음과 같다.

地域变成乐园。dì yù biàn chéng lè yuán. 지옥이 낙원으로 변했습니다.

他从事把英美小说翻译成韩文的工作。tā cóng shì bǎ yīng měi xiǎo shuō fān yì chéng hán wén de gōng zuò.
그는 영미 소설을 한국어로 번역하는 일을 하고 있어요.

现在人们不再把离婚看成丢脸的事了。

xiàn zài rén men bú zài bǎ lí hūn kàn chéng diū liǎn de shì le.

요즘 사람들은 이혼을 더 이상 창피한(체면을 구기는) 일로 생각하지(여기지, 보지) 않아요.

把瓷器擦干净，放在桌子上吧。
bǎ cí qì cā gān jìng, fàng zài zhuō zi shang ba.
도자기를 깨끗하게 닦아서 탁자 위에 놓으세요.

孩子坐在沙发上。
hái zi zuò zài shā fā shang.
아이는 소파에 앉아 있습니다.

开会时间定在明天上午。
kāi huì shí jiān dìng zài míng tiān shàng wǔ.
회의 시간은 내일 오전으로 정했습니다.

▶ 到dào: 동사 뒤에 쓰여 동작 후에 도달하게 되는 장소나 시간을 나타낸다.

他经常工作到黎明才睡觉。
tā jīng cháng gōng zuò dào lí míng cái shuì jiào.
그는 늘 새벽(동틀 무렵)까지 일하고서야 잠을 잡니다.

他离开农村，搬到了城市。
tā lí kāi nóng cūn, bān dào le chéng shì.
그는 농촌을 떠나 도시로 이사했습니다.

我把他送到车站才回家。
wǒ bǎ tā sòng dào chē zhàn cái huí jiā.
나는 그를 정거장까지 배웅한 뒤에야 돌아왔습니다.

▶ 给gěi: 동사 뒤에 쓰여 주로 동작의 대상을 나타낸다.

这个礼物是我送给你的。
zhè ge lǐ wù shì wǒ sòng gěi nǐ de.
이 선물은 내가 너에게 주는 거야.

我把资料都发给他了。
wǒ bǎ zī liào dōu fā gěi tā le.
저는 자료를 모두 그에게 보냈습니다.

我可以借给你1000块钱，那你什么时候能还给我?
wǒ kě yi jiè gěi nǐ yì qiān kuài qián, nà nǐ shén me shí hou néng huán gěi wǒ?
너에게 1000위안을 빌려줄 수 있긴 한데, 그럼 언제 갚을 수 있어?

▶ 于yú: 동사나 형용사 뒤에 쓰여 시간, 장소, 기원, 대상, 원인, 비교 등의 의미를 나타낸다. 용법이 다양하며 구어보다는 글로 된 문어체에서 주로 사용된다.

他毕业于2020年。 시간
tā bì yè yú èr líng èr líng nián.
그는 2020년에 졸업했습니다.

赵老师出生于北京，逝世于上海。 장소
zhào lǎo shī chū shēng yú běi jīng, shì shì yú shàng hǎi.
조선생님은 북경에서 태어나셨고, 상해에서 돌아가셨습니다.

这部电影的故事来源于网漫(网络漫画)。 기원
zhè bù diàn yǐng de gù shi lái yuán yú wǎng màn (wǎng luò màn huà).
이 영화의 스토리는 웹툰에서 나왔습니다.

他决心献身于教育。 대상
tā jué xīn xiàn shēn yú jiào yù.
그는 교육에 헌신하기로 결심했습니다.

他正忙于准备期中考试，你不要去打扰。 원인
tā zhèng máng yú zhǔn bèi qī zhōng kǎo shì, nǐ bú yào qù dǎ rǎo.
그는 한창 중간고사 준비에 바쁘니 방해하지 말아라.

吸烟有害于健康。 대상
xī yān yǒu hài yú jiàn kāng.
흡연은 건강에 해롭습니다.

我们班的学生多于他们班。 비교
wǒ men bān de xué sheng duō yú tā men bān.
우리 반 학생은 그들 반 학생보다 많습니다.

今年的总体情况好于往年。 비교
jīn nián de zǒng tǐ qíng kuàng hǎo yú wǎng nián.
올해의 총체적 상황은 예전(예년, 왕년)보다 좋다.

▶ 自zì: 동사 뒤에 쓰여 동작이 나타나는(시작되는) 장소를 표현한다. 우리말로 '~로 부터' 혹은 '~에서' 정도의 의미로 해석될 수 있으며, 전치사 '从cóng'이나 '由yóu'의 의미와 유사하다. 주로 문어체에서 많이 사용된다.

他们都来自东南亚。
tā men dōu lái zì dōng nán yà.
그들은 모두 동남아에서 왔습니다.

这些文章选自<中国语文论从>。
zhè xiē wén zhāng xuǎn zì <zhōng guó yǔ wén lùn cóng >.
이 글들은 <중국어문논총>에서 선별하였습니다(뽑았습니다).

她的感谢是发自内心的。
tā de gǎn xiè shì fā zì nèi xīn de.
그녀의 감사는 마음속에서 우러나온 것입니다.

▶ 向xiàng, 往wǎng: 동사 뒤에 쓰여 동작의 방향을 나타낸다. 주로 문어체에서 많이 사용된다.

世界走向和平共存。
shì jiè zǒu xiàng hé píng gòng cún.
세계는 평화공존의 길로 나아가고 있다.

"妈妈!" 她欢快地叫了一声，扑向妈妈的怀里。
"mā ma!" tā huān kuài de jiào le yì shēng, pū xiàng mā ma de huái li.
"엄마!" 그는 반갑게 부르며 엄마 품으로 달려들었다.

这趟航班开往加拿大。
zhè tàng háng bān kāi wǎng jiā ná dà.
이번 항공편은 캐나다로 갑니다.

전치사구 보어의 어법 특징은 다음과 같다.

① '于'가 구성하는 전치사구보어는 동사 뒤에서 사용될 수도 있고, 형용사 뒤에서 사용될 수도 있다. 하지만 그 외의 전치사구보어는 보통 동사 뒤에서만 사용된다.

② 전치사구보어가 있는 문장을 말할 때 휴지(잠깐 멈춤)[41]는 전치사 바로 뒤이다. 동사나 형용사 뒤가 아니다.

③ 완료(실현)의 의미를 나타내는 동태조사 '了'는 전치사 뒤에 놓아야 한다. 동사 뒤에 놓으면 비문이 된다.

我把那几本词典放在了你的桌子上。
wǒ bǎ nà jǐ běn cí diǎn fàng zài le nǐ de zhuō zi shang.
나는 그 사전 몇 권을 네 책상 위에 놓았어.

* 我把那几本词典放了在你的桌子上。(×)

他提着小提琴走到了舞台前方。
tā tí zhe xiǎo tí qín zǒu dào le wǔ tái qián fāng.
그는 바이올린을 들고 무대 전면으로 걸어 나왔다.

* 他提着小提琴走了到舞台前方。(×)

하지만 전치사 '于'나 '自' 뒤에서는 동태조사 '了'를 사용하지 않는다.

④ 동사가 전치사구보어를 취한 후에는 다시 목적어나 다른 보어를 취할 수 없다.

41 휴지(pause, 중국어로는 停顿tíng dùn)란 구와 구 사이 혹은 문장과 문장 사이 등 끊어지는 부분 또는 조음 활동을 일시적으로 정지하는 부분을 말한다.

모정열

중앙대학교 아시아문화학부 중국어문학전공 교수

중국어 실용어법 해설

초판 1쇄 발행 _ 2025년 11월 10일

저　　자 • 모 정 열
발 행 인 • 정 현 걸
발　　행 • 신 아 사
인　　쇄 • 부건애드
출판등록 • 1956년 1월 5일 (제9-52호)
주　　소 • 서울시 은평구 통일로 59길 4 (2F)
전　　화 • 02)382-6411 · 팩스 02)382-6401
홈페이지 • www.shinasa.co.kr
E – MAIL • shinasa@daum.net

ISBN 979-11-7342-113-6 (93720)

정가 20,000원